D.W. WINNICOTT

MICHAEL JACOBS

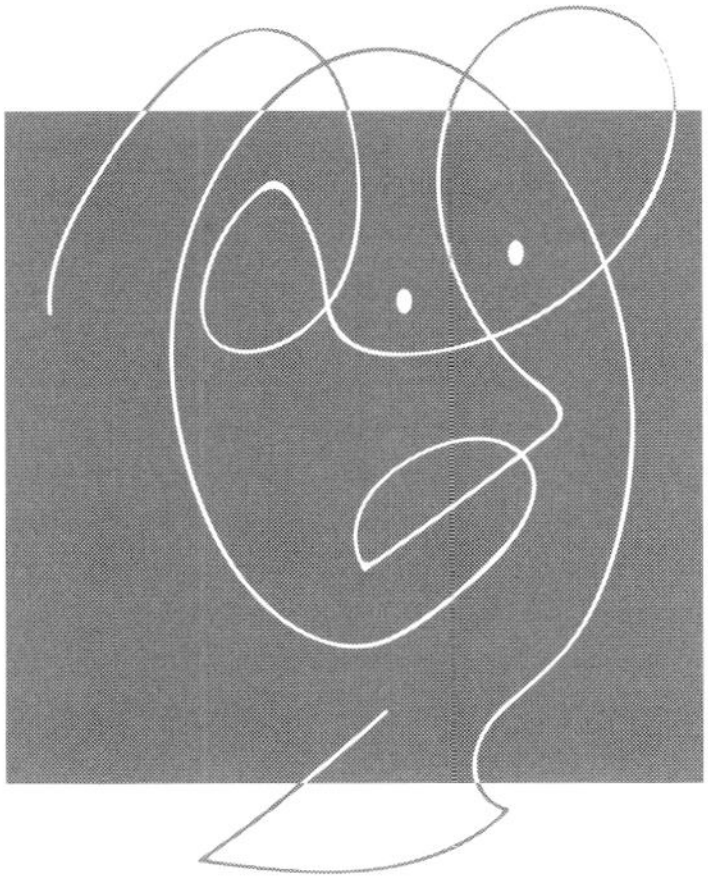

その理論と臨床から
影響と発展まで

ドナルド・ウィニコット

マイケル・ジェイコブズ 著

細澤仁・筒井亮太 監訳

誠信書房

D.W. WINNICOTT
BY MICHAEL JACOBS

序文

本シリーズ[*1]の編集者からの提案により、私はD・W・ウィニコットについて執筆する機会を得た。そのおかげで、私は同シリーズの第一巻としてフロイトについて執筆した際と同様に、多くのことを学ぶことができた。『フロイト』のときと同じく、編集者の叱咤激励により、私は膨大な量のウィニコットの著作とウィニコットの関連書を徹底的に渉猟した。このときまでは、精神分析の理論と実践に関するあまり正統的でない見解に妥当性を見出したいと思うものならば、欣喜雀躍ウィニコットを引用するのが私の常であった。本書を読み終える段落で（いまの時点では、読者には、まだまだ先の話になるのだが）私が暗に示すように、このような形でウィニコットの名前を使用することは、なにも私の専売特許ではなかったらしい。最終章の執筆中、私がある学科で教鞭をとっているときのことだった。私は学生に対して、ウィニコットはガントリップのセラピー・セッションを始めるにあたって、くだけた感じで迎え入れていたと解説した。それに対する受講生の反応は、もうひとつのウィニコットの名前の使い方を例示している。「でも、ウィニコットはウィニコットだから」と彼女は言った。つまり、精神分析のなかにも異端が存在しているのだ。異端というといかにも革新的だが、私たち程度の人間には縁遠い話なのである。私たちはみなウィニコットなのですよ。私自身は人の心髄にウィニコット的な部分があるものか疑わしく思っているのだが、最初はあえてそのように答えたくなった。「私たちはみな自分自身なのですよ。実際、私

＊1　（訳注）本書は、Key Figures in Counselling and Psychothepy シリーズ（SAGE Publications）の一冊として刊行された。**以下、脚注はすべて訳注である。**

たちは自分自身になることを求めているじゃないですか」。その当時に、もう少し機転が利いていたら、こう答えていただろうし、ことによれば、それが適切な返答となっていただろう。

ウィニコットの人生について、その史料を読み通す作業のなかで私は気がついた。実際のところ、ウィニコットは想像していたほどには異端というわけではなかったのだ。精神分析の政治は込み入っているものだが、それと同じ程度には、ウィニコットの肖像も入り組んでいる。そして、ウィニコットはそのような背景のもとで理解される必要がある。私は、当初の目論見以上に、ウィニコットその人とその考えはともに俎上にのせられて当然である、と気づいていった。また、私が意見を求めた多くの人たちはこうした批判的な姿勢を好意的に受け入れてくれたようだった。私たちの多くは深く考えることなくウィニコットを引用することがあるために、彼を偶像視しているように映ることもあるだろう。しかし、ウィニコットに見識ある人びとは、そのようなことがなかった。こうした事態は筆者にとって救いであると同時に、ウィニコットをフェアに評価しようという動機ともなった。

フロイトをテーマとした前著のときに比べ、今回は自由に使用できる史料が少なかった。デイヴィスとウォールブリッジの著作（Davis and Wallbridge, 1981）やフィリップスの著作（Phillips, 1988）は、ウィニコットが生み出した多くのアイデアに通じる明確な道筋を与えてくれた。ほかにもテクストはそこかしこにあり、それらはウィニコットの人生に光を投げかけ、その理論と実践をさまざまな視点から考察していた。デイヴィスとウォールブリッジは同じ史料でもオリジナルの文章や論文にあたっていただろう。そうだとしても、おそらくフィリップスと比べれば、私は刊行済みの論文を多く利用できたのではないだろうか。私は、ウィニコットを個人的に知る人びとと、あるいは、本書の執筆に没頭したのは比較的短期間であったが、私の費やした時間よりもはるかに多くをウィニコットの仕事の研究に捧げた人たちと出会う機会をもつこともできた。そのような面談を通して、私は伝記の執筆にきわめて近い味わいを経験した。とくに、ウィニコット本人を高く評価した人びとと、あるいは、その思考との触れ合いをかくも明らかに楽しんでいる人びととの対話は愉悦の体験であった。いつの日か既存のものよりもいっそう包括的な伝記の決定版が出版されることを期待する。そんな風に資料と回想録が形になることを待ち望まれているとは、なんと魅力的なことであろうか。私自身、ささやかな研究の途上でこのように感じたのだ。

本書を著そうとするまでは、自分の知識は限られたものだった。それゆえ私は、ほかの著作の準備にとりかかった際よりもはるかに、寛大にも情報と意見を分け与えてもらい、史料について助言してもらい、ときに私の不十分な理解を正してもらえたことに感謝する。多くの人びとがこのような機会を与えてくれた。そこには初対面の人たちも含まれている。このような機会を得られたのは当企画の賜物であり、感謝している。以下に挙げる方々には、特別に感謝を捧げたい。ジョン・デイヴィス教授は、ウィニコット夫妻だけでなく、ウィニコットの論文の編集と解説に対する自身の亡妻のすばらしい貢献を正当に評価していた。ウィンディ・ドライデン教授は、私がこの主題に取りかかるきっかけを与えてくれた。そして彼のテクストの編集は、私が過去に経験してきたものよりも穏当であり、その結果、寄る年波にもかかわらず私の文法と文章構成が向上することを望めることとなった。ニナ・ファーリとルイーズ・エクスターは、それぞれスクイグル財団の理事と書記長をしているのだが、徹頭徹尾、あらゆる助力を惜しまなかった。イソベル・ハンター・ブラウン博士と精神分析インスティテュートの図書館員は、ウィニコットを批判する文献、あるいはウィニコットの影響を受けた論文や章を探し出し、提供してくれた。ピーター・ローマス博士は、テクストを異なる視点から読み、私がウィニコットの著述のなかに長所と短所の両方を認めていることを保証してくれた。リンネ・マレー博士とシェーラ・シーレイ博士は、それぞれケンブリッジのウィニコット・リサーチ・ユニットの主任と研究者であるが、母親たちと赤ちゃんたちとの研究や作業を微に細にわたり説明してくれた。そして、彼女たちの既刊および未刊の論文に依拠することを寛大にも許してくれた。そして、アルファベット順では最後になるのだが、といっても実際はいつもそうだから必ず最後になってしまうのだが、私の妻モイラ・ウォーカーに感謝する。私はいつも彼女の判断に価値を置いており、彼女からの愛のおかげで、とりわけ最善の促進的環境を得ることができているのだ。

レスターにて

マイケル・ジェイコブス

目次

序文　iii

第1章　ウィニコットの生涯……1

1　若年期　5
2　ダーウィンとフロイトを発見する　12
3　道を見つける――キャリア、分析、結婚　17
4　精神分析という政治　22
5　「すべて残らずなにもかも」　32

第2章　ウィニコットの主要な理論的貢献……43

1　ウィニコットの思考が受けた影響　43

2 成熟の達成 53
3 育児という仕事 74
4 父と家族 87
5 障害の分類 90
6 要　約 93

第3章　ウィニコットの主要な臨床的貢献……………………96

1 小児科医と精神分析家 96
2 子どもたちとの作業 99
3 舌圧子ゲーム 102
4 スクイグル 105
5 ピグル 112
6 抱えることと包容（holding and containment） 119
7 憎しみと逆転移 131
8 「きわめてパーソナルな技法」 136
9 教師でありスーパーヴァイザー 146

第４章　批判と反論……………… 150

1　イントロダクション　150
2　楽観主義と悲観主義　155
3　錯　覚　157
4　移行対象　161
5　分　化　164
6　育児の理想化　165
7　父親たち　169
8　性別差　173
9　社会構造の重要性　175
10　性　愛　177
11　哲学からの批判　179
12　治療関係　181
13　結　論　183

第5章　ウィニコットの影響の全体像……………186

1　ウィニコット・リサーチ・ユニット　189
2　実践応用　193
3　小児医学　196
4　米国におけるウィニコットの影響　199
5　ウィニコット、ラカン、そしてフランス　201
6　英国におけるウィニコット　205
7　ソーシャルワーク　209
8　スクイグル財団　213
9　結　論　217

読書案内　223
監訳者解題　229
監訳者あとがき　246
文　献　255
索　引　259

第1章 ウィニコットの生涯

公的活動や文書のなかには、想像力をかきたて称賛を巻き起こすような人びとが登場する。そうした称賛は、彼らについてわずかに知られている事実や、彼らが発した少数の精選されたフレーズに基づいているだけのときもある。彼らの名前がたびたび会話で口にされるので、私たちは彼らのことをよくわかっていると思いがちである。しかし、自分にとって重要な基本的真理の証拠としてそのような人物を引用するにもかかわらず、実際には私たちの大部分が、彼らについてほとんどなにも知りはしない。実のところ、私たちは、彼らのフレーズをおそらく二、三個思い浮かべているだけであろう。近頃の用語でいえば、「サウンドバイト」[*2]とでも呼べそうである。私たちは、十中八九、彼らの本などまったく読んでいないのだ。

カウンセリングと心理療法の関連分野でのそうした人物の一人が、ウィニコットなのである。親しい人たちは彼のことをドナルドとか、「D・W」とか、あるいは「D・W・W」と呼んでいた。とはいえ、私たちのような他人

＊2　ニュースなどの放送用に抜粋された言葉や映像。とくに、政治家や評論家などの言動の一部や、放送のためにまとめた短い発言をいう。

からすれば彼は「ウィニコット」なのである。テレビという異質のメディアにおいてもまったく同様に（ウィニコットもテレビ好きであったらしい）、「モース」[*3]や「ラブジョイ」[*4]が思いつく。彼らには名前がない。たぶん、私たちは、ドナルド・ウッズという彼の名前を思い浮かべることさえしないだろう。ウィニコットと近しい間柄だった人たちは、愛情にあふれ、ときに彼を聖者に見せかける物語を豊富にとりそろえて、彼との思い出を崇めているように映る。しかし、私たちにしても、同じくらい褒め称えて、ウィニコットを引用し、その仕事について語っている。にもかかわらず、私たちの大部分が知っているのは、ウィニコットの生涯の概略に過ぎない。ウィニコットが造り出した用語のなかには、耳に心地よく、議論や講義、スーパーヴィジョンの場で使われやすいものがある。とりわけよく使われるのは、「ほどよい母親」「移行対象」「本当と偽りの自己」「促進的環境」であり、ことによると「一人の赤ん坊などというものはいない」も挙げられるかもしれない。実際のところ、私たちの大部分は、とくに出自を精神分析サークルにもたない場合、ベストセラー『子どもと家族とまわりの世界』（1964）や、参照されることの多い「逆転移のなかの憎しみ」（1975）のような論文を一つ二つ除けば、ウィニコットの著作についてそれほど馴染みがあるわけではない。

無論、このことは、カウンセリングと心理療法の世界で珍しい現象ではない。それぞれの学派が、自分たちの崇拝対象をもっている。フロイトやクライン、ロジャーズは、おそらくウィニコット以上に偶像のようになっており、依然として偶像のままである。彼らも同様に、本シリーズのそれぞれの巻で読者に紹介されている[*5]。このような人物全員が（そしてさらにそういう人物は多数存在する）、訓練と著述活動というマイナー産業の関心の的でありつづけた。その訓練と実践の学派がはるかに不明瞭であるにもかかわらず、ウィニコットもまた、次第にその考えと技法が本棚の別の一角に設けられるような人物となっている兆しがある。ウィニコット・トラストは、ウィニコットの死亡当時に残されていた論文をすべて出版しようと働きかけている。そこにはほとんどすべての論文が網羅されている[*6]。しかしながら、そのおこないをウィニコットが望んだものかどうか疑わしい。そのこともあり、ウィニコット・トラストは、いまのところ、「著作集」という考えには抵抗を示している。精神分析と精神分析家の歴史と思索についての文献が増えるにつれて、ウィニコットの仕事にもたえず関心が注がれている。ウィニコットのアイデアと実践の関連書は膨大である。本書はそのうちの一冊である。とはいえ、多くの書籍が現代精神分析の考え方にすでに慣れ親しんでいる読者向けなので、本書はその点で一線を画している。

現在のところ、決定版となっている伝記は存在しない。[*7] ウィニコットの使徒であるアメリカ人ロバート・ロッドマンは、数年前にウィニコットの伝記作成のために諸論文へのアクセスの許可を求めたが、当時のウィニコット・トラストのメンバーによりその申し出は却下された。ウィニコットの生涯は、ウィニコット自身の発達に触れている種々の書物で言及されているが、その言及の大部分が失望させられるほどに繰り返しのもののように思える。もとをたどれば、これらの書物は、ウィニコットの後妻であるクレア・ウィニコットの手になる回想録に依拠しているのである。この回想録は、ウィニコットの考えを評価している最初期の論文集の一冊に「D・W・

---

*3　英国で人気を博したテレビ番組の主人公モース警部のこと。原作者はコリン・デクスター。シャーロック・ホームズと並ぶ、非常に人気の高い探偵キャラクターであり、名前は明かされておらず、それ自体がひとつの謎とされている。

*4　同じく英国で人気の番組名にして主人公。ジョン・グラントによる原作で、骨董品を取り扱う業者であるラブジョイを描く物語。しばしば第四の壁が破られ、ユーモラスでありながらもシリアスなミステリー番組である。ラブジョイもまた名前が明かされない。

*5　本書著者による『フロイト』は未邦訳だが、『メラニー・クライン』は二〇〇七年に誠信書房から、『カール・ロジャーズ』は二〇〇三年にコスモス・ライブラリーから、それぞれ邦訳が刊行されている。

*6　二〇一九年現在では、年代順に編纂された *The Collected Works of D.W. Winnicott* が、実質的な全集としてオックスフォード大学出版局から刊行されている。

*7　本書出版の後、Brett Kahr による *D.W. Winnicott: a Biographical Portrait* (1996) と F. Robert Rodman による *Winnicott: His Life and Work* (2003) が出版された。

W：省察」（Grolnick et al. 1978）として収録されている。さらに、一九八三年に録音され、のちにラッドニーツキー（Rudnytsky, 1991）によって活字化されたインタビューのなかにも認められる。たいていの「言行録」がそうするように、クレアも、ウィニコットが死の直前に書き始めていた自伝の数ページ分について言及している。もちろん、ウィニコットの論文中にも個人的な言及は存在しており、そのなかでウィニコットは、自分自身のことや置かれた状況に対する自身の反応を清々しいほど率直に語っている。とくにウィニコットがその臨床実践から物を書き、その実践そのものを記述することが非常に多いので、個性を排した「客観的な」実像を提示しようとする試みはほとんどされていない。ウィニコットの膨大な書簡の一部は出版されている（Rodman, 1987）。そのおかげで、（ウィニコット自身が情熱的な見解を伝えたいと望んだ相手に対して時折かなり批判的であったとしても）交流をもってくれた人びとと豊富に手紙のやりとりをしていた一人の男、その包括的な実像をつくり上げることができる。ウィニコットの人生に関して、気をもませるような簡潔な言及が二、三ある。その一部は、彼と親しい同業者であったマシュード・カーンの著述にある（たとえば、奇妙なことに所々が不正確なのだが、クランシエとカルマノヴィッチ〈Clancier and Kalmanovitch, 1987〉に寄せた序文など）。それと、マリオン・ミルナーの浩瀚な症例研究『生ける神の御手のうちに』（Milner, 1969）で、（謎めいたX氏として）ウィニコットが事実加工のうえで言及されている。アダム・フィリップスが著述したウィニコットの生涯と考えについての有益な要約（Phillips, 1988）はさらに充実している。もっとも、それもなお、ほかの研究と同様に、比較的狭い範囲の情報源に依拠しているところが大きいのだが。

それゆえに、ウィニコットの考えと実践を紹介しようとすれば、いまや事実上そのほとんどすべてが刊行済みである以上、その論文と著書のなかに相当量の依拠すべき素材が存在していることになる。しかし、完全な伝記の助けなしには、（彼と個人的な面識がなかった人や、彼をよく知らない人にとっては）当の本人の人物像は不完全なままである。導入作業のなかで、私が役立つように落ち穂拾いできるかぎりのものをここで共有するつもりだが、私たちはウィニコットの生涯についてのより綿密な調査を待つしかない状況にあるようだ。私は次のことを自問してみた。なぜ、ウィニコットその人や精神分析的思考についての彼独特の表現が、多くのカウンセラーやセラピストをこうも魅了するのだろうか？　彼らのなかには、必ずしも英国精神分析インスティテュートと関わろうとしない者も含まれているというのに。その鋭い疑問への回答は、部分的には、ウィニコットの人間性に依拠しているに違いない。もっとも、私が簡潔に示したように、等身大の伝記を作成する作家の誰かが、ほとんど理想的に描かれたウィニコット像を解明する必要があるだろう。

1　若年期

子ども時代のウィニコットは周囲からとても好かれていたということを知れば、ウィニコットがカウンセラーやセラピストにとってかくも「人気のある」思索家であることがただちに腑に落ちるだろう。ほかの著者たちも、ウィニコットが受けた家庭教育の場が重要であると考えている。ドナルド・ウッズ・ウィニコットは、一八九六年四月七日に、プリマスの地で生まれた。プリマスといえば思い起こされるのは、この地はピルグリム・ファーザーズ[*8]が米国へ渡る際に最後に出航した場所であるということだ。それゆえ、ウィニコット自身のもつ異議をとなえやすい性質は、一部恵まれた境遇で育ったことにも起因しているかもしれないが、プリマスの国教反対という伝統を象徴しているのかもしれない（Phillips, 1988: 23）。これがある種の自信につながり、自分を認めてもらう

＊8　Pilgrim Fathers。このプリマスの地よりアメリカへ渡った英国清教徒たちのこと。英国は元来、イングランド国教会が強い勢力であったが、プロテスタントの一派が反対勢力を拡大した。そのなかで信仰の自由を求めて旅立った一団を総称してこう呼ぶ。

ために誰かに付き従う必要性がそこまでなかったのだろう。確かに、後年のウィニコットは、ひとつの考え方に結びつけられることを嫌がった。そのほかにもさまざまな理由から、自律や自己実現など自らの基本哲学に援用できる用語ならばなんでも同じように好むカウンセラーやセラピストからすれば、ウィニコットは魅力的な人物に仕上がっている。

ウィニコットは三人同胞の末子であり、一人息子であった。父親には諸説あり、フィリップス（1988）によれば、コルセット製造業の商人であり、クレア・ウィニコットによれば、海軍に機械製品を供給する卸売業者であった。やがて父親はプリマス市長になり、治安判事を経て、その後爵位を与えられた（Rudnytsky, 1991: 184）。フレデリック卿については、「古風で静かな威厳と落ち着きを身にまとい、物事を楽しむ深いセンスをもち合わせていた。彼と親交がある人は、彼のことを高い知性と公正な判断力を身につけた人物だと語る」と記述されている。にもかかわらず、ウィニコットが記述する父親は、学習面の困難を抱えていた（Grolnick et al., 1978: 21, 23）。フレデリック卿が（後述するように）日曜礼拝の後に居合わせている姿をウィニコットは愛情豊かにはっきりと覚えているが、その父親は普段から目立った存在ではなかった。回想してみると、ウィニコットは父親と十分に差し向かっていると感じていなかった。そして次のように語った。「私は、自分の母親たち全員に任されすぎていた。一三歳のときに遠くに送り出されて助かった！」（Rudnytsky, 1991: 185）。おそらく、仕事や公務のためにウィニコットの父親は不在であったのだろう。もちろん、当時それは珍しいことではなかった。それどころか、一般的に、父親が母親と比べて留守にしがちなのはよくあることであった。この事態は、ウィニコットの男性に関する著述や父親の意義をめぐる彼の理論的立場にそっと忍び込んでいる。この事柄は第2章で素描し、第4章でいっそう批判的に検討する。

「母親たち全員」という先ほどの言及は、おそらく、幼いウィニコットが家庭で女性に囲まれて育ったことに起因したものであろう。その家庭には、ウィニコットの母親、六歳上の長女と五歳上の次女、乳母、ときどきいた女性家庭教師、多くの時間をウィニコットの家族と同居していた叔母、がいた。道路をはさんだ向かいには、別のウィニコット家の世帯があった。叔父の家であり、そこには五人のいとこが住んでいたが、そのうちの三人は男の子であった。ウィニコットは自分の乳母を熱愛していた。クレア・ウィニコットは、自分たちが、一九五〇年のロンドンでその乳母を探し出したことを覚えていた。それは、「彼女が元気で快適に過ごしているのかどうかを確かめる」ためであった[*9] (Grolnick et al., 1978: 21)。後期青年期に故郷の母親へ届けられた手紙にも、同じような愛慕の情が表れている。

ウィニコットは、メソジスト[*10]の家で家庭教育を受けた。両親はともに地元のメソジスト教会の主要メンバーで、父親は会計係であり聖歌隊に属していた。この非国教徒という背景は、とりわけ次のような理由で重要である。こうした背景は、ある意味で同調しないということを表しているからである。ここでいう同調しないということとは、独立精神をもちながらも、それでいて一部の非国教派に見られやすい偏狭で抑圧的な心持ちにならないことを意味している。彼の父親はまさに一生涯にわたりメソジストであった。ウィニコットの母親は結婚前には英国教会に属しており、ウィニコット自身も医学部時代は英国教会信徒となったのだった（ウィニコットの最初の妻も英国教会信徒であった。クレアの記憶によると、ウィニコットが二六か二七歳のときに授堅される機会があったようだ。もっとも、彼女は、ウィニコットは長いあいだ教会に足を運んでいなかったとも語っているのだが）。

メソジスト教会は歩いて数分のところにあった。クレア・ウィニコットは、かつてドナルドが父親と連れ立っ

＊9　一九五〇年の頃には、その乳母は甥を可愛がっており、その名前はドナルドであった。
＊10　英国国教会から派生した宗派。日課を区切った規則正しい生活方法を大切にし、こうしたメソッドの重視から、メソジストと評されるようになった。

て教会から家までどのように帰っていたのかについて語っている。このことは、その家族の末っ子にとってはひとつの特権のように体験されていた。ドナルドは、父親に宗教の話をしてもらった。そして、宗教についてひとつ質問をした。父親は次のように返答したようだ。「いいかい。息子よ。聖書を読んでいるよね。そこに君の探している答えがある。そう、それから自分が欲しいのはなんであるかは自分で決めるのだ。自由なのだ。私の考えを真に受ける必要はない。宗教については自分で結論を下しなさい。ひたすら聖書を読むのだ」(Rudnytsky, 1991: 180-181)。のちにウィニコットは、「私にとって、私の宗教上の家庭教育が**そこから外に向かって成長していくこと** *growing up out of* を許容してくれるようなものであったことは、つねに喜ばしいことであった」と記述することになった(Winnicott, 1986: 143、強調は筆者による)。この過剰なまでに前置詞が使われている句(しかし、ウィニコットの散文のなかで記憶に残りやすい断片のひとつでもある)は、実際のところ、成長の方向を三つに区分けしており、ウィニコットの宗教への態度と同様に精神分析のドグマからも抜け出したいというニードを見事に表している。晩年のウィニコットはもはやキリスト教徒を自称しなくなったのだが、信心という考えは、彼にとってきわめて重要なものでありつづけた。クレア・ウィニコットの思い出によると、ウィニコットは次のように語っていたという。「重要なのは、信じることができるのか? ということだ。信じる対象はなんであってもいい。信じる能力は、なにを信じているかということよりも重要なのだよ」(Rudnytsky, 1991: 181)。

　ドナルドは末子でしかも唯一の男の子であったこともあり、「彼をすばらしいと思う多くの人びと」(Rudnytsky, 1991: 180)から相当の注目を集めていた。それは、「そこから外に向かって成長していく」には適切な家庭でもあったようだ。家族全員に、優れたユーモアのセンスがあった。「ウィニコット家には悲惨な事柄などなく……愉快なエピソードにあふれていた」(Rudnytsky, 1991: 181)。ドナルドは、自分が愛されていることを疑いもしなかった。そして、このことから、強い安全感が生じたのである。クレア・ウィニコットの話によると、「ドナルドは、この基本的な地位から、自分の周囲の家と庭において行き来できるあらゆる空間を自由に探索し、その空間を自分自身で満たしていき、徐々にその世界を自らのものへとしていった。このようにくつろいでいられる *to be at home* 能力は、生涯を通じて彼の助けとなった」(Grolnick et al., 1978: 21)。晩年、クレアは海外旅行のときの思い出を語った。彼は、宿泊先でキッチンにいることが多かった。子ども時分、ドナルドはキッチンで料理人と過ごす時間のほうが、家の別の場所にいる時間よりも長かった、と母親がこぼしていたという。

クレアは生家で過ごされたウィニコットの子ども時代をさまざまな側面から記述しているが、そこには理想化に近い感触がある。その家庭は、あたたかな感情や良好な関係性にあふれた、まったくの正常な外見を呈している。献身的な未亡人からすれば大部分は真実だろうが、彼女の示す肖像画はどこまで選別されて魅惑的に描かれているのだろうか。彼女は、ドナルドの幼年時代にさかのぼり肯定的な感情を読み取っているのだが、それは彼女自身に遺された陽性感情なのではないだろうか。ドナルドとクレアの両者を知る情報源の一人は(私信として)クレアが「ドナルドについて理想化されたイメージを抱きつづけており、真相を語っていない」と私にコメントしている。もっとも、別の情報源が伝えるところによると、クレア・ウィニコットには「優しさという妄想」があったと言ったとか言わなかったとか。その場合にも、ウィニコットのいたずら好き(その程度ではあるのだが)は、人を魅了するように語られている。もっとネガティヴな側面はどこにあるのだろうかと読者が問うのは、精神分析的思考によって育まれた皮肉だろうか？　クレア・ウィニコット自身、このことに気がついていた。

D・W・Wの子ども時代の生活や家族関係についてのこの簡略な報告を読むと、事実にしてはできすぎた話だと思ってしまう人もなかにはいるだろう。しかし、事実、ドナルドの子ども時代はよいものであった。どのように試みようとも、異なる観点から、その子ども時代を示すことなどできない。本質的にドナルドは心底幸せな人であり、物事を楽しむことができ、それにより自分に降りかかった挫折や失意につねに打ち克ってきた。そのうえ、子ども時代の性質と、それに対するドナルドの捉え方は、彼に大きな問題をもたらしているような感触もある。その問題というのは、家族から解放されること、および子ども時代の豊かさを犠牲にすることなく、自分自身の個別の人生とアイデンティティを確立するというものである。彼は長い時間をかけて、このことを成し遂げた。

(Grolnick et al., 1978: 25)

それゆえ、私たちは、九歳のドナルド少年を気の毒に思うかもしれない。伝聞によると、九歳のドナルドは鏡を覗きこみ、「僕は育ちがよすぎる」と言ったそうだ。このとき以降、ドナルドは、自分の別の側面を見せることを決意した。まず、クラスで成績が最下位となるようにした。そして、彼はハエの羽をむしった。もっとも、そうした行為は、彼がのちに取り組み、著述することになる逸脱や非行とはまったく異なる。「彼は自分自身のうちに、別の次元を見出したいと思ったのだ」(Rudnytsky, 1991: 186)。自分がよいものでありすぎ、みんなから好かれすぎていると感じ、彼は自分のなかに意地の悪さを見出す必要があった。クレアも、ドナルドが三歳のとき、木づちで姉の人形の顔をぶん殴ったというエピソードについて語っている。父親は、その人形を使ってよく彼をからかっていたらしい。ウィニコット自身、この出来事について次のように書いている。「私の人生の大部分は、単に望んだだけではなく、そして、企てただけではなく、実際にこの行為を**実行した**という確かな事実を土台にしてきたのだ」(Grolnick et al., 1978: 23)。また、父親が、再び顔らしくなるように、その人形の蝋製の鼻を溶かして修理してくれたとき、ドナルドはほっとした。修復行為がもつ力を示す幼少時の出来事それ自体のおかげで、ウィニコットは、人形に対して、また間接的には父親に対しても、実際に暴力的になったことを受け入れることができた。修復とは、ウィニコットが自身の研究で強調することになったもうひとつのテーマである。しかし、修復するという点だけを見てしまうと、このわがままが有する別の意義深い側面を看過してしまうかもしれない。

破壊衝動を持ち堪えることを通じて、新しいものが生まれる。つまり、観念のなかに破壊があるとしても、そして、観念に棲みついている、あるいは観念が棲みついている身体的な興奮があるとしても、観念を享受できるようになる。この発達のおかげで、思いやりを経験する余裕が生まれる。それがあらゆる建設的なものの基礎である。

（Winnicott, 1986: 87）

若きウィニコットにとって、自分が寄宿学校に追いやられた理由は（振り返れば、明らかに真の理由とは言えないのだが）、わがままが発揮された別の瞬間にあった。当時、ウィニコットはプリマスのプレパラトリー・スクールに在籍していた。彼の記憶によると、午餐のために帰宅したある日、「ちぇっ」と言った。「父親は、ほとんど見たことがないような険しい顔つきをして、私が品のよい友人と付き合うように取り計らわなかったということで母親をなじった。その瞬間から父親は、私を追いやろうとの腹積もりだった」（Grolnick et al. 1978: 23）。その結果、通常パブリック・スクールの男子生徒となる年齢の一三歳のとき、ドナルド・ウィニコットは、非国教会施設であるケンブリッジのレイス・スクールに進んだ。ウィニコットは家を失い寂しかったかもしれないが、すぐにこの新しい体験へ熱狂的に参入していった。彼はパブリック・スクール生活を「愛して」いたようだ。「彼は物事に入って楽しむための計り知れない生命力と能力をもっていた。彼以上に楽しく過ごせる人には会ったことがない」と、未亡人クレアはまたもや称賛をこめて語った（Rudnytsky, 1991: 181）。彼は実家に宛てて多くの手紙を書いているが、そのすべてに「生気と関心」が示されており、猫やメイドたちを含むすべての人たちに親愛の情を伝えていた。家族は、ウィニコットに対して、自由に新しい体験を探索し、進んで応じることができるよう保護を与えていた。「遊ぶこと」というアイデアは早い時期から始まっており、それゆえに驚くべきことではないが、ウィニコットの著作と実際の実践において相当に重要な概念となっている。彼は走って、自転車に乗って、泳いで、ラグビーをプレーし、ボーイスカウトに入団し、聖歌隊で歌った。

2 ダーウィンとフロイトを発見する

一九四五年におこなわれた六年生向けの講演のなかでウィニコットが述べたように（1957: 128-129）、彼がダーウィンの『種の起源』を発見したのは、この学校に在籍していたときであった。ケンブリッジの古本屋でそれを見つけたウィニコットは、やがてダーウィンの著作物をすべて収集した。母親への手紙のなかでウィニコットは、「それらのすばらしい本を数冊購入し、毎日読みながら過ごすために」（Rudnytsky, 1991: 182）、誕生日祝いにお金が欲しいと述べている。とりわけ『種の起源』に関してウィニコットは「読むのを止めることができなかった」と語っている。「次のことが肝要である。この本が示しているのは、生物は科学的に調査しうるものであり、その結果、知識や理解に欠落があるとしてもなにも恐れる必要はないということである」とウィニコットは回顧している（1957: 129）。ここには、後期のウィニコットの仕事を示すさらなる二つの指標がある。まず一つ目は、環境とそこへの適応の重要性である。しかし、種が環境変化に自身を適合させることができると見なすラマルク説とは異なり、ダーウィンの自然淘汰説では、敵意に満ちた環境で生き残ることは容易なことではないとされている。ひとつの種の突然変異体が移りゆく環境により適応している事態もありうるが、それがまったくの偶然であるとすれば、安定した環境が正常な生存や成長に不可欠であるということもまた正しい。赤ん坊は適応できない。つまり、赤ん坊には、促進的環境が必要なのだ。かつて一九三〇年代にメラニー・クラインの理論が支配的となったが、その際、内的体験に過度に集中する傾向が英国精神分析の思考を席巻した。ウィニコットの考えは、その事態に対する反対声明となった。同時に、ダーウィンの理論は、発達過程と精神的健康を含む健康全般に向かう動因 drive に対する確信をウィニコットにもたらした。

ダーウィンに対する早期の関心のなかに見出される、後期ウィニコットの仕事への二つ目の指標は、「知識や理解に欠落があるとしてもなにも恐れる必要はないということ」を見出したことにある（1957: 129）。後半の章で、ウィニコットと欠落（あるいは、彼のよく練られた言葉を使うと、あいだにある空間）に関する彼の研究にとって重要なものがより明確になるだろう。理解していない状況を進んで受け入れようとするウィニコットの姿勢もまた同様である。「ピグル」（第3章を参照）との相談面接初期のセッションに対するコメントのなかで、ウィニコットは次のように書いた。「彼女はまだ私に手がかりを与えることができていないことを私が理解していないことの重要性。彼女だけが答えを知っており、恐怖の意味を彼女がつかむことができたなら、彼女が私にも理解させてくれるだろう」（1980: 48）。クレア・ウィニコットは、ダーウィンの影響で、ウィニコットは宗教への態度を変え、それどころか、その人生全体が変えられたのではないかと感じていた。科学的に仕事をおこなうことはウィニコットを興奮させ、これこそが自分が追い求めていたものであると感じさせた。精神分析とは科学であるという視点にウィニコットは留まりつづけた。エラ・フリーマン・シャープに宛てた一九四六年の書簡のなかに次のように書かれている。「私はほかの種類の仕事よりも、真の精神分析的仕事を楽しんでいます。その理由は、精神分析には芸術的手腕があまりなく、技法は科学的理由にこそ基づいているという事実にある程度依拠しているということです」（Rodman, 1987: 10）。だが、ウィニコットのこの分野における著明かつ革新的な貢献は、精神分析において比肩する人びとと比べると、いくぶんなりとも科学的な厳格さを欠いているように映る。ウィニコットの観察の利用は、この分野の多くの場合と比べても優れたものだろう。しかし、ウィニコットの仮説には（乳児の体験を記述する際の困難を考慮すれば、避けがたいことではあるのだが）一部飛躍した信念が含まれている。とりわけ抑圧された無意識の影響もあって、観察には非常に主観的な要素が含まれるという理由で、心理学を科学と呼ぶことへの異論が存在することをウィニコットは十分承知していた。にもかかわらず、精神分析はそれでもなお「科学的研究の道具」なのである（1957: 133）。第5章で、ウィニコットの仮説の一部に応用されている、いくつかのより科学的に厳密な心理学研究を検討する。

興味深いことに、おそらくフロイトのことをまだ耳にしていない頃、わずか一六歳であったウィニコットが学友に向けて書いた手紙のなかで、無意識的コミュニケーションについて言及している。「父親と私は、意識的に、ひょっとすると無意識的に、私の将来について、それぞれがなにを願っているのかを探ろうとしていた」(Grolnick et al., 1978: 25)。彼の科学への関心が大きくなるということは、父親の事業に従事し、やがては父親からその事業を引き継ぐという考えが却下されることを意味する。彼は、父親がそのような期待をもっていることも知っていた。ウィニコットは父親を喜ばせたいと切に思っていたが、ある友人が彼に(実際のところ、父親も同じことをしたのかもしれないが)、したいようにすべきであると説得した。同じ手紙のなかで、ウィニコット自身の願望にも言及している。「私は、かなり以前からずっと医者になりたいと思っている」。こうした要因のひとつに、学校の運動場での鎖骨骨折があるかもしれない(カーンは、鎖骨骨折ではなく、臀部の怪我と述べている。しかし、これは、数多くのカーンの記憶違いのひとつであろう。*[11] そのうえ、カーンは、ウィニコットの父親を「フレデリック」ではなく、「ジョージ」と言っている〈Clancier and Kalmanovitch, 1987: xvi〉)。ウィニコットはその当時についてしばしば語ったようだが、クレア・ウィニコットはそのことを回想して次のように語っている。「残りの人生、怪我をしたり、病気になったりすると、医者に頼らなければならないことを知ることができた。こういう立場から逃れる唯一の方法は、自分自身が医者になることだった」(Grolnick et al., 1978: 25)。この懸念のおかげで、ウィニコットは自分自身でいることができたのではないだろうか。つまり、あれやこれやの党派に忠誠を尽くすことが避けがたい専門家集団にいながらも、彼は独立心旺盛な思想家でいることができたのだ。おそらく、子ども時代、ウィニコットはあらゆる女性から過剰な養育を受けた。少なくとも、ウィニコットはそのように体験した。そして、彼の家庭環境はあまりによいものでありすぎた。このような事情のために(クレア・ウィニコットが示唆しているように)、彼は再びそのような立場に据えられたくはなかった。彼は、その代わりに、他者の依存願望を世話することで、他者を養育する人物になることを好んだ。

一九一四年、ウィニコットは、ケンブリッジのジーザス校に進学し生物学を専攻した。そして、ケンブリッジ大学の一角に設置された軍病院での手伝いに一定の時間を費やした。ウィニコットは医学生だったため免除されたが、多くの友人が入隊した。クレア・ウィニコットは、多くの親友が戦死したので「彼は、自分自身のためだけではなく、死んだ人たちのためにも生きる責任があるといつも感じていた」と語っている（Grolnick et al., 1978: 27）。ウィニコットの自伝の数ページには、次のように記されている。「私が生きていることはなにかの事柄の一側面であり、彼らの死もその事柄の別の側面と理解できる。私はこのような感覚を振り払うことができないのだ。それは、統合と固有の形を備えたある巨大な水晶なのだ」（Grolnick et al., 1978: 20 にて引用）。一九一七年一一月、プリマスの末裔にふさわしく、ウィニコットは見習い軍医として英国王室海軍に志願し、終戦まで駆逐艦で従軍した（マシュード・カーンはウィニコットが陸軍に入隊したと記述しているが〈Clancier and Kalmanovitch, 1987: xvi〉、それも誤りである。そして、ラッドニーツキー〈Rudnytsky, 1991: 180〉によれば、彼は明らかにウィニコットが受けた宗教的早期教育を悪いものともしている）。ウィニコットのいままでの学習期間が比較的短かったことを考えれば、ウィニコット自身が医学について無知であると感じていたことは当然だろう。幸いなことに、ウィニコットが頼れそうな医務員が乗船しており、彼からいろいろ教えてもらえた。クレア・ウィニコットは、若きドナルドが実家の母親に宛てた手紙を引用している。「私がここにいる唯一の理由は、人びとが実家に手紙を書き、母親に医師が乗船していると伝えるためなのです」。おそらく、ネービーが示唆するように（Rudnytsky, 1991: 189）、ウィニコットはそのときも、慰めを与える対象であった。彼の人生のこの時期は、別の意味でも重要であった。ウィ

＊11　マシュード・カーンは、ウィニコットの愛弟子として知られているが、ウィニコットの死の前後から反社会的で自己愛的な言動が目立ち始めた。この序文を書いている一九八六年の時点で、自身を「プリンス」と表現しているのもその一例である。

ニコットは、敵と交戦し、じかに死を目撃し、自分自身も戦闘に加わらざるをえなかった。しかし、ウィニコットには、小説（とくにヘンリー・ジェームズ）を読む自由な時間もあった。ウィニコットは熱心な読書家でありつづけた。事実、彼は宿舎学校で少年たちに本を読み聞かせていたし、晩年は、クレアにも読み聞かせていたものだった。「旅先では、いつも本を一冊携行していた」と、クレアは語っている（Rudnytsky, 1991: 189）。

一九一八年、ウィニコットはロンドンの聖バーソロミュー病院に一直線に進み、医学研究をつづけ、一九二〇年に資格を得ている。そこで彼はホルダー卿の影響を受けるようになった。仕事をするホルダーを見て、ウィニコットは、彼から、人びとに自分自身を語ってもらうことがどれほど重要であるか（そして、そればかりか、いかに魅力的であるか）を学んだ。トマス・ホルダーはウィニコットに次のように語りかけた。「君の患者の話に耳を傾けるのだ。君のすばらしい知識に与して、すべてに当てはめてはいけない。ただひたすら耳を傾けるのだ。そうすれば、患者は君に多くのことを教えてくれる。耳を傾ければ、たくさんのことを知ることができるだろう」（Rudnytsky, 1991: 189）。そのように注意深く患者の話に耳を傾けることは、コンサルタント医師にはそうあることではなく、今日の専門職にあっても同様に稀有な性質でありつづけている。

医学生の頃、ウィニコットは自分の夢を思い出すことができなかった。もっとも、ウィニコットがそのことを思い悩んでいた理由は定かではない。自分を助けてくれそうな書物を探していたウィニコットは、フロイトのスイスの友人プフィスターによる著書に出くわした。そこから今度はフロイトに向かい、『夢解釈』にたどり着いた。もちろん、その当時、フロイトの仕事は、それほど広く知られていなかった。ともかく、ウィニコットはかつて「こういった本がすでに書かれていたことに学生時代の私は気づいていませんでした。当時私がそういったものに対する準備ができていたかどうか疑わしいものがあります」と語った（1957: 130）。一九一九年一一月一五日付の、姉のヴァイオレットに宛てた手紙のなかに、この新発見の主題に対する無批判の熱狂を見て取ることができる。この手紙のなかで、彼は姉に対して、精神分析とはなにか、物事の根底に迫る点で催眠とどのように異なるのか、ということについて説明している。ウィニコットは姉に、こころがいくつかの部分に分かれていることを説明したうえで、本能論の概略を解説し、フロイトの方法がこころの不調を治す様について自信たっぷりに語っている。「患者は、自分の奇妙な行動が説明され、さらにその原因が意識へと上がるのを目の当たりにして驚くのです」。ウィニコットは、「それから、患者は、自分自身の意志を勝利に導くことができ、そして自分の意志には公平な機会が与えられることになる」と明瞭に信じているが、それは楽観的といっても差し支えない。その手紙には、ウィニコットが「驚くほどの論争を引き起こしている」一群の原理と認めているものに対する素朴な理解が示されている。文面には、姉に精神分析のすべてを説明したいという彼の欲望が充満している。おそらく、人に本を読み聞かせる際にも、同様に彼は自分の熱狂を伝えずにはいられないのだろう。さらに、彼はいくぶん予言めいているが、次のように書いている。「人が理解できるほどにすっかり単純とはいえないものがあるならば、私に教えてもらいたいのです。というのも、私はいつの日か英国の人たちに一目瞭然にこの主題を紹介する手助けができるようになるために、いま実践をおこなっているのです」(Rodman, 1987: 2 ――この文の結びに聖書からの引用があることに注意)。

3　道を見つける――キャリア、分析、結婚

一九二三年、ウィニコットはハックニーのパディントン・グリーン小児病院およびクイーン・エリザベス病院の内科医となり、四〇年間勤務した。クレア・ウィニコットの考えでは、ウィニコットは個人分析を受けるためロンドンに住みたかったので、小児科学を専攻し始めたのだった。ハーレイ通り地区に部屋も得て、個人開業を開始し、そこでも病院診療で診ていた母親と子どもたちの何名かと会っていた。そのような母子は、ウィニコットが特別の関心を寄せていた症例であった。小児科医としてのウィニコットのキャリアは、普通の家族を世話し

たという点が特徴的である。個人開業のなかで分析を受け、広範な症例研究（『ピグル』〈1980〉や『抱えることと解釈』〈1989a〉の医師）で記述されがちな人びとが、ほかの人びとよりも特別扱いを受けていたわけではない。ウィニコットは引退するまでのあいだ、三つの臨床現場で六万を超える人たちと臨床をおこなっていた。ウィニコットが仕事をしていた地区には、多くの貧困家庭が存在しており、ウィニコットは自宅まで往診することもあった。それら一切が、彼の精神分析実践と理論的定式化に、かなり多様な視座を提供したことは確実である。個人開業のみからではその視点は得られなかったであろう。

ウィニコット自身は子どもをもうけることがなかったが（あるいは、ひとつには**それゆえに**と言ってもよいかもしれないが）、明らかに子どもの扱い方を心得ていた。ウィニコットの子どもと関わる能力については、第3章で記述されるその実践のなかで明らかとなるであろう。クレアは詳しく記述しているが、それはウィニコット自身の著作には見られないものである。ウィニコットが試みていたのは、

> 後で使用したり、そして／あるいは、破壊したり投げ捨てたりできる物を子どもに持ち帰らせることによって、子どもが自分のもとを訪れたという事態を締めくくり、そこに意義をもたせるということだった。彼は、すばやく紙に手を伸ばし、さまざまな形（通常は投げ矢や扇）に折り曲げていたものであった。ドナルドは、しばらくそれで遊び、それから、さよならを告げ、子どもにそれを手渡していたようである。どのような子どもであれ、このような意思表示を拒絶した子どもは一人もいなかった。
> (Grolnick et al., 1978: 29)

子どもとの作業に関して、ウィニコットが個人的にもち合わせていた天賦の才は、一家の特徴であったと思われる。というのも、ウィニコットの長姉は九〇歳代になってもなお子どもたちが訪れてくるような人だったと記されているし、次姉は長年ブラウニー・パックを運営していた。*12

そうした年月を振り返る手紙を読むと、ウィニコットの医師としての態度に触れる機会を得ることができる。ある時期に、ウィニコットは病床をもつ資格を与えられた。それにともない地位がついてくるので、すばらしい機会であった。「病床をもつということは、ある達成を意味している」。しかし、ウィニコットは、昇進を辞退した。

私は次のように考えた。たとえとてもよい病棟であっても、病棟での乳児や幼児の苦しみは、結局のところ相当なものとなる。病棟に入ると、私はとても不安になる。もし私が入院担当医になったら、私は子どもたちの苦しみによってこころが乱されない能力を伸ばすだろう。そうでなければ、私は有能な医師にはなれないだろう。だからこそ、私は自分のＯ・Ｐ〔外来患者〕の仕事に専念し、効果を上げるために無感覚になることを避けることにした。
(Rodman, 1987: 168)

一九二三という年は、ウィニコットにとって多くのことが始まった年であった。必ずしもウィニコットにとっての重要度順というわけではないが、第一に、小児科医と児童精神科医を包含する児童医としてのキャリアをスタートさせる役職に就いた。第二に、ジェームズ・ストレイチーとの個人分析を受けるようになった。第三に、アリス・テイラーと結婚した。フィリップス (1988) の記載によれば、彼女は陶芸家であった。ただし、マシュード・カーンは、短くほとんど侮蔑的といってもよい風に、彼女を「美しいオペラ歌手」と書きつつ、「次第に狂っていき、彼女の世話をすることに、ウィニコットの若さすべてが費やされた」と記している (Clancier and

＊12　Brownie。ガール・スカウトの年少版。一九一四年にローズバッドという名称で、バーデン・パウエル卿によって発足した。

Kalmanovitch, 1987: xvi)。ウィニコットの人生についてのあらゆる簡潔な報告において、この二五年以上もつづいた最初の結婚へのコメントがほとんど存在していないという事態は興味深い。クレアの回顧録のなかに、ウィニコットの姉の友人のなかに「ガールフレンドたち」がいたという言及があるが、ケンブリッジの頃に、「何度か結婚する間際」までいったようだ(Grolnick et al., 1978: 27-28)。しかし、少なくともウィニコットの親密な間柄という点に関していえば、クレア・ブリトンとの二度目の結婚生活が文献のほとんどを占めている。クレア・ウィニコット(となった彼女)が、その夫の人生早期、仕事、関心について出版されている情報の相当部分の出所である以上、私たちが抱いている全体像がどこまで完全なものであるのか確たることはいえない。とくに、結婚のような中心的領域がほとんど、あるいはまったく注目されていない場合はなおさらである。

私たちは、奇妙なところから、この関係性についての欠落した情報を落ち穂拾いしなければならない。ドナルドとアリス夫妻は、マリオン・ミルナーの症例研究『生ける神の御手のうちに』(1969)のなかで、ほとんどがついで程度とはいえども、たびたび言及されているのだ。ミルナーの患者スーザンは、神経病の病院でX夫人と出会った。X夫人は「そこに訪れつづけ、この少女に関心を寄せるようになった。そして、自分たちのもとへ来て一緒に過ごすように誘った」(Milner, 1969: 3)。現在の私たちにとって、このX夫人とその夫X氏(「メンタルヘルスに関する問題に関心を寄せていた人物で、働かなくても暮らしていけるだけの財力がある男性」で、マリオン・ミルナーにスーザンの分析を引き受けてくれるように頼んだ人物)が、ほかでもないウィニコット夫妻その人であったことは周知の事実である。これは驚くべきことである。というのも、ウィニコットは、同書に序文を書いているだけではなく、分析家ミルナーが医師ではないために医学的フォローを提供する存在としても別個に言及されてもいるからである。X氏とX夫人が誰なのか。それを明らかにしたのはジュディス・ヒューズである(Hughes, 1989: 202)。マリオン・ミルナーが一九八六年の手紙のなかで彼女に打ち明けたのだった。

この初めての結婚が終わったのは一九四九年のことであった。ウィニコットの父親が九三歳で他界したのが一九四八年末（母親の死は一九二五年であった）であった。親の死が別居や離婚の引き金となることは珍しいことではない。ウィニコットが最初に心臓発作に襲われたのもこの年であった。結婚の終わりを契機として、ミルナーの患者は急速に退行へ陥ったらしい。ミルナーの患者は、「X氏が『自分をめちゃくちゃにする』ためにわざと結婚を破綻させたのだと執拗に訴え、X氏に対して非常に被害的」になった（Milner, 1969: 113）。この期間中ずっとウィニコットとの分析を受けていたマーガレット・リトルも、「私がそのことを伝聞や新聞で知ったりすることがないように」、ウィニコットが離婚とその後の再婚についてどのように伝えたのかを記載している。リトルは、ウィニコットの二回目の心臓発作と明白な抑うつが「最初の結婚の破綻問題をめぐる心労」から来ていると考えていた（Little, 1990: 54-55）。これは、ウィニコットが最大限の肯定的な感情以外の感情も抱いていたことを示す数少ない言及のひとつである。これは、ウィニコットの後妻が私たち後世に遺した一面的な像に対してバランスをとるために必要なものであろう。

一九二三年の三つ目の主要な出来事は、ウィニコットのジェームズ・ストレイチーとの一〇年に及ぶ分析が始まったことである。ストレイチー自身は、フロイトから分析を受けており、フロイトの英訳に際して主要な役割を果たすこととなった。その件に知的関心を寄せていたことに加えて、ウィニコットがセラピーを求めた表面上の動機は、彼自身の言によれば、自分が「相当に制止された若者で、それについてできることなどあるのかどうかを尋ねるような若者」であることにあった（Hughes, 1989: 19）。この分析に関して、私たちの知っていることがほんのわずかであることは言を俟たない。ウィニコットはストレイチーに関して次のように書いた。ストレイチーは「フロイトを訪問した結果、こころのなかである確信を抱いたのだ。それは患者のなかではある過程が展開していくのであり、生起することはつくり出されたものではなく、使用されうるものである。……患者のなかの過程が見失われたような、生じているすべてのことに対して解釈に信を置くような分析における解釈作業の記述に私が懐疑的なのは、ストレイチーの手による私の分析経験の賜物である」（1969: 129）。一九五二年のアーネスト・

ジョーンズ宛ての手紙のなかで、ウィニコットはその分析を次のように述懐した。「ストレイチーは、実務上はなんの誤りも犯さなかったのです。そして彼は、冷徹に古典技法を墨守していました。私は、そのような彼のあり方につねに感謝していました」。もっとも、ストレイチーは、「解釈が必要だったところで、解釈とはいえないことも二、三言っていましたが」（Rodman, 1987: 33）。そうした解釈とはいえないことのひとつには、ウィニコットがフロイトを十分に読んでいないという発言が挙げられる。ウィニコットは、のちに、この事態がフロイトを読むことに対する制止の結果であると理解した。一九五一年のストレイチー宛ての手紙で、ウィニコットは、「二回病気になったおかげで、私は精神分析の文献をかなり読みました。それを聞いてあなたは安心するでしょう」と記している（Rodman, 1987: 24）。当時であっても守秘義務違反ではあったが、ジェームズ－アリックス・ストレイチー往復書簡の刊行によって、この分析に関する思慮のない細かいやりとりが少しだけ明らかとなった。たとえば、ジェームズが、あるとき、「今日、哀れなウィニー坊やが、ひょっとしたら自分は生まれたときに、（おしっこを）自分のママめがけて噴射したかもしれない[とほのめかした]」と言及している。それに対してアリックスは、ウィニコットが分析を終えるためには、ことによれば、彼は「唐突に妻とフ○ックする」必要があるだろうと示唆しているようなのだ（Meisel and Kendrick, 1985: 115, 166）。

4　精神分析という政治

一九二七年になってようやく、ウィニコットは、英国精神分析協会においてトレーニングを受ける候補生として受理された。ウィニコットは、一九三四年に大人の精神分析家の資格を、一九三五年には子どもの精神分析家の資格を得た。その際に、正会員になるための最終要件のひとつとして、論文「躁的防衛」（1975: 129-144）を口頭発表した。一九三七年にアーネスト・ジョーンズがフロイトに宛てた手紙によれば、ウィニコットは協会で唯一の男性の児童分析家であった（Paskauskas, 1993: 755）。加えて、ウィニコットが書いているように、「当時、私以外に、小児科医であると同時に分析家であるという人はいなかった。そのため、ここ二、三〇年のあいだ、私は特異な存在だった」（1965b: 172）。自分の分析の最中、ストレイチーがメラニー・クラインの存在を教えてくれた、とウィニコットは述懐している。このことを契機に、のちに、ウィニコットはクラインにスーパーヴィジョンを受けることになる。また、一九三三～三八年にかけて、ウィニコットは二回目の個人分析をジョーン・リヴィエールから受けた。リヴィエールもフロイトに分析を受けているのだが、クライン夫人の最も熱烈な支持者の一人でもあった。それゆえに、わずか一九四〇年代半ばまでのこととはいえ、ウィニコットは当初、クライン派の一人として目されることとなった。ここで英国精神分析の政治事情に不案内な読者のために、これらの用語とその背景を説明する必要がある。

幼児性愛に関するフロイトの学説をめぐって生じた論争に起因している部分もあるが、精神分析の船出は不安定であった。その後、精神分析は多くの大都市で発展を見せ始めた。驚くことでもないが、二〇世紀初期の二〇年間、ウィーンとベルリンが主要な精神分析協会であり、ハンガリー、スイス、イタリア、アメリカ、そしてカナダでは別個の発展をたどった。ロンドンの協会は未発展であり、一九一九年になってようやく英国精神分析協会が組織された。同協会を長年指揮したのは精力的なアーネスト・ジョーンズだが、彼は、フロイトの最も熱狂的な使徒であるとともに、のちに最初の重要なフロイトの伝記を執筆した人物でもある。一九二〇年代に、児童分析の実践は、ベルリンではメラニー・クラインによって、ウィーンではフロイトの娘アナによって、それぞれ独自の道をたどりつつ体系的に発展した。アーネスト・ジョーンズの妻とその二人の子どもの分析をするために、メラニー・クラインはジョーンズの招きに応じて一九二六年にロンドンへ渡った。ロンドンで、クラインは、自分の考えがすんなり受け入れられると感じた。クラインの考えは、フロイトから借用したものであり、実際、クラインやその支持者の感触では、その考えはフロイトの考えから自然に発展したものであった。しかし、別の立場から見れば、フロイトから著しく逸脱しているようにも映った。たとえば、クラインは、環境に加えて生得的なものを強調した。すなわち、クラインは、外的現実よりも空想のもつリアリティに実質的なものを与えた。また、クラインは、両親抜きで子どもと作業をすることを望んだ。さらに、クラインは、初めのうちからセラピストに向けられた陰性感情を解釈した。そして、エディプス・コンプレックスが生後一年間に生起するとした。

メラニー・クラインの考えは、ウィニコットが独自の考え方を発展させた道のりを理解するうえで、きわめて重要である（本シリーズの姉妹篇『メラニー・クライン』〈Segal, 1992〉を参照のこと）。ウィニコットはクラインの教え子であったとはいえ（ウィニコットは一九三五～四一年の六年間、クライン夫人からスーパーヴィジョンを受けた）、二人の関係は互いに独自の強みをもたらし合うものであった。最初にクラインと出会ったとき、ウィニコットは訓練中の精神分析家であったとはいえ、すでに母子の注意深い観察者であり経験豊富な小児科医であった。あらゆるものの起源をおよそ四、五歳時のエディプス・コンプレックスまでたどることに関して、ウィニコットはクライン同様、いささか疑問を抱いていた。「精神的に混乱をきたした子どもは、……幼児期に、ときには赤ん坊の頃にさえ、情緒発達の困難を示していた」（1965b: 172）。ウィニコットは、クライン夫人が「育児の研究とは別に、発達していく乳児がたどる最早期プロセスの研究［のちの彼自身の専門領域］を最も精力的に試みた」（1965b: 126）と認めた。ロッドマンによると、「初めの頃、クラインはウィニコットに、長く親しみのこもった手紙を書いてよこした」（Rodman, 1987: xx）。ウィニコットはクラインとの分析を求めたが、クラインのほうでは、自分のスーパーヴィジョンのもと、自分の息子の分析をウィニコットにしてもらいたかった。ウィニコットは分析を引き受けた。ただし、クラインのスーパーヴィジョンのもとで、ではなかった。

クラインのウィニコットに対する影響は、第2章でより詳細に検討している。いまのところは、クライン夫人と増加するその追随者が一九三〇年代に英国精神分析協会を席巻し始めたことを、こころに留めておくだけで十分である。しかし、一九三八年、またしてもアーネスト・ジョーンズが関与したハイレベルな外交交渉の結果、フロイトとその娘アナがナチス占領下のウィーンから脱出しロンドンへと連れ出されたのだ。アナ・フロイトによれば，ウィニコットは「フロイトたちのマーレズ・フィールド・ガーデンの家を訪れ，無事かどうか尋ねてくれた，唯一の英国協会会員」であった（Rodman, 1987: xix）。もっとも，ウィニコットがフロイト自身とかつて一度でも会ったという記録はほかになく，ロッドマンの示唆によれば，フロイト女史とウィニコットの手紙を読めば，二人のあいだには「堅苦しいよそよそしさがあったことがわかる」（Rodman, 1987: xix）。一九三九年のフロイトの死につづいて，英国精神分析協会内の分裂に火がついた。メラニー・クラインの考えが精神分析の真の道のりからの逸脱かどうかをめぐって，論争が荒れ狂った。ウィニコットの以前の分析家ジェームズ・ストレイチーから訓練委員長へ宛てた一九四〇年の手紙のなかに，この状況が見事に記述されている。

> 私にとってやっかいなのは，両陣営とも，過激思想のように見えることとです。私見ですが，K夫人はＰＡ［精神分析］に対して非常に重要な貢献をいくつか成し遂げていますが，（ａ）その貢献がすべての主題をカバーしている，とか，（ｂ）その妥当性は自明である，などと結論づけるのは馬鹿げたことです。他方，私が思うに，Ｆ女史が，ＰＡはＦ家に属する保護区であり，Ｋ夫人の考えがまったくの転覆であると主張するのも，同様に滑稽です。両陣営のこうした態度は，無論，単なる信仰に過ぎず，科学とはまったくの正反対のものです。（King and Steiner, 1991: 33）

この評言の観点からすると，相違点を検討するために開催された会合が，「科学論争の討議」として知られているということは奇妙に映るかもしれない。人口に膾炙している「大論争」という表現のほうが，もったいぶった感じは少ない。ウィニコットは，クライン派の重要な一員であった。というのも，五人のクライン派訓練分析家の一人としてクライン夫人に指名されていたからである。ウィニコットは，ロンドン大空襲から逃れるために疎開した子どもたちと臨床をおこなっていたこととと関連して、ロンドンからは離れていたのだが、それにもかかわらず彼は協会における臨時の実務会議にもすべて出席し、特別な科学会議にもひとつを除きすべてに参加した。そして、議論においても積極的な役割を果たした。しかし、おそらく、そもそも独立的な宗教上の伝統を出自としており、そして、最初の分析家がそのような反目に対して明らかに懐疑的であったことも考えると、ウィニコットが実際に個人主義者であったことは驚くべきことではない。クライン夫人の支持者の一人に送られた手紙によれば、彼女はウィニコットとの関係に問題を抱えていた。「というのも、クラインやそのグループが入念に吟味するために早めに寄稿を求めても、ウィニコットはそれに応じなかったのだ。さらに、彼はたくさんの「へま」をしでかした」(King and Steiner, 1991: xxiv)。最終的には、一九四五年までに、この論争に対して、実際的で、おそらく典型的な英国流の解決策が講じられた。協会内部で二つの訓練行程が設けられ、事実上、三つの実践家集団が生じることになった。Aコースの訓練生は、技法に関して、フロイト派とクライン派の考えを含む訓練を受けた。Bコースの訓練生は、フロイト派の技法のみを取り扱うような課程に入っていった。その他の講義は共通であった。しかし、スーパーヴィジョンに関しては、AコースとBコースの双方の訓練生は、まず一人目に自分が所属するグループからスーパーヴァイザーを選び、二人目は第三の独立派から選出されたスーパーヴァイザーにするよう要請された。のちに二人目のスーパーヴァイザーについての要件が撤廃されたとはいえ、こうした仕組みの影響によって、分析家は、Aグループ(クライン派)、Bグループ(フロイト派)、あるいは第三の「中間派」のいずれかに同一化していった。論争の最中、ウィニコットは、クライン夫人から忠誠を求められるという事態に直面した。おそらく、そのような忠誠は、独立精神をもつ彼にとっては過剰なものであり、受け入れがたかったのだろう。さらには、ウィニコットにすれば、たぶん「多すぎる母親たち」という子ども時代の経験の反復と感じられたであろう事態に直面した。そのため、ウィニコットは「中間派」の分析家と目されるようになった。中間派の分析家として、マイケル・バリント、ウィリアム・ロナルド・ドッズ・フェアベアン、マリオン・ミルナー、そしてのちにはチャールズ・ライクロフト、マシュード・カーン、ピーター・ローマスが挙げられる。[*13] なお、そのなかには、のちに協会から完全に離れた者もいる（独立派の主要な著作家の研究についてはRayner, 1990を参照）。

すでに述べたように、このような戦時中の議論が展開しているあいだに、ウィニコットは、オックスフォードシャー州の政府疎開事業での精神科コンサルタントになり、その際に、クレア・ブリトンのような精神科ソーシャルワーカーと仕事をした。ウィニコットは、その後、ブリトンと結婚することになるのだが、それは離婚後の一九五一年のことであった。[*14] マデレーヌ・デイヴィスの論評によれば、疎開事業での経験のおかげで、ウィニコットは、自分の理論において、内的現実の影響と環境の影響をまとめ上げることができたのだが、それゆえに彼とクライン夫人の立場の相違がより著明になった（Davis and Wallbridge, 1981: 183）。戦時中にウィニコットが発見したことは、ジョン・ボウルビィの盗みの研究や母子分離の研究から導かれた結論を裏づけた。ウィニコットは、セラピーにおいて解釈以外に多くの要因があり、そこに価値があることを認めるようにもなった。ウィニコットは、ビセスターの施設を訪れたときのことを思い出しながら、自嘲気味に自分の「深い洞察に基づいたすばらしい解釈」を、自分が瞬時に悟ったことと対比させている。彼が悟ったのは次のことであった。「治療はなされていた。壁と屋根によって。レンガの的を備えるガラスの温室によって。ばかでかい浴場によって。……料理人によって。食事がテーブルに用意される規則性によって。十分にあたたかく、おそらく暖色のベッドカバーによって」（1984: 221）。このことは、彼の訓練への打撃のひとつであった。「心理療法には、適切な瞬間に適切な解釈をおこ

＊13　これらの動きのなかのひとつに「一九五二クラブ」がある。一九五二クラブとは、カーン、ライクロフト、パール・キング、バーバラ・ウッドヘッド、ジェームズ・ハリスによって始められた非公式の集まりである。そこではくつろいだ雰囲気のもと、研究発表がおこなわれていた。

＊14　ウィニコットとクレアの出会いはもっと早く、ドナルドが疎開事業へ参入した時期である。そこで勤務していたソーシャルワーカーがクレアであり、二人の関係はまず同僚として始まったが、次第に不倫関係へと発展した。

なうという観点では説明できないなにかがあるのだ」(1984: 222)。

戦中戦後を通して、ウィニコットは、英国精神分析協会の活動において中心的な役割を果たした。彼は、二五年間、精神分析インスティテュートの児童部門を管理する医師であった。彼の手紙を読めば、彼が、フロイト派とクライン派のあいだにつねに生じていた分断に気をもみつづけたことは明らかである。ウィニコットが訓練委員長だった一九五四年に書かれた手紙のなかで、フロイト女史とクライン夫人に対して、二つの学派に分かれているという事態がつづいていることについての憂慮が述べられている。その事態は、一〇年前の本来の目的に資することがもはやない。ウィニコットは、二人の女性のうちどちらかが死んだら、硬直した学派化はいっそう強固になってしまうと予見した。彼は自分の予見に肝を冷やした。「あなた方お二人自身が、その学派が公式のものである以上、それを解体することが、協会の将来にとって重要極まりないと考えます。解体できるのはあなた方以外にはいません。また、ご存命のあいだにしかできないのです」(Rodman, 1987: 73)。それよりも以前の一九五二年にクライン夫人だけに宛てた手紙のなかで、ウィニコットはさらに強く自身の懸念を示している。彼はまず、クラインが大きな貢献をしていることを認めたうえで、「独自の個人的考え」をもっているために、自分自身が厄介者と見なされている可能性があるという認識を示している。ウィニコットの言では、自身の発表論文[*15]で、クラインからの考えにそって試みた自分の身振りに対して、クライン・グループから反応が欲しかったらしい。ウィニコットは、自分自身の分析体験に基づく謎めいた言い回しで、次のようにつづけている。「私が求めつづけたものは、本来、あなたのグループには期待できないものであったのでしょう。そして、それは、実際のところ、治療作用の本質にまつわるなにかでした。そのなにかを、私は長期間にわたる二度の分析のいずれからも得られなかったのです。もっとも、それ以外のものはいろいろ得たのですが」。リヴィエール夫人との分析に言及し、ウィニコットは次のように記している。「彼女の分析が私の役に立たなかったのは、まさにちょうどこの点においてなのです」。ウィニコットが深刻な懸念を示すのは、クライン夫人が、クライン自身の「言葉[だけ]」を、ほかの人は自身の発見を述べるために用いるべきである」と主張することによって、クラインの言葉が死んだものになってしまうという事態である。ウィニコットは「クライン派の教義やクライン主義と呼ばれるこの言葉を破壊できる唯一の人物」と見込んでクラインに懇願している。ウィニコットはあるメンバーの論文を取り上げ、論文の著者は「患者その人の過程を理解しているという印象がまったくなく、いまではクライン派として知られるようになった多くのことをめぐってただやり合っていた」と鮮明に描写している。そうした描写のなかでウィニコットは、「もし彼が水仙を育てているとしたら、ほどよい養育によって球根が水仙へ発育することができるとは考えずに、自分は球根から水仙をつくっているのだと考えるのでしょう」と述べている（Rodman, 1987: 33-37）。

このような内輪の論議は、外部の人間にしたら混乱に映るだろう。しかし、ある者が、自分の技法をめぐって精神分析の慣習に対して一部の異議をとなえれば、精神分析の世界はその研究に対してなんらかの攻撃を加えてくる。精神分析という狭い世界のなかにはこのような混乱がいくつもある。たとえば、メラニー・クラインも、ウィニコットの後妻クレアを分析していた。ウィニコットがクライン夫人の息子を治療したことは、すでに言及したとおりである。それどころか、ウィニコットはアーネスト・ジョーンズの娘も治療していた。一九五〇～七〇年のあいだ、ウィニコットの論文すべてを編集し、ウィニコットの存命中に刊行された著書すべてを編纂したマシュード・カーンも、一〇年間ウィニコットの分析を受けた。カーンの妻も同様にウィニコットから分析を受けていた。このような身内による関係性は、個人分析と分析外の関係の両方にどのような影響を及ぼしたのだろうか。マリオン・ミルナーの患者スーザンの場合だと、ウィニコットの妻によって見つけ出されたとき、ウィニコットがミルナーにリファーしたとき、ウィニコット夫妻と同居していたとき、しかもそれらの期間中ずっと自分の分析家であるミルナーと夫妻が友人そして同業者であったとき、これらがスーザンにどんな影響をもたらした

＊15　「安全でないことに関連した不安」（1952）のこと。この論文はあまり評価されなかった。

のか、私たちは想いを馳せる必要があろう。混乱した境界問題、しかも潜在的には混線状態をはらんでいるこのような事例は、ことによると、比較的小規模な専門家コミュニティでは実際のところ避けがたい事態ではあるのだろう。それにもかかわらず、このコミュニティは影響力があり、その当時のカウンセリングやセラピーのより広い分野において、理想的な基準を満たしていないと見なしたものに対しては辛辣な批判を浴びせかけていたのだ。

訓練委員長と学術委員長として職務を果たすことに加えて、ウィニコットは、二期にわたって英国精神分析協会会長となった（一九五六～五九年、一九六五～六八年）。彼は、インスティテュートの隔週開催の会合の多くに熱心に出席した。ウィニコットの手紙を何通か読むと、彼は、間髪入れず論文発表者に対して手紙を送っていたことがわかる。ウィニコットの往復書簡の書評のなかで、ローマスは次のように論評している。

> 彼は、自分自身の見解にほとんど疑いを抱いておらず、ほかの人びとの見解に対して躊躇なく批判を浴びせているように見える。……それらの手紙を受け取った者が安らぎを得ることはほとんど望むべくもない。朝食とともにウィニコットからの手紙の一通にでも目を通すものなら、その後、自分の患者たちと対面するよりも、ベッドに戻りたいという心持ちになった分析家も多数いたに違いない。
>
> (Lomas, 1987b: 798)

たとえば、一九五二年、ウィニコットはハナ・シーガルに対して次のように書き送っている。「ほんのときたま、数分間のこととはいえ、あなたは自分自身についてものすごく自信をもっていると私は強く思います。あなたがたまたま話をしていると、そのときまさに、それが表れてしまうのです。……実際に、あなたも、ほかの分析家とまったく同様に、失敗することもありうるのです。……私が懸念しているのは、あなたが、ある種の見苦しい状態に入り込むことによって、それを完全に台無しにするのではないかということです。あなたは、その状態に、内在化された良い乳房というエベレストの山頂に居を構えて座っているのです」(Rodman, 1987: 26)。この愉快なスタイルから見えてくるのは、ウィニコット自身が露骨に自信過剰な人を嘲笑することを嫌いではなかったということであり、また、ウィニコットのかつての弟子の言葉を借りれば、ウィニコットがどれほど「愛嬌があり、楽しく、とても生き生きしていて、魅力的で、聡明でありながらも、恩着せがましく、微妙に支配的で、目立ちたがり屋」(私信)でありえたのかという点も示されている。

一九六八年、ニューヨーク精神分析協会に対して発表した自身の論文「対象の使用」(1971a に収録)が、三名の討論者[*16]から散々に酷評されたとき、ウィニコットは自身が嘲笑の的となっていると感じた可能性はある。彼は「魅惑的で移り気な様子で」(しかしこの様子は防衛的ではないだろうか?)、自分の概念が「ズタズタにひき裂かれました。なので、その考えを喜んで放棄します」と応えたと記述されている(Rudnytsky, 1991: 105)。同年、(英国の)ヨークで、ウィニコットが、ジェームズ・スペンス小児科医賞を授与した際には、仲間の小児科医から拍手喝采を浴びた。しかし、ニューヨークでは、彼は自分の論文を失敗作と見なした。その後、間もなく、重篤な心臓発作におそわれた。しかし、ウィニコットが批判を受けたためにこの発作が生じたのかどうかは、まったく推測の域を出ない。演者たちに宛てた手紙のなかで、問題となっている当日の夜をめぐって、ウィニコットの関心は、私怨ではなく、知的なやりとりに向けられている。しかし、ローマスは、手紙におけるウィニコットの「誠実さ、情熱、知性、そして良識」を高く評価する一方、「演者のナルシシズムに対するいらだち」も感じ取っている(Lomas, 1987b: 798)。ニューヨークで受けた批判が過剰に強力なナルシシズムの傷つきとなったのだろうか?

＊16 バーナード・ファイン、エディス・ジェイコブソン、サミュエル・リトヴォの三名。

5 「すべて残らずなにもかも」

デイヴィスが論評するように、「一九四五年からその死までの四半世紀、ウィニコットの活動は、ほとんど信じられないほどの高まりを見せた」(Davis and Wallbridge, 1981: 185)。精神分析サークルの外部で、ウィニコットは相当に著名な存在となった。ウィニコットは英国心理学協会の医療委員長や、王立医学協会の小児科部門の委員長、児童心理学精神医学会会長を歴任した。また彼は、ユネスコとWHOの研究グループのメンバーでもあった。彼の出版された往復書簡には、政治に関する議論をめぐって生き生きとした関心が示されている。こうした様子は、同業者たちに留まらず、すぐさま手紙を出しているようなところであればどこにでも認められた。『タイム誌』や、医学雑誌、ベヴァリッジ卿、さらに第二次世界大戦前には、首相は手紙に目を通す時間がないだろうと思い首相夫人[*17]にまで手紙を送っていた！　ウィニコットは、手紙のなかで、反ユダヤ主義や電気けいれん療法あるいはロボトミーへの反対意見など、自分が熱心に確信を抱いていたさまざまなトピックについて論評している。こうした論評は必ずしもリベラルな見解とはいえなかった。ウィニコットはスポンサーつきのテレビ番組も批判した。さらに国民健康保険の設立を「医療専門職の国営化」と表現した。彼は、正確に性を表現している人形[*18]に反対意見をもっていることも記銘している。彼は「論理的に考えれば、あなたがいじめると実際にかみついてくるテディベアをつくる、という結論に至るでしょう」と記した(Rodman, 1987: 4, 6-9, 14-15, 15-16, 76-77)。

講演家として引っ張りだこだったウィニコットは、精神分析に関わりのない集団を楽しんで訪れていた。ウィニコットは、ほかの専門職の設定に精神分析を応用することに主たる関心を寄せていたとはいえ、多くのトピックにも注意を向けていた。ほかの専門職種には、ソーシャルワーカーや助産師、聖職者、教師、学校の校医と看護師、看護学校協会、キリスト教チームワーク団体、オックスフォード大学科学協会などが含まれていた。『家庭から社会へ』(1986)には、「精神分析と科学は友達か」から「フェミニズムというもの」「ピルと月」「君主制の位置」に至る、幅広い主題を論じた多数の論文が収録されている。ウィニコットの謦咳に触れた人のなかには、その出来事をありありと思い出す人もいるが、そのうちの全員がウィニコットを格別印象に残る話し手と見なすわけでもないようだ。ロンドン・スクール・オブ・エコノミクスで精神科ソーシャルワークを学んだ元学生によれば、赤ん坊と乳房の関係性をめぐるウィニコットの図絵は印象深く記憶に残るものであったが、そこでの講義は難解であり理解できなかったという(数点の図絵とあわせて、年一回の講義が『人間の本性』〈1988b〉に収められている)。また、ある人たちは、ウィニコットの自発性について論評している。彼らの記憶によると、ウィニコットは、要点を示そうとして、(たとえば)突然バッハを歌い出したという。あるいは、「びっくり箱のように……後ろの席に座ったり……関節の外れたマリオネットとかみたいな様子で……[ウィニコットは]ばねみたいにリラックスして」、そして、自分もその一員に含めていた聴衆を沸き立たせていたという(Clancier and Kalmanovitch, 1987: xi)。

おそらく、ウィニコットの仕事のなかで最も幅広い視聴者を得て最も有名なのは、BBCラジオのトーク番組シリーズではないだろうか。第二次世界大戦時中の番組も一部あるが、ほとんどは一九四〇年代後半に放送されていた。ここでもウィニコットは、一九一九年の姉への手紙のなかで彼が望んだような、「誰でも理解できる」ようにコミュニケーションをとろうという熱意を示した。活字になったテクストを読めば、ウィニコットが母子関係の核心に到達できるだけではなく、別の方法だったら精神分析の概念を吸収することが難しい両親などの人た

＊17 ネヴィル・チェンバレンの妻であるアン夫人。
＊18 人形メーカーのマージョリー・ストーンに対する手紙のなかで言及されている。現在でいうアナトミカル・ドールのことか。

ち（そして、自分たちの消化したものが実際には精神分析の概念であることに気づくことさえないような人たち）のこころにも到達することができる、ということに気づくだろう。ラジオ放送のなかでは、特定の党派に偏った考えを求めた、特別なセールストークがあるわけでもない。死後に出版された多くの講義録に携わった編集者は、「普通の両親とその赤ん坊と子どもたちが実際に、互いに対してどのように振る舞いどのように感じているのかということについて、このような直観をもって話した人がほかに誰かいるのかどうか疑わしい」と書いている（Davis and Wallbridge, 1981: 187）。ラジオ放送の内容は、当初、一九五七年に二巻組で刊行され、さらに数篇の論文とあわせて、一九六四年『子どもと家族とまわりの世界』として（原本の内容の大部分が）合本印刷された。このペーパーバック本はその最初の三年のうちに五万部売れ、一九七一年の著者の死までに四刷を重ねた。本書はいまも入手可能であり、売れ行きは好調である。

ロッドマンは、「多くの著書がそのペンからあふれ出てきた」と論評している（Rodman, 1987: xvi）。まさにそのとおりなのであろう。実際のところほとんどの論文とケース記録はウィニコットが書いたのだが、もっとも、それらはほとんどつねに他人の手によって編纂され、著書に収録されてきた。一〇〇を超える講義と論文の大半は、ウィニコットの死後に出版された。その理論の解説（第2章）と彼への批判（第4章）の両章で明らかとなるが、がんらいウィニコットは短い論文を量産する著述家であって、広範囲に議論を展開するような書物の著者ではなかったことを認識することは重要である。おそらく『人間の本性』（1988b）のなかに収録された講義録は例外だろうが、全体として首尾一貫するように組み立てられた広範な理論を提示しようと試みた形跡はほとんどない。それは、あたかも、ウィニコットの自発性やエネルギー、私見を誰かと共有したいという熱意が、講義依頼や自身の実践に現れ出る素材に触発され、比較的単発の仕事を生み出しているのだが、それが必ずしも理論的枠組みのほかの部分と相互参照されていないという事態を招いたかのようである。本章の導入部で私が示唆したように、ウィニコットは、なんらかの重要な理論モデルのために記憶されているというよりも、その治療作法に描き出された個人的な性質および、「ほどよい母親」や「移行対象」のようなキャッチフレーズのおかげで記憶されているところが大きい、という事態もおそらく重要である。

それにもかかわらず、多くのカウンセラーやセラピストにとって馴染み深いこれらのフレーズは、驚嘆すべき知的生産物の精髄を表しているのである。ことによると、ウィニコットの自信に関する、シモーヌ・ディコベルトによる次のような解釈を通して、ウィニコットがかくも多くのものを生み出したという事態を理解することができるかもしれない。

〔ウィニコットがもっていた自信とは〕ある種の発見者を特徴づけるものである。そのような発見者は、自らの観察と仮説を真正直に詳説したところで失うものなどなにもないと確信している。ウィニコットは、また別種の自信ももっていた。それは、フロイトが語ったように、自分が両親のお気に入り、とくに母親のお気に入りなのだと知っている子どもを特徴づけるようなものである。

(Clancier and Kalmanovitch, 1987: xii)

ウィニコットの診た膨大な量のケース記録のなかに、あるいはウィニコットの個性に寄せられた非常に好意的な描写のなかにも、実際、ウィニコットの人生に関する文献の随所に無比の特徴が認められる。マシュード・カーンは、『小児医学から精神分析へ』の一九七五年版に寄せたイントロダクションを、「私にとって、今後二度とお目にかかることがなさそうな人であった」という言葉で締めくくっている。ウィニコットの私生活と社会生活に関する情報は彼女の回顧と記憶に頼らざるをえないことが多いのだが、未亡人クレアは、ときに私たちをウィニコットのエネルギーと才能で満たしてくれるようなひとつのイメージを提示している。そのような記述では、ウィニコットがその人生に詰め込んだ莫大なエネルギーの総量が強調されている。しかしながら、いまで言うワーカホリックのようなものではなかったようだ。クレア・ウィニコットが挙げたスケジュールは、多くの余暇の楽しみのために空けられており、あたかもその空き時間は読書やピアノ演奏、テレビ観賞、芸術と詩の鑑賞、さらにはドナルドとクレアがよくしていたように、床の上にただ座っていることで埋められているかのようだった。

クレアの回顧から、ケンブリッジにいた頃のウィニコットは人気者であり、彼の部屋はたまり場になっていたと推察される。医学校時代のウィニコットは、病院報に投稿したり、歌をうたったり、ダンスをしたり、スキーをしたり、「初めてオペラを聴くために、土壇場になって急いで立ち去ったり」しつつも、「医学に没頭し、その全経験に完全に専心した」(Grolnick et al. 1978: 27)。彼の仕事場には、「世界中から多くの同業者たち」が訪ねてきた。その余暇の時間には、ウィニコットは好んで読書をしていた。伝記物がほとんどだったが、ヴァージニア・ウルフ[*19]も好きだった。「意識の流れ[*20]」のスタイルで物を書くこともあった。音楽を愛好しており、「急いで駆け寄り、ピアノを診察の合間に演奏し」(Rudnytsky 1991: 190)、一日の終わりには「爆発的なフォルティシモで音楽」を奏でたものだった。ネービーのインタビューを受けて、クレアはつづけて、とくに晩年のウィニコットは、いつも後期ベートーヴェンの弦楽四重奏を聴いていたのだが、その曲と構造に魅せられていたと描写している(1991: 192)。彼はバッハを愛しており、楽譜なしで演奏することができた。また「ビートルズの音楽もたいそう楽しんでおり、ビートルズのレコードはすべて購入していた」(Grolnick et al. 1978: 30)。彼は、絵画を観に行くことも好きで、現代芸術よりも古典絵画を好んでいた。

クレア・ウィニコットは、ウィニコットの、ひいては実際のところ夫妻の、遊ぶ能力を強調しており、専門家としての子どもとの作業や多くの著作において当然の特徴となっている中心用語を用いている。彼女は、夫妻の家を訪れた人が、「あなたとドナルドは、遊ぶのですね?」と彼女に言ったことを覚えている。彼女はこれに驚いた。というのも、そんな風には考えたことがなかったからだ。その客人は「あぁ、そう、あなたは遊んでいます。私とも遊んでいるのでしょう。どんなものでも一切合切を用いて遊んでいるのでしょう。妻と私、私たちは遊びませんと」とつづけた。そして、クレアは、自分たちが調度品や書物と遊び、読書で遊び、外出で遊んでいたのだと気がついた（Rudnytsky, 1991: 182）。彼女はほかのところで次のように記している。「私たちは、物――私たちの所有物――で遊んでいました。私たちの気分に応じて並び変えたり、手に入れたり捨てたりしていたのです。私たちは考えでも遊びました。合意をする必要のないこと、また、私たちは、互いに相手からは傷つけられないくらい十分に強いことを知っているという自由をもちながら、いろいろな考えをでたらめに投げかけるのです。……私たちは、なんでも許されるような遊び場で活動していたのです」（Grolnick et al. 1978: 29）。ときに夫妻は日曜日ごとに働くことがあったが、毎週土曜日はいつも遊びのために確保されており、二人とも楽しく過ごす以外のことを一切しなかった（Grolnick et al. 1978: 27-28）。

ウィニコットの遊びやおふざけのセンスは、彼が「芝生で転がったり」、自転車のハンドルに両足を乗せたままでロンドンのハムステッドにあるハーバーストック・ヒルを降りたりして楽しんでいる姿に例示されている。クレア・ウィニコットは、警察官がウィニコットを止めて、彼のような老人があらゆる人に示している手本について論評した様子について語っている。また、ウィニコットが車の屋根から顔を出し、アクセルを杖で押しながら運転している姿をクレアは覚えていた。「彼はなんでもやろうとしました。彼以上に自発的な人はかつていませんでした」（Rudnytsky, 1991: 193）。クレアは私たちにそう思ってほしいのだろうが、おそらく、人前でのそうした悪

＊19　Virginia Woolf（一八八二〜一九四一）。英国の小説家、評論家。二〇世紀モダニズム文学の巨匠。一九〇五年、姉妹であるヴァネッサ・ベルとともにブルームズベリー・グループを結成した。第二次世界大戦期まで存在しつづけた、芸術家や学者からなる同組織には、ジェームズ・ストレイチーの兄で伝記作家リットン・ストレイチー、経済学者ジョン・ケインズ、芸術家ロジャー・フライなどがいた。

＊20　アメリカ心理学の祖ウィリアム・ジェームズが最初に提唱した考え。意識は静的で固定化されたものではなく、たえず動きつづけているという主張。のちに文学に転用され、人間の主観的な意識の流れを中心にして描写していく二〇世紀の代表的手法となった。

ふざけが愉快なものなのかどうかは考え物である。警察官のほうが正しかった可能性はある。いくつか境界線というものがあるのだ。その境界線の越境は他者にとっては危険でありうる。クレアはこの件についてその意味を伝えていない。彼女の記憶を糸口にして、伝記の素材を見ても、どこにもその意味は記述されていない。しかし、クレア・ウィニコットが創り上げたものは、伝記への誘いというよりも、聖人伝なのではないだろうか。そんな風には以前は不思議に思うことがなかったとしても、この時点では疑問を抱く読者もいるであろう。

クレアは一度だけ、夫の否定的な側面に関して文中で言及している。「ドナルドは、私が妻や遊び相手ではなく、患者になってしまうことを嫌っていました」(Grolnick et al. 1978: 31)。彼女の病気に対してこのように怒りを向ける理由は、クレアが二人の関係性について省察した次のパラグラフのなかで説明されている。そこでクレアは、結婚前にドナルドから受け取った一通の手紙を引用している。その手紙のなかで彼は、姉の人形への愛情とクレアに対する愛情を密接に結びつけているようだ。この手紙から示唆されるのは、ウィニコットにとってクレアがある種の移行対象であるということだ。珍しく、クレアがウィニコットの別の側面について説明していることが窺える。そのような説明から、ウィニコットの具体的な像が形成され始め、ことによると、ウィニコットから賛美が洗い流されるかもしれない。そうでもしないと、賛美というものは、私たちそれぞれの一部であると同時に、確実に彼の一部でもあったに違いない弱さや傷つきやすさを隠してしまう働きをもっているのだ。マーガレット・リトルはよりバランスのとれた結論を出している。「あらゆる傑出した人たちと同様に、D・Wを理想化したり、中傷したり、あるいは「カリスマ的」とか「教祖」とか考えるのは、残念ながらたやすいことである。だが、そうすることで、いずれにせよ、彼を**非人間化**し、幻想と誤解に執着することになる」(Little. 1990: 70、強調は彼女による)。

ウィニコットの自伝の表題は、T・S・エリオットからの引用で、『すべて残らずなにもかも *Not Less Than Everything*』になるはずであった。クレアは、その予定された表題は適切であったと明言して、「ウィニコットは生きたがっていた」と語っている。自伝は次の言葉で始まっている。「祈り――おお，神よ。私を死ぬまで生かしてください」（Rudnytsky, 1991: 193）。しかし，クレアが，ウィニコットの人生や二人の関係性（二人にとってこの関係性は強固で，インスピレーションに満ちたものであることは明らかである。クレアはダンテにとってのベアトリーチェのようなものであった）をめぐって織りなした縫い目のない衣装の下には，なおも疑問が残る。ウィニコットが計画していた自伝はほんの数ページしか存在せず，伝記の決定版がない状況では，私たちは，ウィニコット没後の世代に与えられたウィニコット像のなかに，「すべて残らずなにもかも」が実際にあると信じてよいのかどうか疑問に思うかもしれない。

ウィニコットの人生は綴じられた。その仕事量は莫大である。彼は，個人開業の傍ら，公益事業のコンサルタント業務もつづけていた。それらすべてのことを通じて、業務にともなう講演者として、子どものケアの専門家として、ウィニコットの重要性は増していった。すでに述べたように，ウィニコットの余暇でさえも，音楽や美術，文学，スポーツ，現代メディアの鑑賞という刺激に満ちあふれていたものとして描かれている。彼は，多くの仕事のなかで，「あいだの空間」に付加的な意味を与えた。しかし，先述したように，「知識や理解に欠落があるとしてもなにも恐れる必要はない」（1957: 129）と書いた人に対して，私は，彼のうちにある欠落とはなんなのか，それは次世代がいまだ見ることを許されないものなのだろうか，とつい考えてしまう。彼のエネルギー，彼の熱意，彼のオリジナリティ，彼のウィット，そして，明白に愛情あふれる性質。これらすべてが，彼について既知の事柄にうまく表現されている。しかし，当然ながら，ウィニコットに備わる誘惑的なほどに魅力的な側面によって覆い隠されてしまっているが，それでも彼のなかに存在しつづけているものを問う必要がある。最初の結婚はどのようなものであったのだろうか？　子どもをもうけなかったことは彼にとってどのような意味があったのだろうか？　「すべて残らずなにもかも」から予想されるような，悲しみや虚しさ，そのほかすべての感情の在処はどこだったのだろうか？　第３章においてウィニコットの仕事を詳述する際に示すことになるが，彼は自分の患者に空間を与えることに関してなんら不安を抱いていないように映る。しかし、彼は、空間が自分の活発な生活や余暇でつねに満たされているように思える事態には、ある恐れを抱いていたのだろうか？

もう少し詳細に見てみよう。ウィニコットの未亡人が描く無害な像には別の側面がある。たとえば、晩年に至り、ウィニコットは一連の心臓発作をわずらった。六回にわたりその種の発作が起こったにもかかわらず、彼は動きを止めず、なにをするにも控えるということをしなかった。ウィニコットは、休憩してゆとりをもつということに気乗りがしなかったのだが、それは、そうすると、そこになにかが入り込んできてしまうと恐れてのことだろうか？ さらに、西部地方の家の庭にある一本の樹をウィニコットが剪定していたときのことだった。クレアは妻として、景観を損ねるからといって樹の先端を刈り込むとは、——心臓の状態のことを考えれば——正気の沙汰ではないと思った。しかし、次の瞬間に彼女は、それが彼の人生であり、彼はその人生を生きねばならないのだと思った。ここで再び、私たちは、クレアの愛情あふれる見解の背後に、彼女は、ウィニコットの自分への思いやりについて疑問を感じてもよかったのではないかと問いたくなる。こうした活動のすべてがウィニコットを中心に回らなければならないのか、あるいは彼女のためにも、その時点で、彼は自分自身の身体をいたわっていたのだろうか？ 最後に、ウィニコット像が有する別の側面を吟味するためには、より綿密な伝記の決定版を待たねばならないという理由があるので、私たちは「私を死ぬまで生かせてください」という印象に残るフレーズのなかにさえも、コントロールを失うのではないかという払拭できない恐怖を見て取るのだろうか？ 「身体を壊したり、病気になったりしたら、医者に頼ら」ざるをえなくなるのを避けるために、医学の道に進むことを決意したということのなかに、そのあり様が最も明瞭に認められるように。

実際に、クレア・ウィニコットの話によると、ドナルド最期の日、一九七一年一月二五日は次のようであった。夫妻はロンドンの自宅にいて、音楽を聴いていた。そのとき、クレアはテレビで喜劇映画をやっていることに気がついた。ドナルドとクレアは古い車をめぐる映画を観たのだった。彼はその映画を「幸せを運ぶ映画」と述べた。その後、二人はその階で眠りについた。当日、それよりも前に、クレアはドナルドを見て、彼を本当に愛しているのなら、彼にはこれ以上がんばってもらいたくないだろうと考えていたことが述懐されている。クレアが眠りから覚めると、ドナルドは眠るように息を引きとっていた（Rudnytsky, 1991: 192-193）。

二つの出版物『遊ぶことと現実』『子どもの治療相談面接』はその時点で印刷に回されており、その年に刊行された。しかし、ウィニコットは、未刊行の素材が詰め込まれた箱と手紙であふれ返ったリングバインダーを数点残していた。彼の死後数年たった頃、ウィニコットの仕事の最良のものを刊行するために、未亡人の賛助のもとで委員会が発足した。それらの素材を編集する主要な人物の一人マデレーヌ・デイヴィスは、次のように記している。「実際に、これはウィニコットの望みにそった試みであった。というのも、ウィニコット自身、未発表論文と雑誌や論文集に掲載された論文を取り合わせた書籍をもっと出版しようと計画していたのだ」（Davis and Wallbridge, 1981: 173）。一九八四年のクレア・ウィニコットの死後、さらに論考や論文が発見された。マデレーヌ・デイヴィスは、一九九一年に亡くなったが、それまでにほとんどの素材が刊行できる地点にまで状況を整えた。これらの素材および、生前のあらゆる刊行物は、巻末の「読書案内」に挙げている。つづく第2章と第3章で私は、ウィニコットの理論と実践を検討するが、それはこれらの多くの論文に基づいている。これらの論文には、紋切り型の治療上の知恵をほとんどいつも刷新し、ときにそうした知恵に挑戦するようなアイデアがぎっしりと詰まっている。ウィニコットは同業者である専門職に向けて書いているが、精神分析の考えと実践のうえで関連し、率直にコミュニケーションをとることに、彼と同様に生き生きとした関心を抱くケアワーカーに向けても語りかけ、書いてもいる。彼のウィット、想像力、注意深く思いやりのある観察、遊び心があり才気あふれる言葉遣い、そして、たいていパラドックスを刺激的に用いる感性ゆえに、ウィニコットを読むことは喜びとなるのだ。

ウィニコットを称える記念講演（のちに『国際精神分析雑誌』〈Tizard, 1971: 52, 53〉に追悼として再録された）のなかで、ウィニコットの古くからの友人で小児科医の同僚でもあるピーター・ティザードは次のように語った。

「彼が子どもを理解していたというのは、私からすれば、空々しく、なんとなくお高くとまっているように聞こえます。そうではなくて、子どもたちが彼のことを理解し、彼は子どもたちと一体であったのです」。結局のところ、こうした性質が一因となって、ウィニコットは異なる学派のセラピストやカウンセラーのなかでもかなり名の知れた存在となることができたのだろう。それは、私たちがウィニコットにしばしば理解されたと感じるからだけではなく、たいてい、（たとえいくつかの点では錯覚に過ぎないとしても）私たちがウィニコットを理解していると感じているからでもある。

第2章

ウィニコットの主要な理論的貢献

1 ウィニコットの思考が受けた影響

ウィニコットはさまざまな意味で、独創的な思想家であるといえるだろう。その第一の意味は明白である。すなわち、ウィニコットは、まぎれもなく彼独自のものである特定の実践概念や方法を有していることに間違いはない。移行対象と移行現象という考えはこの一例である。のちにロバート・ホブソン（Hobson, 1985）がまったく独立してほとんど同じような技法を用いていたとはいえ、スクイグル・ゲームもまたその一例である。ウィニコットを独創的とする第二の意味は、先達が切り開いた臨床実践の概念とその様相を改変し自家薬籠中のものとする能力にある。ここでは、ジークムント・フロイトの錯覚概念にウィニコットがもたらした意義深い変更を挙げることができるだろう。その結果、錯覚概念は、フロイトにあるような幼児的な願望充足の指標ではなく、ウィニコットが示すように、現在を知覚するあり様となっている。あるいは、母子臨床における治療相談で使用される舌圧子ゲームも含めた、プレイセラピーのウィニコット流の改変、などである。

ウィニコットが独創的である第三の意味は、おそらく、学問の世界では必ずしもそのようには認められていないだろう。しかし、にもかかわらず、それは、ある独立心の強い創造的なこころの指標のひとつである。つまり、ウィニコットは、まず独力で考えを練り上げて、後から自分に影響を与えていたかもしれない人物を探し求めるというのが常だった。彼は自分のやり方をデイヴィッド・ラパポート宛ての手紙のなかで説明している。「私は自分なりのやり方で仕事をして、まず自分自身の言葉で己を表現せずにはいられないと感じる類の人間なのです。悪戦苦闘の挙げ句、やっとのことで他人の仕事と調和させるべく自分の発言を言い換えることにとりかかるときもあります。そのような場合、私自身の「独自の」考えは、最初に思いついたときほどには独創的ではなくなるということがよくあります。こうした経験はほかの人にもあるのではないでしょうか」(Rodman, 1987: 53-54)。ほかのところでウィニコットは、ある科学論文に序文を寄せ、そこに次のような但し書きをつけている。「まず歴史的に概観してから、自分の考えが他者の理論からどのように発展しているのかを示す。そんなことをするつもりはない。というのも、私のこころにはそのような働きがないからである。実際のところ、私は、そこかしこから、あれこれ寄せ集め、臨床経験に腰を落ち着け、自分独自の理論を形づくり、それから最後に、自分がなにをどこから盗んだのかを調べることに関心を抱くのである」と記している(1975: 145)。学問の世界では、ほかの人たちがすでに先んじていたような事象を互いに面識なく独力で発見したとしても、そのような貢献をした人は、なにかの拍子で第一発見者として出版物に掲載されないかぎり、ほとんど評価されることがない。けれど、独創性をめぐるこの第三の意味合いは、ウィニコットの明察どおり、その他多くの人びとにも当てはまるものであり、軽んじられるべきではないのは確かだろう。ウィニコットに関していえば、さらなる幸運がある。ほかの人びとが同じように示唆しているような事柄でも、ウィニコット流の言葉で述べられると新鮮で独創的に聞こえることが多いのだ。

私たちの知るかぎり、ウィニコットの主たる作業の方法は、自身の観察から抽出しようとした意味を独力で考え抜くことであった。ウィニコットを見れば明らかだが、彼は、自分が独創的か否か、ということに頓着しない。

ウィニコット自身は、「ウィニコット」学派に人びとが追従するべきではないと思っていた。それとまったく同様に、平時より、自分がフロイト派ないしクライン派の枠にすんなり収まらないことを気にしていないようだった。これらの学派は英国精神分析協会に暗雲を投げかける二大派閥である。ウィニコットは同協会の会員であり、長年にわたって役員を担っていた。米国での講演のなかで、ウィニコットは次のように語った。「私には、クライン自身が是認するであろうやり方で彼女の見解を伝えることはできそうにない。……私の見解と彼女の見解の相違が目立ち始めているように思われる。……私には、ほかの誰にも付き従うことなど土台無理なのだ。たとえそれがフロイトであったとしても」(1965b: 176)。より重要なのは、ウィニコットが自分の理解したいことを独力でさらに解明できたということであった。おそらく、これがたいていのウィニコットの著述に活力がある理由であろう。というのも、彼の用いる言葉は、ときに専門的であったが(そもそも、ウィニコットは特定の専門職集団に向けて書く機会が多かった)、異常といってもよいほど普通である。アナ・フロイトへの手紙のなかで、ウィニコットは、自分を含めて三名の分析家に言及した。「私たちはみな、同じ事柄を表現しようとしているだけです。ただ一人私だけは、精神分析的なメタ心理学の用語の使用法を学ばずに、自分の言葉で物事を語るという、人の神経を逆なでするやり方を採用しています」(Rodman, 1987: 58)。

あまたの精神分析の著述をいろどる複雑な専門用語は、比較的せまい読者層にしか使用できない。そのために、ウィニコットの著述は、分析の専門用語に比較的不案内で、その使用に自信ももてないカウンセラーやセラピストにとってたいそう魅力的である。ウィニコットには自身の観察を伝える能力があり、それゆえ、読者は、彼の著述に触れれば、幾度となく首肯し、彼がありふれた経験に与える特別な意味合いを認め、その喜びに笑みがこぼれるのだ。私たちにしても、観察をおこなっているのだが、いまだ十分に記録することはなかった。このような作風が最も明瞭に表れている著作が、『子どもと家族とまわりの世界』(1964)である。そこでは、読者(および当初はその放送のリスナー)に、子どもの思考や空想のプロセスをめぐる本質的には複雑な概念を紹介している。

しかし読者は、どの点においても、自分たちがわけのわからない専門用語のなかで迷子になってしまったなどとは決して感じない。なぜなら、ウィニコットの観察（内部プロセスの観察であったとしても）は、たえず外部の兆候にしっかりと根ざしているからである。ウィニコットの高度に専門的な論文でさえも、精神分析の専門用語に依拠しているにもかかわらず、同じようにすんなりと認識できる例がたっぷり挙げられているために、精神分析自体の外部にいる広い読者層にとってかなり近づきやすいものとなっている。

ウィニコットの理論的な立場には重大な変遷が認められる。つまり、父子関係から養育のつがいへ、エディプス問題から自己形成へ、古典的フロイト理論からウィニコット独自の対象関係論（フロイト以降の発展のなかで最も重要なもの）へ、欲動と本能からニードへ、空想（ウィニコットは「幻想 phantasy」ではなく従来の綴りである fantasy を用いている）を過度に強調することから環境からの供給を中心に据えることへ、といった移行である。こうした用語も専門的に映るだろう。その場合に備えて、以下でさらに詳細な説明を加えることにする。子ども時代の三つの発達段階の連なりは、成熟に向かう成長にともなう課題に集中することに取って代わられる。

自身で明らかにしているように、ウィニコットは、自分が他者に恩義を感じていることを否定してはいない。また、自分が完全に独創的であるとも決して主張してはいない。たとえばフロイトが優先権につねに頭を悩ませていたのとは違って、ウィニコットは優先権にほとんど関心がないように見える。それでも、とくにジークムント・フロイトとメラニー・クラインの重要概念に関して、ウィニコットが受けた影響と、その著述に存在する彼らとの類似点を探索するのは適切なことだろう。フロイトとクライン両者は、おそらく、精神分析の思考と実践において最重要人物であろう。純粋にクラインへ捧げられた一篇の論文を除けば、一九五七年以降（1965a; 1965b; 1971a）、ウィニコットはその論文集のなかで、驚くべきことに、ほとんどクラインに言及していない。ジークムント・フロイトには多少の言及がある。それにもかかわらず、直接の言及がなくとも、フロイトとクラインの重要な考えはウィニコット自身の考え方に浸透していることを忘れてはならない。ほんの数例を挙げれば、内的世界と内的対象、幻想の重要性、本能充足、などである。また、ダーウィンが人生早期からウィニコットに与えつづけている感銘も看過すべきではない。しかし、三人の思想家すべての場合において、ウィニコットは先駆者を改変し（この点で、彼はダーウィン主義者といってもよいかもしれない）、そこに独自の観点を加えている。

彼はその三者から衝撃を受けたのだが、その順番に、それぞれの影響を受け入れ、ウィニコットは彼独自のダーウィン理論を利用している。ダーウィンによれば、種というものは自然淘汰を通して環境に適応するしかない。さまざまな方法で適応を果たした種族は、生存する可能性がより高くなる。というのも、それらのうちどれかひとつの適応方法がその環境に適している見込みが増すからである。フィリップスが指摘するように、ウィニコットはダーウィンを部分的に改訂している。まず、ウィニコットは、赤ん坊の母親（最初の数週間では、もちろん、母親は赤ん坊にとって環境である）を赤ん坊に適応しなければならない存在と見なしている。母親の適応を通じて、赤ん坊は母親を越えたより広い環境に適応していくように援助されるのである。フィリップスは、ウィニコットが「人間の発達は環境への服従にあらがう多くは無慈悲な闘争であったと示唆することで、ダーウィンの方程式を転倒させている」とも述べている（Phillips, 1988: 5）。この後、私は本当の自己と偽りの（迎合的な）自己の概念について議論するが、その際に、この事柄についてより詳細に検討する。

さらにフィリップスは、ウィニコットが、ときにやや不用意な言葉の使い方をしていると述べている。たとえば、「「自然な」という言葉は、……ウィニコットの著述において、かなり迂遠な作用を及ぼしている」（Phillips, 1988: 4）。また、ウィニコットは「不誠実といってもよいと思われるが、フロイトから根本的に離脱していることを隠蔽している」（Phillips, 1988: 5）。私が第1章で述べたように、後年、ウィニコット自身、フロイトの著作をあまり読めなくなるという制止があったことに触れている。ウィニコットは、フロイトの明晰な思考、執筆力、そして自分の意見を変えることを恐れない姿勢を称賛した。とはいえ、同時に批判も向けていたが、それはもっともなことである。「私はフロイト派や精神分析の学派の影響を受けている。だからといって、私は、フロイトの述べたこと、書いたことのすべてを当然のこととして受け入れているわけではない」(1965a: 21)。フロイトは、父親の位置づけ、エロティックな性愛、エディプス・コンプレックスが果たす中心的役割を強調した。その点で、ウィニコットはフロイトに従っていない。とはいえ、フロイトのそれらの強調点がウィニコットの著作からまったく除外されているわけでもない。ウィニコットの認識は次のとおりである。フロイトの記述は特定の年齢を対象としており、乳児期の理解が発展していれば、フロイトの考えもいっそう前進していただろう。出生記憶に関する論文の改訂版でウィニコットは、「私が示唆した事柄については、そのすべてが彼[つまり、フロイト]の著作のどこかに見つけることができると思う」と論評している(1975: 174)。同様に、舌圧子ゲームをめぐる論文(第3章も参照のこと)でも、ウィニコットは、フロイトの孫が乳母車から糸車を落とすという観察と類似する自身の観察に言及している。もっとも、ウィニコットは、この行為の意味するところについて独自の解釈を付け加えている。すなわち、母親の一時的な喪失という考えで遊ぶことをめぐる出来事であるという解釈である(1975: 68)。

グリーンバーグとミッチェルは、対象関係論を包括的に概観し、ウィニコットがフロイトやクラインとは「根本的に異なる」発達論の土台づくりをしていると述べている。もっとも、ウィニコットは伝統を守ろうとしているのだが、「主として伝統をねじ曲げるという奇妙なやり方を採用している」(Greenberg and Mitchell, 1983: 189)。ウィニコットは、「多大な努力を払って、ときに入り組んだ理屈を丹念に積み上げて、自分自身、あらゆる点でフロイトと意見が一致していると示している」のだが、グリーンバーグとミッチェルは、彼がどのようにフロイトを著しく誤読しているかを示す例をいくつか挙げている(Greenberg and Mitchell, 1983: 205)。彼らが示しているこうした曲解は、次の事柄に関するウィニコットの理解と関連している。ナルシシズム、エディプス的罪悪感、偽りの自己をめぐるフロイトの立場。たとえば、偽りの自己の場合、彼らはウィニコットがいかに「極端に紛らわしい類比」(Greenberg and Mitchell, 1983: 207)をおこなっているかを示している。彼らは同様に、ウィニコットが「多くの論点で」公然とクラインから離れて行っている一方で、「ウィニコットの著述のなかに見られるクラインの取り扱いには、クラインとウィニコットの見解のあいだに連続性があることを示すために払われた、相当の労力が映し出されている」と述べている。もっとも、「クラインの定式化がよりいっそうひそやかに改変されているのだが」(Greenberg and Mitchell, 1983: 203)。精神分析内部の政治事情のために、フロイトとクライン両者に言及し、自分自身の考えが彼らと連続していることを示さなければならないというプレッシャーをウィニコットがどれくらい感じていたのかについては、知るよしもない。一時期、〔自分の論文が〕受理されるためには、「信条表明」をすることがほぼ儀礼的に必須であった。ウィニコットはロンドン協会員の一部会員が招いた内部抗争や彼らのとる頑なな態度を軽蔑していたが、自分の貢献に耳を傾けてもらったうえで議論されることを望む以上、おそらく、双方によい顔をしなければならない状況から解放されることはありえなかったのだろう。

ウィニコットは、キャリア形成の初期に、クラインのスーパーヴィジョンを受けていたので、彼女からの影響は非常に大きいと想像されるかもしれない。フィリップスは、「彼の仕事を理解するためには、クラインを参照することが必要不可欠である」と主張している(Phillips, 1988: 9)。そのなかでも、とくに、早期の乳幼児期の基盤、内的世界の重要性、幻想の力、そして原始的な強欲という考え、などを挙げている。ウィニコット自身の思い出によると、彼は、小児科医として、一九二〇年代にはお馴染みだった「エディプス・コンプレックス」では、乳児期の情緒発達に認められる障害を十全に説明できないことに気がついていた。彼は、クラインのなかに、「乳児期に属する不安について言うべきことを多数もっている一人の分析家を見出した」(1965b: 173)。ウィニコットは、クラインの精神分析への貢献(そして、暗に自分の思考と実践への彼女の貢献)をたどる論文で、彼女の「寛大な」教えから得たものを例示している。そこには、おもちゃの使用、子どもの内的世界に至る道としての遊ぶこと、取り入れという心的機制と摂食機能の関連、投影、内的世界と外的世界、内的対象が有する迫害的な性質、原始的防衛、反応性のうつ(1965b: 174-175)、などが挙げられている。これは相当長いリストである。彼は、抑うつポジションについてのクラインの理解も高く評価した。もっとも、彼女が発案したその名称に関しては評価しなかったのだが。ウィニコットは、「妄想－分裂」という用語も好まなかったが、この用語でクラインが言いたかったことの一部については無視しないようにしていた。また、彼は思いやる能力について彼女から学び（もっとも、ここでも、彼はクラインの理論を変形しているのだが）、さらに、罪悪感が積極的な達成であることを学んだ。

にもかかわらず、両者のあいだには大きな違いがある。たとえば、ウィニコットは、死の本能という考えを退けた（1965b: 191）。そして、クラインは生得的素因と空想を強調したが、それとは対照的に、ウィニコットはとくに現実の環境からの供給を重視した。このことは、彼の子どもの心理療法家としての実践だけではなく（そのなかで両親は非常に重要な役割を果たすことになる）、彼の理論的枠組みにおいても、反映されている。その理論的枠組みのなかで、ウィニコットは、育児という実際の仕事が発達上、決定的な役割を担うとしている。こうした見解から、ウィニコットが子どもの心理療法に関してアナ・フロイトの立場に転向しているように見えるとしたら、読者には、アナとウィニコットのあいだには「よそよそしい距離」（Rodman, 1987: xix）があったことを思い起こしてもらいたい。実際に、ウィニコットは一九六八年の手紙で次のように記した。「ご存知のとおり、フロイト嬢もクライン夫人も、私を起用することも、自分の弟子が学びのために私のところへ定期的に通うことを許可することもなかったので、私は長らく精神分析の教育を依頼されることがまったくなかったのです」（Rodman, 1987: 179）。

英国精神分析は、政治的に三つのグループへと発展した。つまり、フロイト派、クライン派、そして独立派ないし「中間派」である。ウィニコットがこの最後の学派に位置づけられるべきなのは明らかである。必ずしも意見の一致を見ているわけではないが、フェアベアン、バリント、ボウルビィ、ライクロフト、ガントリップ、ウィニコット自身の弟子のマシュード・カーンもこの学派に位置づけられよう。ウィニコットは、確かにスコットランドの独立派の精神分析家フェアベアンに比肩するが、ウィニコットのほうが読みやすい（もっとも、ときにウィニコットが単純に見えることがあっても、真に受けることはできないのだが）。そしておそらく、より広大な精神力動的心理療法の世界に目を向けても、ウィニコットのほうがより大きな人気を博しているだろう。ウィニコット自身は、フェアベアンの仕事について批判的であった。グリーンバーグとミッチェルの記述によると、クラインとフェアベアンは「体系を造る人たちであった。それぞれが人間の経験と障害について広範囲に及ぶ斬新な展望を構築した」とのことである（Greenberg and Mitchell, 1983: 188）。グリーンバーグとミッチェルは、単一の問題により関心を向ける人たちとして、ガントリップとともに、ウィニコットを挙げている。そのため、二人の貢献は「限界があり、限定的である」としている。

フィリップスは、ウィニコットが「四〇年以上にわたって携わってきた人間発達の全体構想」を発展させたと述べている（Phillips, 1988: 2）。それゆえ、フィリップがグリーンバーグとミッチェルの意見に同意しないことは明らかであろう。とはいえ、おそらく、この記述の仕方ではあまりにも包括的すぎるだろう。ウィニコットは、数多くの観察やアイデアを採石しまとめ上げ、単一の大建築物を建造しようとは思わなかった。彼の著述には明確な理論構造を構築しようとする試みがほとんど存在しない。その例外が彼の死後出版された一連の講義録『人間の本性』（1988b）である。彼はその講義録を継続的に推敲しつづけた。グリーンバーグとミッチェルのウィニコット評は、現実的であるとともに彼への敬意にあふれている。

> 中心テーマは、概して、遊び心いっぱいに読者を誘う喚起的なパラドックスの形で提示される。しっかりと筋道だった議論は見当たらず、とりとめのない議論が目立つ。……ハロルド・ブルームの示唆によれば、西洋の伝統のなかにいる著名な詩人たちは、個人的なヴィジョンのための空間をつくるべく、自分にとって最も卓越した先人たちのヴィジョンを歪曲するのだ。ウィニコットが、精神分析の伝統と対置して、自らの革新的で重要な貢献を位置づける手法を見ると、このような過程が連想される。
>
> （Greenberg and Mitchell, 1983: 189）

ロッドマンも同意見である。彼の示唆によると、ウィニコットは、もっともらしい哲学体系を必要としていなかった。ウィニコット自身も言っているが、あるとき彼は、自分が「メタ心理学の議論に加わることがまったくもってできない」ことに気がついた（Rodman, 1987: 127）。ロッドマンが描写するウィニコットは、とても愉快で、気どらない人である。「ウィニコットは、自分がいる場所こそが正しいところであると言う権利がある落下傘兵のごとく、驚愕している私たちのど真ん中に降りてくる」（1987, xxix）。

ウィニコットの理論が明確な構造を欠いているならば、この後で扱われる主題が示しているように、主題ごとに順番に配列すれば十分である。もちろん、明快さを求めると、ウィニコットの思考をあまりにも整然としたものにしてしまうという危険性がある。あまりにも整いすぎてしまうと、ウィニコットの仕事の流儀に反してしまうだろう。セラピーのセッションに関して、自分の考えを解明しようとする人たちに向けて、確実に警告と受け取られるべきことを彼は記した。「意味のある糸が存在しているなどとは想定せずに、分析家がそのまま受け入れるのが賢明であるような、無関係につづく思考の流れがあるということにも一考の余地がある」（1971a: 54）。

膨大な量のウィニコットの著述を一瞥すると、ひとつの章でその立場を網羅することなど不可能であるように思える。本書以上にウィニコットの考えについて紙幅を割くことができる優れた要約がすでにいくつか存在している場合には、とくにそうである。なかでも、デイヴィスとウォールブリッジ（Davis and Wallbridge, 1981）およびフィリップス（Phillips, 1988）が読者には注目されるだろう。とはいえ実際は、多くの論文のなかには、改訂しながらも、ウィニコットの中心的テーマを反復しているものもいくつかある。さらに、刊行された一部の論文集では、時折、同一の論文が重複して収録されている。やや大部の単著『人間の本性』の内容のほとんどは、それらの論文のあいだに点在していることを見出すことができる。ウィニコットの生涯にわたる観察と分析についての私自身の要約は、おそらく、彼の論文集のうちの一冊『成熟過程と促進的環境』[*21]という表題から最大のヒントを得ている。ウィニコットの考えは、三つの主要な領域を通して理解可能である。三つの領域とは、成熟の達成、育児という仕事、そして、この過程においてなにが失敗となりうるか、である。

2　成熟の達成

ダーウィンがウィニコットに与えた影響は、まず、生来の成熟に向かう成長という概念のうちに認められる。前向きの発達に向かう健康な傾向があり、この発達は特定の環境という文脈で起きるものとして捉えられる。正しく供給されると、自然な成熟過程が作動するようになるだろう。この発達論モデルは、一部は生存「本能」（これをウィニコットはある種の攻撃性と呼んでいるが）ゆえに、また一部は「ほどよい促進的環境」(1971a: 139) に依拠しているために、進化論モデルと考えられる。その環境を構成する要素については、この後、より詳細に検討することにする。成熟の達成をめぐる本項において、私は、ウィニコット同様に、ほどよい環境の存在をつねに想定している。ほどよい環境が、さまざまな段階で、子どもの成熟に向かう成長に必要不可欠な、コンテインメント、映し返し、刺激を供給するのだ。もうひとつ、きわめて重要な要素がある。「未成熟に対する治療法がひとつだけあるとすれば、それは**時間の経過**である」(1971a: 146、強調はウィニコットによる)。

◆心身合一[22]

身体（**身体**《ソーマ》）とこころ（**精神**《サイケ》）の相互関係は本質的なものである。「精神《サイケ》の基礎は身体《ソーマ》であり、まず、身体《ソーマ》が先に進化した」(1988b: 19)。情緒成熟の兆候は、身体の成長と同じく、年齢とともに変化していく。身体成熟が複雑であるのとまったく同様に、情緒成熟もまた複雑である。しかし、ウィニコットは、「精神《サイケ》が身体に宿ること」(1988b:

＊21　邦題は『情緒発達の精神分析理論：自我の芽ばえと母なるもの』(1977 岩崎学術出版社)。

123）を取り上げて、「人というものは、容易に、精神《サイケ》が身体に住みつくことを当然のことと考え、これもまたひとつの達成であることを忘れてしまう」と記述している（1988b: 122）。「静かな経験と興奮した経験」を通して、そして「個人と環境の」二方向から、精神《サイケ》は身体と徐々に折り合いをつけていく。個人には、身体衝動、皮膚感覚および筋肉運動（たとえば、裸の赤ん坊が蹴る際に感じる楽しみ）が含まれる。また、環境を通じて〔精神《サイケ》が身体に〕宿るようになるのである。その際の環境は、たとえば、出産後の母親が赤ん坊をしっかりと抱きしめたり包み込んだりする際を思い浮かべてもらえばよい。ウィニコットの見解によれば、母親は、重力という新たな現象に赤ん坊が慣れるための時間を与えようとしているのだ。正常な一歳児でさえ、「しっかりと身体に根ざしているのはある特定の時間だけ」であり、乳児の精神《サイケ》は身体との接触を失うことがありうる（たとえば病気のときなど、大人の精神《サイケ》でも同様のことがありうる）。「たとえば、深い眠りから覚めるときなど。母親はこのことを心得ており、抱き上げる前に乳児をゆっくりと起こすのだ」（1965a: 6）。というのも、目覚めのとき、乳児が、身体が異なる位置に、つまり、精神《サイケ》がまだ追いついていない位置にあると気づいて、パニックを起こすのを母親は防ぎたいと思っているからである。

心身のもうひとつの特徴は、皮膚の重要性にある。皮膚が、「まさに身体のなかや内側に精神《サイケ》が位置づけられる過程において、普遍的な重要性をもつことは明らかである」（1988b: 122）。そのため、「乳児の世話における皮膚の取り扱いは、身体のなかで健康に生きることを促進させるうえで、重要な要因である」（1988b: 122）。ウィニコットは皮膚を「限界膜」（1988b: 68）と記述しているが、その皮膚は「存在する」という状態のための容器のようなものとして機能する（ウィニコットは泡のイメージを使用している）。「存在する」という用語は、ウィニコットが（少なくとも子宮のなかにいる子どもについて）内圧と外圧が等しいときに発生する状態を記述するためのものである。「存在することの連続性が健康である」。しかし、外部からの侵襲があると、「存在することの連続性」は中断してしまう。このような侵襲は不可避であるが、「あまりにも激しかったり、あまりにも長期化」しないかぎり、乳児はそうした侵襲に慣れてくる。それにもかかわらず、「ほとんど完璧な」適応が生じるのは、個人が皮膚境界内から動き出し（たとえば腕とか脚を使って）、環境に出会うときである。「きわめて早期から環境の影響が及んでおり、人生が生きるに値するという安心を求めるとき、人は経験を求め外に出るのか、あるいは、世界からひきこもるのか、という事柄が決定されてしまうのだろう」（1988b: 128）。外的世界と接触する膜であるとともに、内的世界にとって境界であるとする皮膚概念は、フランスの精神分析家アンジューの「心的外被」をめぐる仕事といくらか類似点がある（Anzieu, 1990; Bick, 1968 も参照のこと）。

◆自我統合

心身合一へと向かう漸進的な動きは、統合プロセスの主要な特徴である。統合は、これまた、当たり前のこととして受け取られやすい定式化である。ウィニコットがパーソナリティ構造に最も接近したのは、この概念においてである。というのも、厳密にいえば、ウィニコットは、フロイトの自我・イド・超自我という三分割を踏襲してはいないからである。彼は、三つの用語すべてに言及しているが、一緒に言及することはほとんどなかった。だが自我統合をめぐる論文のなかで、ウィニコットは、フロイトとまったく対照的であるといってよいほどだが、「自我以前にイドはない」と主張している（1965b: 56）。

最初の段階では、乳児は統合されていない。「まだ意識と無意識はない……。そこにあるのは、ひと抱えの解剖

＊22　ウィニコットは、こころ mind と精神 psyche、身体（肉体）body、身体 soma を区別している。彼によれば、まず soma を基盤に psyche が生じ、psyche は body に宿る。そして、mind は soma と psyche のある種の相関関係の文脈で機能していく特殊な例とされている。別個に知性 intellect も想定されているが、これは psyche-soma の発達とかならずしも歩調を合わせず、もっぱら脳 brain の機能に依拠している。翻訳書では、ルビを打つことで、soma と psyche を示すことにした。

学と生理学であり、これに人間のパーソナリティへと発達するための潜在力が追加される」(1988a: 89)。そこには、自我もない。もっとも、ウィニコットは、自我がいかにして発生するのかという問題には、はっきりと答えていないのだが。「最初から自我というものはあるのだろうか？　その答えは、自我が始まるときを始まりとする、というものである」(1965b: 56)。少なくとも、その強弱はともかく、自我の発達は、「乳児が自己から母親を切り離す前段階において、当初、現実の乳児が呈する絶対的依存を満たすような母親の能力と現実の母親次第である」(1965b: 56-57)。母親は、想像を絶する不安を包み込むのを助けるために「ほどよい自我保証範囲 ego-coverage」を提供する。ウィニコットは、このことを二カ所で（それぞれ少し異なるが）列挙している。

一．ばらばらになる
二．永遠に落ちつづける
三．身体と関わりをもてない
四．方向がわからない
五．そこには交流の手段がないため、完全な孤立が生じる

(1965b: 58, 1988a: 98-99)

自我は時間の感覚と空間の感覚とを統合することで発達する。あるいは、赤ん坊の人格 person を、身体や身体機能と結びつけることによって発達する。自我は、感覚／運動事象をパーソナルな内的現実へと組織化するのである。さらに、乳房や哺乳瓶、ミルクなどの良い対象を見つけ出すことによって自我は発達する(1965b: 59-60)。統合には、多くの断片のまま留まる状態とは対照的に、「まとまり、なにかを感じること」が含まれる。つまり、楽しんでいる子どもと欲求不満を体験する子どもが同一人物であること、眠っている子どもと目を覚ましている子どもが同一人物である、ということである(1975: 150-151)。

ウィニコットは、統合と抱えることを密接に結びつけ、統合の達成を「ユニット」として記述している。そのなかで、「私はあるI am」という感覚が育っていくのである。その感覚には、「誰かが私の存在を見ている、あるいは、理解している」という信念が含まれている。この事態が生じるのは、他者の顔のなかに「私が一人の人間として認識されている証拠、私にとって必要な証拠」（1965b: 6）を見て取ることによってである。統合が「自分の人格が自分の身体のうちにあるという感情の発達」と結合するとき、ウィニコットはこの事態を「満足のいく私有化」（1975: 151）と呼ぶのである。

◆私／私ではない

赤ん坊が統合され始めると、心身合一において、「私はあるI AM」という感覚が強まる。この表現は、ウィニコットの著述に頻出するものであり、もちろん、旧約聖書と新約聖書の両書に関係しているものである（1986: 57）。聖書のなかでは、「私はある」は神と聖ヨハネの福音書に記されているイエスの神性という双方の名前を示している。もうひとつ、ウィニコットがそれなりの頻度で使用する表現がある。「私／**私ではない**」である。「私はある」という感覚が育つにつれて、**私ではない**ものを認識するようになる。逆もまた真なりだが、「**私ではない**世界を早期に認識すること」で、「私が早期に確立される」のだ（1965b: 216）。同じ文脈でウィニコットは次のように述べている。「実際のところ、これらの事象が次第に発達するのだが、それはつねに行きつ戻りつであり、達成されては失われる、ということが理解されるであろう」。

もちろん、このこと自体、ひとつの達成であるが、そこにはさらに多くのことがともなう。ウィニコットは次のように書いている。「思うに、この私はあるI AMという瞬間は、経験のない瞬間である。つまり、新しく個人となった者は、どこまでもむき出しのままであると感じるのだ。このとき、誰かがその乳児を抱きしめてあげることによってようやく、乳児は、私はあるI AMという瞬間を持ち堪えることができるのだ。いや、ことによると、むしろ、乳児がその危険を冒すことができるようになるといってもよいだろう」(1965a: 148)。そしていまや、そこには内側と外側がある。「限界膜」が意味するのは、**私ではない**ものを拒絶し、膜の外側に置くことができる、ということである。**私ではない**ものは外的なものとして認識されるだろう。あるいは、投影によって外在化されるといってもよいかもしれない。しかし、いまや外側にある環境は、攻撃できるもの、あるいは実際に攻撃しているものとしても体験されるだろう。

私になること、あるいは私はあるI AM状態になることには、自他のあいだに一定の距離を置くこと、さらには、優位に立っているのは誰なのかという問題に初めて巻き込まれるという事態がともなわれる。本当の自己(後の項でさらに詳細な検討を加えるが、迎合的な偽りの自己と対立するものである)が発達していくなかで、自分自身であることによって、「自分自身ではないものにはいっさい従わない」という事態が生じることは避けがたいだろう。また「……世界の言語のなかで最も攻撃的で、それゆえ最も危険な言葉は、私はあるI AMという断言のなかに見出されることになる」(1986: 141)。かくして、ウィニコットが、攻撃性を私と**私ではない**の確立に結びつけたとしても、驚くにはあたらない。「早期の段階で、**私**と**私ではない**が確立されつつあるとき、個人は、この攻撃的構成要素によっていっそう確実に駆り立てられ、**私ではない**もの、もしくは外にあると感じられる対象を必要とするようになる」(1975: 215)。これは健康な攻撃性であり、ほとんど生命力そのものである。攻撃性は、「対立」を見つける必要がある。というのも、個人は対立しているときに初めて、ウィニコットが「重要な運動性の源」と呼ぶものを利用するようになるからである。この運動性の源によって、個人の現実感と存在感が強化されるのである。ウィニコットは、この種の攻撃性と対立を、本能の欲求不満に対する反応と区別している(1975: 210-217)。表現を弱めて、それを主張性と呼んだほうがよいかもしれない。そのような用語は、ウィニコットの次のような信念にふさわしいものである。「この[私はあるI AMという]主張をなしうる段階に到達した者だけが、本当の意味で大人の社会の一員となることができるのである」(1986: 141)。

◆自立に向かう依存

ウィニコットは、厳格なフロイト派のパーソナリティの三分割を採用していないが、それとまったく同じく、性愛の口唇期・肛門期・男根期（あるいは性器期）というフロイト派の三段階の発達図式についても、ほとんどなにも語っていない。ウィニコットは、その発達図式がいまなお妥当であり、当然のものとしてよいと示唆しているが、その発言にはフロイトへのどこか義務的な恭順のようなものが感じ取れる（1965b: 83）。ウィニコットは、ある概念や考えを「当然のものとして」よいだろうという言い回しをよく使用するが、それは、ほぼ間違いなく、その問題と直面するのを回避する方策である。発達をめぐるウィニコットの記述は独特のものであり、フロイト派の発達段階どころか、クラインの妄想－分裂ポジションと抑うつポジションとも明らかなつながりをもっていない。ウィニコットの語る発達は、依存と自立を中心に据えている。フロイトが神経症発症の要因と見なした、個人のニーズと社会のニーズのあいだにある葛藤に関しては、ウィニコットはフロイトほどの困難を抱えていない。「人間の成熟には……個人的な成長だけでなく社会化もともなわれる。健康であれば……大人は個人の自発性をあまり犠牲にすることなく、社会に同一化することができる」（1965b: 83）。このことと相反するが、ウィニコットの偽りの自己という概念（以降を参照のこと）は、そこには妥協が存在することを示唆している。

フロイト同様、ウィニコットの図式にも、三つの（同じように前進的ではあるが、段階というよりはむしろ）カテゴリーがある。つまり、絶対的依存、相対的依存、「自立に向かう」時期である（1965b: 84）。「悪影響がなければ、各段階を逸することも、各段階が損なわれてしまうことも、ないだろう」（1964: 85）。

絶対的依存とは、ウィニコットが「一人の赤ん坊などというものはいない」（1964: 88）というフレーズを用いるときに記述される状態のことである。本章の各項で、乳児の成熟へ向かう成長と母親の役割を区分しているが、この段階に関するかぎり、その区分は不正確である。「赤ん坊は一人きりで存在することはできず、本質的には関係の一部分なのである」(1964: 88)。原初の母性的没頭は、絶対的依存と調和している。相対的依存が絶対的依存と区別できるのは、相対的依存が「乳児が〔依存しているという事実を〕知ることが可能な」(1965b: 87) 状態であるからだ。この段階での育児が有する主要な特徴は二つある。一つ目は、「幼児に世界を着実に提示すること」である。二つ目は、子どもに適応する際に、母親が深刻とはいえない程度の失敗を犯すことである。自分の依存について理解が深まり始めるにつれて、子どもも母親不在のときを知り、不安を体験するようになる。子どももまた喪失について学ぶのである。もちろん、こうした事態は、大人から見れば、それほど深刻なものとは思えない程度の不在や喪失である。しかし、子どもの視点に立てば、度を過ぎない程度に収められる必要があるのだ。

絶対的依存という早期段階における(微笑のような)より単純な形態と比べて、より複雑な形態を有する同一化がこの段階に存在している。この同一化に端を発し、母親がパーソナルで分離した実在であるという理解が到来して、「**最終的に**子どもは、両親が一緒になることで、実際に自分自身の受胎という事態に至ったということを信じることができるようになる」(1965b: 90、強調はウィニコットによる)。乳児が親の(口による)性交を「知っている」というクライン派の見解を承知している人たちならば、ウィニコットのここでの〔知る〕タイミングの違いに注目するだろう。

第三期は「自立に向かう」時期である。それは「決して絶対的なものではありえない。健康な個人は、孤立に至ることなく、個人と環境が相互に依存するといってもよいあり方で、環境と関係をもつようになる」(1965b: 84)。ウィニコットがここで言及している環境とは、もちろん、今日の私たちにとって大いなる関心の的である生態系のことではない。とはいえ、ウィニコットは、母親の「促進的環境」を原点として、同心円に広がるイメージと、外に向かう自立の動きを示唆している。その自立の動きは、両親や家族、学校(「潜伏期は、学校が家庭の代替としての役割を果たす期間である」〈1965b: 92〉)およびより広い社会にまで至る。「絶え間なく広がっていく社会生活の輪のなかで、子どもは社会と同一化する。というのも、地域社会は、真の外的現象の標本であるとともに、自己の個人的世界の標本でもあるからである」(1965b: 91)。人が関係する最も外側の輪は、政治と呼んでもよいだろう。民主主義をめぐる種々の論文と「母親の社会への貢献」(1986: 239-259 および 123-127) において、ウィニコットはこの領域への関心を示している。

◆現実への適応

相対的依存の段階で、幼児は外的現実と折り合いをつけるようになり始める。絶対的依存や母親との共生関係状態を断念することは、また、万能の放棄を意味する。たえず母親が自身の赤ん坊に適応しつづけているかぎり、その赤ん坊が、まるで魔法のごとくあらゆるものが望みのままに現れると信じてしまうのもやむをえない。それどころか、ウィニコットは「魔法」という単純な表現に飽き足らず、赤ん坊のなかに万能を見ることを好んでいる (1965b: 180)。その万能には、望みのものを**創り出している**という強い感覚が含まれている。母親の役割には、万能という錯覚の創造を手助けすることも含まれている。

相対的依存の段階では、母親は子どもと外側の世界のあいだの緩衝材として働き、子どもと現実の接触を仲介する。当初、現実は世界の代表者たる母親自身のなかに見出される。そのとき、母親は初めて、純粋に主観的なものではなく、外的で客観的なものとして知覚されるのである。母親は、自分がそれまでしてきたような適応を(深刻にならない程度に) 失敗することによって、分離した存在として登場するのである。母親のおかす適応の失敗のおかげで、子どもは外的現実に適応できるようになる。その現実のなかで、子どもは万能ではいられない。それにもかかわらず、ウィニコットはこの事態に特別な視点を与えている。というのも、彼は、赤ん坊が自身の創造性に信を置くことに、後年の創造性の基盤を見ているからである。そして彼の理解によると、錯覚と脱錯覚は、生涯にわたってつづく恒久状態なのである。彼は次のように示唆している。「現実を受け入れるという課題が完遂されることは決してない。人間が内的現実と外的現実とを結びつける緊張から解き放たれることはなく、この緊張の軽減は、正当性が疑われることのない経験の中間領域（芸術、宗教など）によって提供される」（1975: 240）。

自立概念を通じて、ウィニコットは社会と政治の力動に関心を向けるようになるのだが、それとまったく同じように、原始的創造性、錯覚、移行対象（以降を参照のこと）をめぐる考えを通じて、彼は芸術と宗教の意味について独自の理論を構築した。ここでもまた、フロイトの考えとは開きがある。ウィニコットにとって芸術は、たとえば乳房を創造するなどの早期の空想に由来する。一方、フロイトにおいて芸術は、性愛の昇華である。フロイトの理論における宗教は、ひとつの錯覚にまで還元される。その一方、ウィニコットにとって宗教は、その側面に関していくらか批判的であるもの、より肯定的に表現されうる。「このように［世話されることを当てにしてよい状況で］人生を開始した子どもには、善の観念と、人格をもち信頼に足る親や神の観念が自然と生起していくだろう」。しかし、子どもに「人格神という観念を与えたところで、**育児の代替となる**ことはありえない」（1965b: 97、強調はウィニコットによる）。

さらに、フロイトが成熟を現実原則の受け入れと見なしている一方で、ウィニコットの考えでは、現実を知るということが十全に達成されることは決してなく、それどころか、個人は、ある程度だが、つねに「**孤立した存在であり、永久にコミュニケーションをとらず、永久に知られることなく、事実、見出されない**」ままである（1965b: 187、強調はウィニコットによる）。自己の核が、「知覚された対象の世界とコミュニケーションをとることは決してない」。個人と世界がコミュニケーションをとる中間空間を形成するものは、（幼児期における母親のような）文化なのである。

◆知性の発達

精神《サイケ》と身体《ソーマ》に加えて、ウィニコットはこころや思考、知性の発達にも関心を寄せている。知性のプロセスのおかげで、乳児は母親の適応失敗を理解できるようになり、それゆえ、それに備えることができるようになるのである。このようなプロセスが、生後一年の終わり頃までには発達していることはきわめて明白である。「このようにして、こころは母親と同盟を結び、その機能の一部を引き継いでいく」(1965a: 7)。こころは、「事象をカタログ化し、記憶を蓄積して分類する」ように働く。〔その目的は〕「……尺度として時間を用い、そのうえ、空間を測定することである。また、こころは、原因と結果を結びつける」(1965a: 7)。母親ならば、たいていは子どもの精神能力に適応できる。もっとも、母親たるもの、知的能力に制限がある子どもに対しては勇み足を踏むだろうし、利発な子どもにとっては鈍すぎるかもしれないが。論文「子どもの思考をめぐる新たな見解」(1989b)のなかで、ウィニコットは、そのような失敗が生じる場合、あるいは育児に一貫性がない場合、赤ん坊はこころのおかげで生き残ることができる、と示唆している。思考は、母性的世話の代替となりうるのである。

それでも、赤ん坊のなかで生じるこうした理解は「過剰」である可能性もあり、そのせいで、赤ん坊は「分割排除されたこころにおける生という点から、偽りの自己を発達させる」ことになる(1986: 59)。本当の自己は精神《サイケ》－身体《ソーマ》のうちに隠れたままとなる。教師を対象とした機知に富んだ講義のなかで、ウィニコットは、パーソナリティ構造とこころを表す記号 symbol として数学の関数 function を用いて遊んでいる。そこで、彼は次のように語っている。「高等数学が支持を得ているのに、子どもは一ペニーの扱いにも困っている」(1986: 59)。知性主義はひとつの防衛となる。「灰白質の観点からは、知的資質に恵まれた人であれば、人間とあまり関係をもたずとも、見事に機能することができる。しかし、人間は、十分に同化吸収された経験を蓄積することで、知恵を獲得するのだろう。知性は、知恵について話す方法を知っているだけである」(1986: 60)。

◆罪悪感と思いやりの能力

ウィニコットは、道徳性が人間発達の自然な特徴でもあることを数カ所で強調している。道徳性は両親や学校、教会、社会が教えてくれるものに依拠していない(1965b: 93-105; 1986: 148-149)。罪悪感は「教えこまれるもの」

（1965b: 15）ではない。罪悪感は、通常、乳児における健康な発達の兆候として体験される。その場合、乳児の母親は、自分が「確かに存在すること」（1965b: 77）によって、赤ん坊がまず自分の本能願望を体験し、その次に自分の攻撃と愛情をめぐる感情や欲望の償いをする機会を提供するのである。ウィニコットは、クライン派的な意味での攻撃性と彼独自の用語である「原初的な愛の衝動」のあいだをさまよっている。クライン派の攻撃性は、母親のなかにある良いものすべてを母親から無慈悲にすくいとりたいという欲求のことである。ウィニコットの「原初的な愛の衝動」は、「攻撃性」という用語と比べて、おそらく軽蔑的な意味合いは少なく、大人の視点からの形容の度合いも低いだろう。デイヴィスとウォールブリッジは、「この理論のこの部分はメラニー・クラインに多くを負っており」（Davis and Wallbridge, 1981: 74）、クライン同様、ウィニコットも、人生における最初の一年に罪悪感の起源を位置づけている、と述べている。「無慈悲さは慈悲に、冷淡さは思いやりに場所を譲る」（1965b: 23-24）。このことにはもちろん、一定時間をかけて広げられた無数の反復から成る、長いプロセスの始まりに過ぎない。

しかしながら、「罪の意識を感じることはないが、罪悪感はひそやかに、あるいは、潜在的に存在しており、償いの機会が到来しない場合にかぎって（悲しみや抑うつ気分として）現れるのである」（1965b: 77）。罪悪感と償いの関係を転倒させるウィニコットの手際は重要である。償いは罪悪感を体験した後に生じると考えられるかもしれないが、ウィニコットはむしろ、償いが可能となって初めて、罪悪感を意識することができるようになると示唆している。この主題をめぐる論文が二篇あるが、後で発表された論文（「思いやりの能力の発達」1965b: 73-82）で、この事柄が扱われている。そこにはより肯定的な態度が見て取れる。すなわち、そこには、罪悪感が思いやりにより接近するべく、罪悪感を和らげる手助けをおこなう良循環への信頼があるのだ。一九五八年の罪悪感についての論文（1965b: 15-28）は、少々異なる立場をとっている。それは、道徳性と思いやりが憎しみに対する反応であるとする限定的で否定的なクライン派的見解である。後年の論文においてやっと、ウィニコットは、患者の修復的で建設的な感情と行為を無意識的な破壊願望の兆候として解釈することは必ずしも重要ではないということを強調している。そうではなく、破壊願望を解釈することでようやく、患者は思いやりの能力に開かれることが可能となるのである。「しかし、まずは破壊に到達しない……かぎり、建設的な取り組みは偽りのものであり、無意味である」（1965b: 81）。

思いやりの能力は、罪悪感の成長を基にしてさらなる発達を遂げる。罪悪感という用語には否定的なニュアンスがつきまとう。罪悪感は、不安や両価感情と結びついており、「そこには、個人の自我におけるある程度の統合がともなわれる。自我が統合されることで、良い対象イマーゴの破壊という考えに加えて、良い対象イマーゴを保持する余地も生じるのである」。その一方で思いやりは、同一の現象を取り扱うが、「そこには、さらなる統合とさらなる成長がともなわれる。そして、思いやりは、とりわけ、本能欲動が入り込んだ関係に関して、個人の責任感と肯定的に関係している」（1965b: 73）。それは償いを超えた事態である。そこには、他者に対して貢献したいという欲求がともなわれている。また、思いやりは、「遊びと仕事が有する建設的な基本要素のひとつを提供するのだ」（1965b: 77）。

◆創造性と遊ぶ能力

「遊びは普遍的なものである」。『遊ぶことと現実』（1971a）のなかで、いくつかの論考がこの論題に充てられているが、ウィニコットは、そのうちの一篇で、重要なフレーズとしてこのように記している。「遊ぶことは成長を、それゆえに健康を促進する。また、遊ぶことは集団における関係へとつながっていく。さらに、遊ぶことは心理療法において一種のコミュニケーションとなりうる」（1971a: 41）。同じ文脈でウィニコットは、次のように示唆している。分析家は、フロイトに多くを負っているのだが、それと同じくらい「遊ぶことと呼ばれる自然で普遍的な事柄」から多くの恩恵を受けている。ウィニコット以前の多くの分析家と異なり、彼は遊びを性的快感と結びつけるようなことはしない。実際のところ、遊びが過度に身体的興奮を呼び起こすと、遊びは中断するか、台無しになる（1971a: 39）。こう言ったからといって、遊びが興奮をもたらさないと言っているわけではない。というのも、遊びは、別の意味で、「個人の心的現実と現実対象を制御する経験とのあいだで生じる相互作用がはらむ危うさ」（1971a: 47）のうちにあるからである。不安が喚起されることもあるだろうが、その場合でも遊びはなお大きな満足をもたらすだろう。「不安はつねに子どもの遊びに認められる因子であり、主要な因子である場合も多い」（1964: 144）。遊びは不安や考えおよび衝動を支配する方法となりうる。その一方で、不安が強すぎると、興奮が過剰な場合と同様に、遊ぶことが破壊されてしまうだろう。

遊びは母親からの分離という動きのなかで始まり、「遊び場は、母親と赤ん坊のあいだにある可能性空間であり、あるいは母親と赤ん坊を結びつける可能性空間である」（1971a: 47「あいだ」と「結びつける」という二つの言葉を逆説的に使用していることに注意されたい）。私は、相対的依存の段階、および、子どもの空想が促進され、自分自身の世界を創造し、「世界に自分自身の人生の標本を住まわせる」（1965b: 91）必要性についてすでに触れた。遊びの発達の次なる段階は、誰かがいるところで子どもが一人で遊ぶ段階である。「子どもが遊ぶ際には、信用できる人物が使用可能でなければならない。しかし、こう言ったからといって、信用できる人物が子どもの遊んでいるところに入っていく必要があるという意味ではない」（1971a: 50）。ウィニコットの遊びの最終段階は、母親が独自の遊びや、子どものアイデアとは異なる母親独自の遊びのアイデアを導入することを子どもが許容する段階である。「かくして、関係のなかで一緒に遊ぶための道が踏み固められるのである」（1971a: 48）。

遊びは、ウィニコットの発達論、および、小児科医兼セラピストとしての実践における中心概念である。遊びは二つの連動している方向に進む。それぞれ、遊びについてのウィニコットの記述の後につづく二つの章において重要視されている。その二つの章で、自己（1971a: 53-64）と創造性（1971a: 65-85）が探究されている。

遊びは、芸術や宗教活動と同じように、数多くある「パーソナリティの統一と全般的な統合へと向かうような道」（1964: 145）の一路である。子どもや大人が創造的になり、パーソナリティ全体を使用できるのは遊んでいるときである（そして、ウィニコットは大胆にも「遊んでいるときだけ」〈1971a: 54〉と言っている）。また、彼は、遊ぶことを通して初めて、コミュニケーションが可能となるとも言っている。後年、「こうした高度に特殊な条件下で、個人は和合し、ひとつのユニットとして存在することができる」と書いているが、その際も、ウィニコットは「遊び」と「コミュニケーション」という用語をかなり特殊な意味合いで使用しているようだ。しかもウィニコットは、「成功した創造や称賛された創造」という意味合いのなかに創造性という言葉を閉じ込めてしまわず、「外的現実に対する全体的態度がもつ色合いと関連する意味」に留めておくよう読者に求めている（1971a: 65）。別のところで、ウィニコットは、遊びを評して、「つねに創造性の証拠であり、その意味は生き生きとしているということである」と述べている（1964: 144）。

無論、創造が混沌から、さらにはウィニコットいわく「とりとめもなく形ももたず機能すること」（1971a: 64）から生じうるということに同意してもよい。実際、古代中近東における創造神話には、このような基本的洞観が含まれている。しかし一方で、ウィニコットは、コミュニケーションと創造性の発展性を特定の定義に限定しており、そして、形態や秩序をもつことで可能となるような創造性とコミュニケーションを否定しているようだ。それどころか、ウィニコットの著述がそのような混沌とした性質を帯びているときもある。そのようなとき、彼は、ほとんど自由連想をしているがごとく、ある主題から別の主題へと移り変わるのだ。創造性をめぐる章では、そうした変転が著明に認められる。その章で、ウィニコットは、方向を変え、長期にわたる症例と両性愛の議論に入り込むのだが、その議論は「創造性は男性と女性の共通項のひとつである」（1971a: 72-85）という薄弱な基盤しか有していないのだ。実際に、その章での創造性への言及はそれきりである。ウィニコットが新しい体験様式を創造的に切り拓き、その考えを伝える際に、彼にとっては不本意であるとしても、彼の著述の一部にほんの少しだけでも整然としたところがあってほしいと願う者もいることだろう！　とはいえ、ウィニコットの概念は、芸術家や芸術を理解するための議論に大きく貢献している（たとえば Fuller, 1988 を参照のこと）。ウィニコットは、創造性を「生産物」とする肛門期に依拠した説明と袂を分かつ。そして、芸術は快原則と現実原則を首尾よく組み合わせる唯一の昇華形態であるとするフロイトの見解を、「可能性空間」という第三の舞台へと一段推し進めているのだ。

◆一人でいる能力

ウィニコットは、しばしば独特の強調点を提示する。そのことで、精神分析的観念が否定的な精神病理から肯定的な潜在力の指標へと変化するのである。たとえば、ウィニコットは、精神分析の文献では、一人になることの恐怖や一人でいたいという願望についての記述がよく見られると述べている。「一人でいる能力が有する**肯定的**側面に関する議論が待たれる」。ウィニコットは、「この能力は、情緒発達における成熟の最も重要な兆候のひとつである」と書いている（1965b: 29）。

この能力は、その起源において、あるパラドックスに基礎を置いている。それは、「**母親がいるところで、一人の乳児や幼児として、一人でいるという体験**」のことである（1965b: 30、強調はウィニコットによる）。ウィニコットは、二人のうち少なくとも片方は一人であるが、もう片方の他者の存在が重要であるような関係を自我関係性と呼んでいる。このような考えゆえに、ウィニコットの説明は、ほかの分析系の著作家（たとえば、クライン）の説明とはいくぶん異なるものとなっている。クラインによると、その能力は個人の内的世界に存在する良い対象にかかっているとのことである。ウィニコットは、支持を提供する母親が早晩内在化されることを認めているが、限られた期間であるが、要求をすることがない信頼に足る母親とともに、一人でいることを楽しむという体験を通してこの事態がもたらされると主張している。その後、乳児は無統合状態になること（より正確にいえば、一時的に無統合状態へ戻ること）ができ、感覚や衝動をリアルでパーソナルなものとして体験できるようになる。ウィニコットは、その論文の前のほうで述べた示唆をおそらくきっかけとして取り上げ、この議論を推し進めている。つまり、満足のいく性交の後には、各々は一人でいて満たされているのである。ウィニコットは、「自我オルガスム」の可能性について思案している。「正常な人ならば、コンサートや劇場において、あるいは友情関係において、得られるような高度に満足のいく体験がそのような用語に値するのかもしれない」(1965b: 35)。ウィニコットは、そのフレーズの選択は思慮に欠けるようだと認めている。とはいえ、同時に、絶頂を表す用語でこの種のエクスタシーを記述しようと試みているのだが。そうしたフレーズを導入するにあたって、おそらくウィニコットは「自我関係性それ自体のもつ重要性に敬意を表し」(1965b: 35) たいのだろう。もっとも、適切な比較対象は性的絶頂ではなく、「子どもの幸せな遊び」であるのだが。

クラインも孤独をめぐる論文を執筆した(1975: 300-313)。それはウィニコットの論文の後で発表された。ウィニコットはクラインの影響を認めているが、クラインがウィニコットに言及することはない。クラインが分割排除された部分の統合を強調するのに対して、ウィニコットは母親がいるところでの無統合状態への回帰を重要視する。それゆえに、両者の比較は有益である。両者とも、乳児が母親の現前と愛情に反応することを通じて一人でいる能力が到来し、かくして、そのおかげで良い対象の内在化が生起すると示唆している。クラインは、ウィニコット同様、創造性について思案している。しかし、彼女は、創造性との関連についていえば、乳児の感謝および母親から受け取った優しさを返したいという願望のほうがより大きいとしている。すでに指摘したように、ウィニコットは、創造性をむしろ「現に生き生きとし、これからも生き生きとしつづけるという遺伝的に決定された個人の傾向」(1986: 42) に位置づけている。孤独と一人でいることをめぐる両者の論文には、ほかにも大きな違いがある。両者が自然環境に付与する重要性に違いがあるのだ。クラインはある患者の症例を引用している。その患者のなかでは、自然への愛が孤独の昇華となっていた。「彼は実際のところ、自然を愛するなかで、彼いわく「統合された対象をとり入れて」いたのである」(1975: 307)。とはいえ、クラインはなお、これを防衛と見なしている。自然は母親の代用である。対照的にウィニコットは、母親を全体環境の一部と見なし、サールズの、ほとんど知られていないとはいえ深遠な著作である『ノンヒューマン環境論』（Searles, 1960）を一部引用している。ウィニコットを新ダーウィン主義者と考えてよければ、自然は防衛ではない。すなわち、自然は、母親が少量ずつ赤ん坊に接触させる「外側の世界」（1964）であり、内的世界の根本的な孤立を豊かにしうる外的世界なのである。

◆青年期

この発達過程に備わる重要な部分には際立った特徴がある。ウィニコットは、二つの論文でこの点について検討している（1965a: 79-87; 1971a: 138-150）。半分冗談めかしてウィニコットは、「青年期にとって真の治癒」とは「時間の経過」であると語っている。時間の経過とともに、漸進的な成熟過程が進展した結果、ついには、大人が出現するのである（1965a: 79）。これらの論文でウィニコットは、独特の観点は健在ではあるものの、伝統的なエディプスの立場により近づいている。だが、ウィニコットは、片方の親を殺害してもう片方の親を所有したいという願望ではなく、両親を葬り去る（とはいえ、両親は生き残る）必要性を強調している。同様にウィニコットは、乳児期をめぐって著述する際よりも（乳時期においてもイドを完全に無視しているわけではないが）、「イド」や本能衝動をより強調している。この理由は、おそらく、思春期の到来を示す特徴のひとつは性的感情が有する力であり、加えて、青年は、「壊し、殺すこともできる」現実の身体的力をもっていることであろう。「よちよち歩きの子どもは、憎しみの感情を複雑にするほどの力をもっていない……。古い樽に若いワインを入れるようなものである[*23]」（1965a: 80）。性的感情の強さは「切迫したマスターベーション活動」につながることが多い。「この段階の」マスターベーション活動は、「セックス経験の一形態というよりも、むしろセックスの除去を繰り返すこと、……性的緊張からの解放なのかもしれない」（1965a: 81）。

同様に、攻撃性はこの年代における強力な特徴である。「子どもは大人になるものだが、その場合、このような動きは大人の死体の上に達成されるのだ」（1971a: 145）。ウィニコットの意図は、もちろん、空想上の話、さらにいえば、しばしば無意識的空想上での話である。もっとも、「生と死の闘争が背景のどこかにある」のだが。親子間にぶつかり合いがなければ、青年期経験に備わる豊かさは失われてしまうだろう。そうなると、次のように感じられるかもしれない。「赤ん坊を蒔いて爆弾を収穫した」(1971a: 145)。そこには本物の対立がなければならない。健全な発達を遂げるために、青年は、「偽物の解決を避け……リアルを感じたり、あるいは、まったくなにも感じないことに耐え……依存が満たされ、その点で信頼に足る設定で反抗し……社会の敵対が露わになり、敵対をもって迎えられうるようになるために、くりかえし社会に風穴を開ける」必要がある(1965a: 85)。

ウィニコットが強調するもうひとつの特徴は、たとえ青年が自身の未熟さに無自覚であるとしても、青年の未熟さが許容される必要があるということである。「未熟さは、青年期における健康に必要不可欠な要素である……この点に、創造的な思考、新鮮な感情、新しい生き方に向かう考え、のような最も刺激的な特徴が含まれている」(1971a: 146)。青年期をめぐるウィニコットの考えには、いくぶんエリクソンの考えと似通ったところがある(たとえば、Erikson, 1965: 254-255)。とはいえ、ウィニコットがエリクソンにほかの文脈で言及する際に、この発達段階と絡めて触れることはないのだが、それは驚くべきことである。エリクソン同様、ウィニコットは、社会が「責任をもたない人たちの大望によって揺り動かされる」必要があることを認めていた(1971a: 146)。大人が青年に対してするべきではない最たることは退位することである。というのも、そうしてしまうと、青年は、時期尚早に、偽りの成人期に入り込んでしまうからである。

ウィニコットは、大人のなかで特別に成熟を生み出すものについては、取ってつけた感じでちらっと触れているだけである。青年期の未熟さから、「環境と同一化でき、環境の確立、維持、修正に参与することができて、さらに個人の衝動をひどく犠牲にすることなく、この同一化を成し遂げることができる」大人に到達することができ

＊23　新約聖書の言葉。古い考え方では測ることのできない新しい考えのことを導入することを指す。

きるのは明らかである（1965a: 102）。ウィニコットは、その究極を世界市民であることとしている。世界市民であることは、「個人の発達におけるとてつもない達成であるが、達成することはきわめて稀である」。とはいえ、ウィニコットは、この後すぐに、この達成は「個人の健康や抑うつ気分からの解放と両立することがほとんどない」（1971a: 102）と付言している。私たちのほとんどにとって、自らの成熟によって可能となるのは、「全体集団の内部にある一集団の成員であること」が関の山である。

◆自　己

成熟について異なる定義は次のようになるだろう。「私はここにいる。いまここに存在している。このことに基づいて、私は他者の生に参入できるのである。それも、私自身であることの基盤への脅威を感じることなしに、である」（未公表の論文からの引用〈Davis and Wallbridge, 1981: 83〉）。私はある I AM、あるいは自己は、ウィニコットの人間の本性と発達に関する理論をつらぬく概念である。それは、乳児期、児童期、青年期、成人期を通して徐々に形態と成熟を見出していく自我のようなものである。自我は、世界の窓としての役目を果たすことで、包み込み、抱えてくれる母親に取って代わるが、自己、あるいは少なくとも本当の自己、は隠れたままである。

> 思うに、健康な場合、分割されたパーソナリティの本当の自己に相当するパーソナリティの核が存在する。さらに、この核は、知覚された対象の世界とコミュニケーションをとることは決してない。そして、個人は、その核が外的現実とコミュニケートしてもいけないし、外的現実に影響を受けてもいけないということを知っているのだ。
>
> （1965b: 187）

ウィニコットが述べているように、この文章は論文「交流することと交流しないこと：ある対立現象に関する研究への発展」の要点である。また、フィリップスは当論文を「彼の白眉たる論文」と評している（Phillips, 1988:

144）。私たちならば、そのほかすべてが非常に革新的であるにもかかわらず、このウィニコットの中心をなす考えは、なによりもまず関係性を強調する人びとにとって、魅力的であるにしても奇妙な考えであると評することもできるかもしれない。

精神分析がかくも多くの人びとにとって非常な脅威となっているのは、秘密のままにしておきたいというニーズが人びとのなかに存在しているためだろう。自力で同一性を見出すなかで、青年も秘密を保ち、孤立したままでいなければならない（1965b: 190）。パーソナリティの核は侵害にあらがい防衛する。「問題となるのは、隔絶されることなく、孤立する方法である」。あるいは、数ページ後に微妙に異なる言い回しで、ウィニコットは「病的なひきこもりと健康な中心的自己－コミュニケーションとを」（1965b: 187, 190）区別した。同様に、（本当の）自己と偽りの自己のあいだにも大きな違いがある。以降でより詳細に説明するが、後者は、きわめて容易に識別しやすいという点で自我に似ているものの、外的環境に迎合するしかないために生み出された妥協による解決策である。

ウィニコットは、自分の考え方とユングの著作に見られる自己概念にはいくつか類似点があることを認めている（1965b: 180）。さらに、エリクソンの「平和は内的空間に由来する」というフレーズにも親近感を抱いている（Erikson, 1958; Winnicott, 1965b: 191）。ウィニコット以前にフロイトもそうだったのだが、ウィニコットは、成長途上の子どもが、フロイトの言葉なら現実原則、ウィニコット自身の言葉でいえば外的世界や外的現実に適応していく様相に関心を寄せている。フロイトにとって、イド、超自我、外的現実それぞれの要求を支配することを目論んでいるのが自我なのである（Freud, 1933: 110）。ウィニコットの場合、自我は、自己を包み込みながら抱えており、それを通じて、自己は外的現実や自己自体と関係をもつことができるのである。ウィニコットにとって、イドはそれほど重要ではなく、通常、自我関係性と結びつけられる（Phillips, 1988: 100）。最初の関係性が、母親の促進的環境、およびそこからのより広大な世界に向かうため、決定的な重要性をもつとはいえ、ウィニコットは自身の成熟モデルに内的空間のための特別な場所を用意している。「私たちは、健康が有するこの側面を認識しなければならない。つまり、コミュニケーションをしない中心的自己が存在し、それは、永遠に現実原則の影響を受けず、永遠に音信不通である。ここでは、コミュニケーションは非言語的なものではなく、むしろ、天空の音楽のごとく、絶対的にパーソナルなものである。それは、生き生きとしているという事態と関係している。さらには、健康な場合、まさにここから、コミュニケーションが自然に生起するのである」(1965b: 192)。

3　育児という仕事

ウィニコットが「母親」という用語を用いる場合、通常、そこに育児 mothering 役割を担う人物という意味をもたせている。それゆえ、母親といっても実母以外の場合もあるし、父親の場合もあるだろう(もっとも、後述するように、ウィニコットにとって、父親は曖昧ではあるが特別な役割も担っている)。同様に、ウィニコットは、「乳房」を「赤ん坊に対して母親として存在する技術全体」(1988a: 26)を意味する用語として使用している。ほかの箇所で彼は、「最初の授乳」というフレーズを、現実の最初の授乳を指すためだけではなく、隠喩的な意味合いでも用いている。「一度きりの出来事という事態ではなく、複数の出来事の記憶の集積なのである」(1988b: 101)。私たちは、これらの用語が有する包括性に、徹頭徹尾、留意しておく必要がある。

「彼女〔実母〕は、病気に陥らずにこの原初の母性的没頭という特別な状態に達することができるのである」(1975: 304)とあるように、ウィニコットのなかには実母への先入観がいくらかある。ここでの「病気」は、ほかの状況ならばパーソナリティに障害があると分類されるような「ひきこもり状態、または解離状態、または遁走」を意味しているが、母親に関していえば、自身の胎児や赤ん坊に全注意を向けているという事態を指し示しているのだ(1975: 302)。赤ん坊と同一化する能力のおかげで、「ほどほど上手に」適応できる女性もいるのだろう。この後に検討するが、父親（男性であること）は、「あることbeing」よりも「することdoing」のほうがうまいと見なされている。それゆえ、父親は、赤ん坊が必要とするものを提供することが母親ほど得意ではないのだ。つまり、「乳房は**ある**ものであり、**する**ものではない」（1971a: 82、強調はウィニコットによる）。かくして、ウィニコットは、女性WOMAN（彼自身が大文字で表記している）という言葉を強調する。「女性WOMANは、男女すべての人生の初期段階において認識されていない母親である」（1986: 192）。そして「最初に、絶対的依存を概して認識しそこなってしまうと、そのことが男女両性に広く認められる女性WOMAN恐怖の一因となる」（1975: 304）。

◆原初の母性的没頭

こうした壮大な用語は、なにか特別なものを指し示すように映る。なるほど育児は特別なものであるが、稀なものではない。ウィニコットは、「普通の献身的な母親」（1988a: 3-14）について記述している。「普通の献身的な母親」とは、書物からではなく、自分自身を赤ん坊と同一化することを通して、母親になる術を学ぶ者である。「彼女は当然のごとく**自然に**振る舞う」とその論文でウィニコットは書いている。ほかの箇所でウィニコットは、妊娠期間中の母親が「感受性の高まった状態」を発展させる様相について記述している。その状態は、産後数週間にわたって持続する。母親は、「脇目も振らず」子どもに没頭するようになるが、それは「正常であり、一時的なものである」。その後この状態は終息し、しばしば抑圧される。母親がその状態から「回復」すると、その頃のことをほとんど思い出しはしない。しかし、すべての女性がこのような状態を許容できるわけではない。女性のなかには、「正気への逃避」を起こす人もいる。つまり、彼女たちは、ほかの関心事を放棄することができないのである。たとえば、抑圧されたペニス羨望があると、「原初の母性的没頭の余地はほんのわずかしかなくなる」（1975: 302）。

◆促進的環境

「普通の献身的な母親」は、また「ほどよい」母親であることも求められ、赤ん坊の生来の成熟過程を促進する環境を供給する。メラニー・クラインの記述によると、乳児は母親を、養ってくれる「良い乳房」および欲求不満を与える「悪い乳房」として体験するとのことである。その一方で、ウィニコットは二つの異なる用語を選択している。この二つの用語が表しているのは、赤ん坊による二つの異なる知覚というよりも、赤ん坊のための二つの異なる機能である。ウィニコットは、「対象としての母親」と「環境としての母親」というフレーズを造り出す(1965b: 756)。対象としての母親とは、乳児の欲望の対象となる母親であり、赤ん坊のニーズを満足させることができる対象であるとともに、赤ん坊が自分の憎しみをぶつけることになる対象でもある。環境としての母親とは、「不測の事態を防ぎ、取り扱いと全般的なマネージメントを通して積極的に世話を提供する人物」の役割を担う母親を指す(1965b: 75)。もちろん、文字どおり身体的意味での抱えを通じて、一度で同時に、赤ん坊の性愛的快感へのニードが満たされ、体験が包み込まれ、快感をそこなう侵襲から赤ん坊は保護されるのである。また、母親は、侵入する可能性のある彼女自身の部分からも赤ん坊を保護する(たとえば、赤ん坊が叫びまくるときに、母親に芽生える殺意〈1964: 87〉)。時間と空間が区分できる以前には、母親が境界を提供する。母親(実際には両親)は、子どもが青年になり、その境界を力強く吟味する必要が生じる際に、境界を保持する。また、このしっかりとした抱えのおかげで、子ども(や青年)は「衝動を発見すること」ができるのだ。「そして、見出され同化される衝動のみが自制や社会化のために利用されることができるのである」(1984: 157)。

それゆえ早期の抱えることや包み込むことは、自我支持の継続的供給へと徐々に移行していく。子ども、青年、大人には、過度な脅威やストレスが存在するときはつねに、自我支持が必要となるだろう。デイヴィスとウォールブリッジは未刊行論文から次の文章を引用している。「子どもが庭で遊んでいる。飛行機が頭上低く飛んでいる……あなたは子どもを抱き寄せる。あなたが回復不能なほど怯えているわけではないという事実を用いて、子どもはほどなくして離れていき、また遊び出す」(1981: 99)。このような環境の供給は、心理療法においても起こりうる。すなわち、セラピストは、患者が発達し成熟できるような環境を提供するのである。また、ウィニコットは、この環境のことを、患者がその必要に応じて退行できる環境と見なしている。一見すると、セラピーにおけるこのような促進的環境は、パーソン・センタード・セラピーやカウンセリングの中核条件[*24]に近いと思われるかもしれない。しかし、私が明確にするように、こうした環境の供給には、カール・ロジャーズによって、セラピストがそれを提供すれば十分であるとされる基本的中核条件に明白に見て取れるよりもはるかに複雑な応答と適応がともなうのである。

◆適応することと適応に失敗すること

最初、母親は赤ん坊のニーズにたえず適応している。「生まれ立ての乳児には、献身的な人物があらゆることをしていなければ提供できないほどの、ニーズに対する一定の積極的適応が必要となる」(1965a: 23)。この段階でこのように適応することと、のちの段階であれば子どもの「甘やかし」と呼べるものとは、まったく異なる。この事態において、母親はウィニコットいわく「ほどよい」ものでいる必要がある。ウィニコットは、「ほどよい」という表現で、乳児の万能感をくりかえし満たすことを指している。つまり、この段階において赤ん坊のニーズにたえず適応することで、子どもに万能体験を提供しているのだ。「このことに基づき、乳児は徐々に万能感を破棄できるのである」(1965b: 146)。

乳児が絶対的依存から相対的依存に移行していくとするならば、母親は赤ん坊のニーズへの適応に失敗し始め

＊24　一致、共感的理解、無条件の肯定的配慮。

る必要がある。「そのうちに、赤ん坊は他者が適応に失敗することを必要とし始める。この失敗もまた漸増的過程であり、それは本からは学びようがない」(1988a: 8)。無論、別の意味では、これは依然として適応である。すなわち、適応に失敗するニーズへの適応である。この種の失敗(これから見ていくように、治療自体にも当てはまる)は必要不可欠である。「微妙な適応という事柄で徐々に失敗をしていくことができない母親は、別の意味で失敗しているのだ。彼女は、(自らの未熟さや不安のために)乳児に怒る理由を与えそこなっている」(1965b: 87)。

「ほどよい」というフレーズは、ある種の決まり文句になっている。それは、しばしば、完璧ではないことに対する慰めとして使用される。もっとも、心理学者や精神分析家の研究が母親に課しているように見える多大な要求を鑑みれば、〔完璧な母親でないことは〕不自然な話ではない。とはいえ、ウィニコットの著述において、このフレーズがそのような意味合いで用いられることは決してない。ウィニコットがたえず強調しているのは、通常であれば、母親のほうが、医師や小児科医、助産師よりもわきまえている、というところである。母親が赤ん坊とどう過ごし接していくべきなのかという事柄に関して、専門家(とその書物)が母親に課す要求は、自然な応答である育児を援助するよりもむしろその妨げとなりそうなことである。たとえば、「生起している出来事を知的に正しく理解することなく、母親が直感的に了解している至極微妙な物事があるのだ。母親は、十全な責任を与えられたうえで、そっとしておいてもらえて初めて、そこに到達することができるのである……」(1988a: 64)。この意味で、ウィニコットは明らかに母親の味方である。しかし、「ほどよい」というフレーズが平凡に甘んずることを意味すると考えるならば、分別がないとされるだろう。ウィニコットは、「乳児の身振りに応じることにくりかえし失敗し」、乳児のニーズを満たすことができない「ほどよくない」母親というものも等しく存在しうることを相当確信している。この結果、母親側が赤ん坊に迎合するというよりむしろ、赤ん坊側が母親に迎合するという事態が生じ、最早期段階の偽りの自己が生まれる(1965b: 145)。

◆鏡

「子どもの発達における母親と家族の鏡‐役割」（1971a: 111-118）という短いながらも刺激的な章で、ウィニコットは、ラカンの次のような同定に依拠している。ラカンは、子どもの鏡の使用が自我発達における重要な時点であると同定した（Lacan, 1949）。とはいえ、ウィニコットは、母親の顔が、とりわけ乳児の人生最初の数週間において、自己の鏡として機能していることは、ラカンとはまったく異なるが、重要極まりないことを付言している。ウィニコットの意見は、（父親を含む）親たちとその乳児の顔を同時にビデオ撮影した研究により確証が得られている。その映像から、親子が互いに応答し合っていることを明瞭に見て取ることができる。つまり、赤ん坊が母親のほほえみに応答するだけでなく、母親もまた赤ん坊の表情を映すのである。ウィニコットは次のように述べている。「母親は赤ん坊を眺めている。母親がどのように見えるかは彼女がそこで見ているものと関係している」（1971a: 112）。彼は次のような一連の知覚の流れを示唆している。

> 私が見れば私は見られる。ゆえに私は存在する。
> 私にはいまや眺め見る余裕がある。
> いま、私は創造的に眺め、私が気づくものも知覚する。
> 実際に、そこに見えないはずのものが見えないように注意する（私が疲れている場合を除く）。（1971a: 114）

再び、この母親の側の責任は「自然にうまく果たされる」のである。とはいえ、そのような母親が傍らにいない「多くの赤ん坊」が存在する。「彼らは眺めるが、自分自身は見えない」。そうした赤ん坊のなかには、「環境から自分自身であるなにかを返してもらう別の方法を調べる」（1971a: 112）者もいるだろう。本章には、ウィニコットの臨床実践の短い例が多数収録されているが、そこには一人の患者の鋭い疑問が含まれている。「子どもが鏡を覗き込み、そこになにも見えなかったら、それはなんと恐ろしいことだろう！」（1971a: 116; 民間伝承の示唆するところによれば、実際、吸血鬼は鏡に映らない。彼らが血を吸う必要があるのは、原初的空虚さを指し示しているようだ）。本論の簡潔さは気をもませるものがあるが、これらの考えがさらに導かれうる方向を示唆してもいる。つまり、青年のナルシシズム、アートの外面、そして環境の反射面である。ウィニコットがラカンを二度引用しているにもかかわらず、その考え方は（ラッドニーツキー〈Rudnytsky, 1991: 70-95〉が詳述しているように）完全に異なっていることも明らかである。ラカンの鏡には母親の場所がない。そして、乳児が発見するものは他者としての自己であり、それは他者のなかに反映される自己を統合する体験ではない。[*25]

◆錯覚と脱錯覚

母親の鏡としての顔のなかにそうして見ることは、現実の視力と関係している（ウィニコットは、先天盲の赤ん坊の場合どうなのかという点に関しては、確言していない）。しかし、内的イメージをともなう別種の見ることがある。錯覚という概念は、ウィニコット理論においてきわめて重要なものである。ウィニコットはフロイトと一線を画している。フロイトは、自著『ある錯覚の未来』（Freud, 1927）で錯覚と錯誤を関連づけている。フロイトは、客観的かつ現実的な考え方をつねに目標に掲げている。神経症的なニーズに奉仕することもあるが、現実検討のプロセスで放棄せざるをえない病理的特徴であることを除けば、フロイトは現実的意味で錯覚に価値を見出していない。他方、ウィニコットは、錯覚が、大人の生活に入り込み、その生活を含みこむような、価値ある一定の特徴であると示唆している。さらに、先ほど引用したように、「現実を受け入れるという課題は決して完遂しない。人間が、内的現実と外的現実を関係づける緊張から解放されることはない。この緊張の軽減は異議をとなえられることがない体験の中間領域（芸術や宗教など）によって提供される」（1975: 240; 第4章も参照のこと）。

最初に「母親の乳房は自分の一部であるという**錯覚**の機会を乳児に与える」のは母親である（1975: 238、強調はウィニコットによる）。「ある予測、つまり、なんであるかを知らぬままに乳児がどこかになにかを見出す準備が整っている事態」（1988b: 100）がそこにあるとき、ちょうどその瞬間に、母親が赤ん坊に乳房を差し出すことで、乳児が乳房を創造したという錯覚がまた可能となる。私たちは「高尚な哲学者のように」、赤ん坊がなにも創造していなかったことや、乳房はすでにそこにあったことを知っているかもしれない。「しかし、乳児の（情緒的な）ニーズへの繊細極まりない適応によって、母親は、赤ん坊にこのような錯覚を抱く機会を与えるのだ」（1988b: 101）。「理論上の最初の授乳」の後、赤ん坊は、ある明確なイメージを抱く。そのイメージをもつことで、赤ん坊は乳房を想像する（あるいは「幻覚する」）ことができる。そして、そのイメージから、赤ん坊は記憶を形成し、その記憶が、今度は「欲望の対象が見出されるという確信」をもたらすのである。「要するに、乳児は次第に、対象の不在に耐えることができるようになるのである」（1988b: 106）。外的世界という現実をよりいっそう受け入れることができるように、母親はいまや進んで脱錯覚が生起しうるように振る舞う（ここでも、少しずつではあるが）。脱錯覚は重大な課題であり、錯覚の機会を提供することに次ぐ重要性を有している。申し分なく離乳が達成されるためには、脱錯覚が必須となる。それどころか、脱錯覚がなければ、「授乳を止めただけでは離乳とはいえない」と述べてもよい（1975: 240）。先ほど述べたように、母親は、「乳児が母親の失敗によりいっそう対処できるようになるにつれて、徐々に、適応の完璧さを減じていく」（1975: 238）ことで、脱錯覚を促進するのである。（現実受容の課題に関して先ほど引用した内容から明白だが）ウィニコットは、錯覚と脱錯覚を出入りする動き

＊25　ラカンの発達論では、乳幼児は当初、自身の身体像のイメージが寸断されている。そして、鏡像段階において、自らの個人的な把握を迫られる。このとき、未来への投影によって先取的に自身の完成像を知るのであるが、ここに生理的早産と未来の先取のあいだに弁証法が生起しているとラカンは看取した。そして鏡に映った自己像が、寸断された身体像をまとめ上げるのだ。ここでいう鏡とは他者である。

が生涯つづくことを確信している。離乳を経てその後、次の発達段階において、移行対象が重要な意味をもつ。そして、移行対象は、別種の錯覚を構成する。しかし、さらに重要なことに（ここに、私たちは、小児科医や精神科医としてのウィニコット以上に哲学者としてのウィニコットを見る）、私たちは決して、外的現実と直接接触することができないのである。そこには、つねに「接触の錯覚があるに過ぎない。この中途現象は、私が疲れているときでなければ、非常にうまく機能してくれる」（1988b: 114-115）。結局、私たちが知ることができるのは、「人間が本質的に孤独であるということ」（1988b: 114）だけである。とはいえ、ウィニコットは、これもまた錯覚なのではないだろうかと考えるところまではいかない！　おそらく半ば冗談だろうが、ウィニコットは、「そこにある複雑な哲学上の問題にはあまり興味がない」といさめている（1988b: 115）。

◆移行対象

移行対象は、発達過程においてかなり早期の時期に属すると思われるかもしれない。とはいえ、私がウィニコットの定義に忠実であろうとすれば、移行対象が子どもにも母親にも属さず、そのあいだの領域に属する以上、本当のところ移行対象にはもっぱら移行対象自体のための時期が存在するのだ。私たちは、乳児に次のような問いを投げかけてはいけない。ウィニコットは太文字を使用し強調している、「**これはあなたが想像したものなの？それとも、外から、あなたに差し出されたものなの？**」（1975: 239-240）。というのも、移行対象は中間体験の領域に属しているからである。母親が子どもに移行対象を提供できると考えるのも同様に誤りである。母親が提供できるものは、慰み物くらいのものである。慰み物は、母親の代理物ではあるが、実際には母親ほどの重要性をもちえない。移行対象は、子どもが発見するものである。あるいは、子どもが創造するものといってもよいほどである。そして、母親よりも重要なものであり、「乳児からほとんど分かちがたい部分」（1975: 235）である。子どもが自身の移行対象を口に入れたり、鼻に押し当てたりする際、または母親にぴったりと寄り添っているときにさえも、このことは認められる。こうした発達は、四～一二カ月のあいだのどこかの時点で起こる。

移行対象は、正確にいえば、テディベアやぬいぐるみのことではない。ウィニコットは、移行対象が（文字どおり赤ん坊から分かちがたい部分である）親指と人形やテディベアのような外的対象とのあいだに到来すると確言している（1975: 229）。ある箇所でウィニコットは、患者のおもちゃのうさぎに言及し、それは移行対象というよりは慰み物であるとした（1975: 234-235）。かくして、移行対象は一枚の毛布やナプキンである場合が一般的だが、毛布から引き抜かれた羊毛であることさえある。移行対象は容易に手に入るものであり、ある意味で母親が提供するものであるが、そのことを目的として子どもに意図的に与えることがまずできないものである。しかしながら、ウィニコットは同論文で別の患者の紫色のうさぎを移行的なものとして同定できるとしているようだ。紛らわしいことに、一年後に発表された論文のなかで、ウィニコットは、移行対象には「親指、一枚の毛布、柔らかいぬいぐるみ人形」（1975: 223）が含まれると示唆している。母親自身が移行対象となりうる、というのも同様に紛らわしい（1975: 232）。加えて、ウィニコットは「「マムマム」のような音をともなった口の動き、喃語、肛門からもれる音、初めての音楽の調子、等々」（1975: 232）のようなものを移行現象として言及している。これらの相違点は、第4章でいっそう批判的に検討される。

移行対象には特別な性質がある（1975: 233, 236-237）。乳児は移行対象に対する権利を有しており、両親はこれを許容する。ここで、ウィニコットは、これを対象というよりは所有物と呼んでいる（この点で、彼の用語はまたしても混乱している）。移行対象は、抱きしめられるだけではなく、愛されたり、バラバラにされたりする。そして、移行対象はその事態を生き残らなければならない（両親はその事態を変えることができないため、両親にとってそれは大問題である。子どもだけがその事態を変えることができるのだ！）。対象は、それ特有のあたたかみや活力をいくらか有している。そして、対象は、外側から到来するものでもなければ、内側から生起するものでもない。一定期間が過ぎると、対象は、「忘れ去られるというよりはリンボ界に追いやられる」運命にある。移行対象は、決して魔術的コントロールの下にあるわけではない。また、移行対象は、外的対象のごとく内在化され、クライン派的意味での内的対象になるものでもない。

移行対象と（前述の）錯覚という一対の概念は、ウィニコットの著述において、第三の概念と当然のごとく結びついている。第三の概念は、ときに「中間状態」（1975: 230）と呼ばれるが、後期の論文では「可能性空間」（1971a: 107-110）と称されている。ウィニコットが、議論のためにその観念を提示しているにもかかわらず、この可能性空間が、私たちが想像したものなのかどうか、あるいは、「わずかな知覚された現実」なのかどうか、について不明であるために、その領域自体が、ウィニコットいわく、不問に付されなければならない。ほかの状況であれば、それは（別の状況では原初の母性的没頭が病気と呼ばれうるように）「狂気」と呼んでも差し支えない状態だろう。また、信頼できること、当てになること、くつろぐことを通して、両親が子どもにもたらすことができる、あるのではない錯覚」（1975: 231）の共有を強要しようとしないかぎり、社会とりわけ芸術、宗教、想像力豊かな生活、（しばしば遊びに満ちた）状態である。さらに、この可能性空間や中間状態において、人が他者に「自分たちのも創造的な科学活動（1975: 242）のなかで、私たちは互いにこの状態を与え合うことができるだろう。

◆未熟さを許容すること

発達がひとつの自然な過程である以上、それを早めることはできない。とはいえ、反応に乏しい子育てやネグレクトによって発達が遅れることはありうる。発達は教わることもできない。折に触れて、ウィニコットが明確にしているように、母親は赤ん坊を励ますことがあっても、赤ん坊本来の創造的な成長をコントロールすべきではない。移行対象を子どもに与えることができないのとまったく同様に、子どもに価値観を押しつけるべきではない。ウィニコットが宗教について書いていることは、別種の知にも当てはまる。「[無理矢理教えこむことへの]よい代替案は、乳幼児にそうした条件を供給することと関係がある。そのおかげで、信頼、「信心 belief in」、善悪の観念のような事象が、個々の子どもの内的プロセスの働きから発達していくのである」(1965b: 94)。同論文で彼は次のように書いている。「画家は絵を描かないではいられない。陶芸家は陶磁器を造らずにはいられない。両親がそのように赤ん坊をもうける必要はない」(1965b: 96)。ここでウィニコットは前言語期についてとくに言及しているが、「機会の提供」(1965b: 103) へのニーズという考えを、あらゆる文化的価値のコミュニケーションを含む、引きつづき生起する発達にまで拡張している。この(「道徳と教育」をめぐる) 論文で、ウィニコットはたびたび次のことを示唆している。両親は、子どもが好きなように手に取って遊ぶおもちゃだけではなく、道徳律やほかの文化現象も「ほうっておく」必要がある (1965b: 99)。ウィニコットは、子どもたちを教育する両親の試みにはいくらか懐疑的である。「最初から子どもにモーツァルトやハイドンやスカルラッティを与えれば、パーティで誇示できるような早熟なよいセンスを獲得できるかもしれない。しかし、子どもは、たぶん、くしを通ってトイレットペーパーがかき鳴らす騒音から始めるべきなのだ……崇高なものを理解する能力はひとつの個人の達成であるはずであり、植えつけられるようなものではありえない」(1965b: 100-102)。

◆生き残ること

ウィニコットが、青年期の子どもをもつ人びとに向けて講演する際、機会を提供し未熟さを許容することをめぐり、ほとんど同じくらい強力にこのことを主張している。青年が未熟であることを許容する必要性についてはすでに述べている。両親は、自分たちの強い立場からこのことをおこなう必要がある。「成熟した大人は……のちにも先にもなかったほどに自分の成熟に信を置かねばならない」(1971a: 145)。ここでもまた、青年は自らの成熟を発見しなければならない。その成熟には、両親に異議をとなえ、比喩的に両親を皆殺しにするニードがともなわれる。両親がこの事態を引き起こすことはできない。両親は、「ほんの少し助けることができるだけである。両親にできる最善のことは**生き残る**ことである。無傷で、顔色変えず、重要な原則をなにひとつ放棄することなく、生き残ることである」(1971a: 145、強調はウィニコットによる)。生き残ること、あるいは生きつづけることは親にとって必然であり、ウィニコットの考えでは、セラピストにとっても必要不可欠である。「精神分析を実施する際、私は次のことを目指している。すなわち、生きつづけること、よい状態を保つこと、目覚めたままでいること、である」(1965b: 166)。

親が生き残らないとなにが起きるのか。ウィニコットはこころを打つ事例を示している。ある子どもが自動車事故で助かった。父親はその事故で亡くなった。事故が起きたのは、「少女が父親を愛するだけでなく憎むようになる段階を経験していた時期」であり、少女は父親に車では出かけないようにお願いしていた。事故現場で少女は父親を起こそうとしてその遺体を蹴ったものだが、また父親への怒りを露わにした。相談室の壁を蹴るという少女の行為をウィニコットが用いることができて初めて、彼は少女にこの事態を言葉で伝えることができた。それから「彼女は徐々に生き返った」(1965b: 21)。

発達過程をめぐるウィニコット自身の言葉の豊かさと、発達過程が生起しうる適切な環境の供給については、本章ですでに十分に述べてきた。ある一節が、両親の役割と経験についてのウィニコットの見解を要約しているようだ。その節は、全文を再録する必要がある。

> あなたが、子どものなかにある個人としての成長を促進するためにできることすべてをおこなうとしたら、衝撃的な結末に対処できる必要があるだろう。仮にあなたの子どもが自分自身を見出すとしても、子どもたちは自分自身の全体以外のなにものにも満足しなくなるだろう。その全体には、愛することと名付けうる要素に加えて、子ども自身のなかにある攻撃性や破壊要素も含まれる。そこには長期にわたる格闘が存在し、あなたはその格闘を生き残る必要があるだろう。
>
> あなたが世話することで、子どもたちがすぐにも象徴を使用し、遊び、夢を見て、満足のいくあり様で創

造的になることができるならば、その子たちに関しては、あなたは幸運であろう。しかし、そうであってもなお、この地点に至る道のりは険しいだろう。そして、いずれにしても、あなたは過ちを犯すだろう。それらの過ちは壊滅的であると見られ、そのように感じられることだろう。実際には、あなたに責任がないとしても、子どもは努めて、あなたが挫折の責任を感じるように仕向けるだろう。あなたの子どもは、「産んでくれなんて頼んでない」と端的に言い放つ。

あれこれの少年少女のパーソナルな可能性のうちに徐々に豊かさが現れ出ることで、あなたは報われるのだ。そして、うまくいけば、あなたは、あなた自身以上にパーソナルな発達のためのより良い機会を得ている自分の子どもに嫉妬する覚悟をしなければならない。次のような状況になるとき、あなたは報われたと感じるだろう。たとえば、ある日、あなたの娘が自分の代わりに子守をしてほしいと頼んでくるとき。このことに関しては、娘があなたなら子どもの面倒をうまく見てくれると思っているということを示している。あるいは、あなたの息子がなんらかの形であなたのようになりたいと願うとき。もしくは、あなたの息子が、あなた自身がもっと若ければ、好きになっていたかもしれないような女の子と恋に落ちるとき。**間接的に報われるのだ**。そして、もちろん知ってのとおり、あなたが感謝されることはない。

（1971a: 143、強調はウィニコットによる）

4　父と家族

ウィニコットは、『子どもと家族とまわりの世界』（1964）において、「母親や父親に直接語りかける」ことを意図しているが、母親に向けて書いていることは明らかである。父親については、付け加えられてしかるべきと思われる箇所においても、ほとんど言及がない。第一部では、父親の役割に関して、簡潔な言及がたったひとつあるだけである。「父親は、空間の提供を手助けする……。母親は、父親の適切な保護を得て、内にこもりたいとき、周囲の状況に対処すべく外に向かわずに済むのである」(1964: 25)。父親は、赤ん坊のために促進的な環境を供給する母親に、安全な環境を供給する。この本の第二部は、非常に的確な題名「父親とは一体なんなのか?」という章から始まる。実際のところ、この問いは、第一部を読み終えた時点で父親たち当人が発したものかもしれない! そこに描かれた父親像は、標準的な父親観の域を出ない。標準的な父親観によると、父親は、赤ん坊に関心を抱くよう促されるべきであるが、十中八九、こうした問題にほとんど関心をもてなかったり、その能力がなかったりする。

子どもと直接関わっている父親特有の役割に関する意識が、同書にはほとんど認められない。父親は母親のために「社会保障」を提供し、また母親との関係を通じて、子どもにも社会保障を提供する。両親の性的結合は「子どもがその周囲に空想を築くことができる厳然とした事実……三角関係の問題に対するパーソナルな解決策のための自然な基礎の一部」(1964: 114-115)を提供する。ウィニコットは、娘が父親ともちうる特別な関係性や、子ども(性別問わず)と両親をめぐる嫉妬と競争の問題に言及することで、この考えを拡張している。この考えは、すべてがフロイト派の標準的エディプス理論である(そして、その他多くのウィニコットの著述と比べると、かなり退屈である)。それは、すでに「周知の」(1964: 117-118)方向性に賛同するも同然である。

さらに、父親は、母親の権威を支援し、法と秩序を体現することで、「道義的支持」を供給する。「このために、父親が常時そこにいる必要はない。しかし、子どもが父親は現実に生きているのだと感じられる程度には、父親は子どもの前に登場する必要がある」(1964: 115)。最後に、父親は、男性モデルに加えて、労働世界モデルを提供する。父親は、労働世界モデルにそって、毎朝出勤し、毎晩帰宅するのである。このような去勢された父親観に満足できない場合は、本章最後から二番目の段落に認められる見解がファイナルカットとなろう。そこで、ウィニコットは、「機会があるごとに、父親と娘、あるいは父親と息子を一緒に遠出させるのは母親の責任である」(1964:

118）と述べている。

ウィニコットの理論と実践に向けられる批判は第4章で検討する予定だが，父親に関する理論が有する弱点はひとつの関心領域となっている。ウィニコットはその時代を生きる男性であった。そして，ことによると，今日においても，リベラルな中流階級的思考をもつ「新しい男性」が認識している以上に，多くの家庭では，ウィニコットが思い描いた程度のさらに半分ほどしか関わりをもたない父親が見出されるのかもしれない。フェミニストの心理療法家が示唆するように，オルタナティヴに対する意識が認められない点が弱点なのである。もっとも，例外があり，「父親が有する母親的側面」（1988a: 93n）に時折，ちらっと触れることがある。しかし，それは，性別役割への挑戦という方向性にわずかに同意しているに過ぎない。

同様に，『子どもと家族とまわりの世界』という表題がついているにもかかわらず，同書には家族についての言及がほとんど認められない。このため，私たちはそれ以外の箇所を参照する必要がある（1965a: 40-49, 88-94; 1986: 128-141）。そこでは，どちらかといえば，父親の役割よりも，家族の役割によりいっそう大きな重要性が付与されている。もっとも，父親を総体として見て，子どもが母親に対して違った見方をとることができるように手助けをするという点では，父親との関係により大きな価値を置いているのだが。父親は，分離が起こるのを助けるのである。ウィニコットは，これを「行きつ戻りつする経験」と呼んでいる。そこでは，子どもが一方の親から他方の親に移動する，あるいは拡大家族では至るところでさらに広い範囲にわたり，「叔母や祖母や姉」に移動することもある（1986: 138，この拡大家族には男性がまったくいないことに注意されたい！）。基本的に家族は，もともとは母親が提供していた環境と似てはいるが，それよりも相当に幅広い環境を供給する。そのなかで，遊び，愛憎の感情，同情，寛容に加えて，憤慨，競争心，不実を試すことができるのである。「家族に問題がなく，一定期間継続している場合，各々の子どもは，個々の家族メンバーの態度や全体としての家族の態度のなかに自分の姿を見ることができるという事態から利益を引き出すことができる……個々の家族メンバーのパーソナリティを成長させ、豊かにするために、家族ができる貢献についてはこのように述べることができよう」(1971a: 118)。家族は子どものためにこうしたことを提供するのだが、その関係は相互的であり、子どももまた、家族にとって新しい状況を提供する。「子どもは、おそらくなにかを必要とすることによって、自分のまわりに家族を産出するのだ。私たちは、期待や満足について何事かを知っているがゆえに、子どもにそのなにかを与えるのである。私たちは、家族という場で遊ぶときに子どもが創造するものを眺める。そして、子どもの創造性が有する象徴を現実化したいと感じるのである」(1971a: 47)。同様に「家族は、あらゆる様態の集団化と結びつく。その集団化は、地域社会や社会全体の規模に達するまで、段々と広がっていくのである」(1986: 140)。

確かに、母子カップルを超えた関係について書いているとき、それがウィニコットの真価であるとすることはできない。ウィニコット自身が認めているように、家族に関してはすでにあまりに多くのことが語られており、独創的なことを述べるのは難しい(1986: 128)。とはいえ、実際のところ、ウィニコットは、父子関係よりも家族についてのほうが興味深い考えをもっていた。彼の真の独創性は別のところにあるのだ。そして、そこに集中するほうがいっそう有益である。

5 障害の分類

本章では、正常な発達過程に焦点をあて、取り上げてきた。ウィニコットの記述のかなりの部分を正常な発達過程が占めており、おそらく、彼は、精神病理よりも正常性について多く記述している。彼は、自然な過程とほどよい始まりに基礎を置く、本質的に肯定的な発達モデルを提唱している。自然な過程とほどよい始まりを通して、連続性が保たれ、個人は、「真に始まり、ゆくゆくはリアルな感触を抱くようになり、さらには、自分の情緒年齢相応に、人生を体験するようになるのである」(1965b: 138)。正常な発達は、比較的円滑に進行している場合でも、さまざまな防衛の発展は避けがたく、「人間全体」との対人関係に影響を及ぼすパーソナルな特性をともなっており、精神神経症として分類される症状につながる可能性がある。ウィニコットが「単に正気であるだけならば、実際のところ、豊かとはいえない」(1965a: 61) と書いたとき、おそらく、主として私たち自身のより精神病的部分と接触を保つ能力に言及しているのだろうが、その原理は正常範囲内の神経症的ヴァリエーションにも相当あてはまるだろう。

ウィニコットは、実際のところ、偽りの自己を育むこととの関連を除けば、自著において、こうした神経症により特化した問題にさして関心を抱いていない。(分析家でさえ) ときに、偽りの自己を本当の自己と見誤ることがある。「**本当の自己しか分析できない**」(1965b: 133、強調はウィニコットによる) 以上、セラピストは偽りの自己のなかに現れている症状を治療しないように注意する必要がある。偽りの自己は発達にともない、自然に生起するものであるが、「迎合を基礎にして構築されるのだが……本当の自己を保護する防衛機能である」(1965b: 133)。これはもちろんなくてはならない防衛であり、やがて「社交マナー」や「妥協」となるものである。とはいえ、健康であれば、死活問題が生じると、ある種のあり様は維持されなくなる。すなわち、その時点で、「本当の自己は、迎合的な自己を覆すことができるのである」(1965b: 150)。しかしながら、偽りの自己にも程度があり、それゆえ、「たとえば子どもが大人になって俳優となる場合のように、一種の昇華」となる場合もありうる。あるいは、偽りの自己と本当の自己とのあいだで分割が発展し、本当の自己を覆い隠してしまい、「象徴を使用する能力が不十分となり、文化的生活の貧困」(1965b: 150) という事態につながることもある。もしくは、知的活動が偽りの自己の座となると、精神的 - 身体的な存在から解離してしまう事態につながるだろう (1965b: 144)。または「偽りの自己が開発され、リアルなものとして扱われると、個人のなかで無益と絶望の感覚が強まることになる」(1965b: 133)。「偽りの自己」(本当の自己のように、大文字で書かれる場合もあれば、そうでない場合もある) は、ウィニコットの示唆によれば、「珍しいものではなく……価値ある分類ラベルである……。防衛は大規模であり、それにともない相当な社会的成功を収めている場合もあるだろう。分析の適応は、次のとおりである。防衛が明らかに成功しているにもかかわらず、患者が、非現実感や無益な感覚を抱いているがゆえに、援助を求める場合である」(1965b: 134)。

ウィニコットがかなりの関心を示している分類がほかにもある。それは、とりわけ、退行患者との先駆的な仕事に関わるものである。つまり精神病の分類である。ウィニコットは精神病の起源を、生来的要因や遺伝負因ではなく、環境の失敗に断固として求めた。精神病(あるいは統合失調症)が、偽りの自己の発達によって覆い隠されている場合もある。つまり、正常で通っている子どもにおいて、精神病がその「脆弱な」成功のうちに潜在しているかもしれない(1965b: 59)。あるいは、精神病がスキゾイド・パーソナリティのなかに隠れている可能性がある。破綻が起こるとしたら、それはすでに存在している破綻への回帰である。あるいは、破綻恐怖が生じるとしたら、それはすでに起こってしまった破綻を恐れているのである。破綻の意味するところは、母親の自我支持に依存する段階で起こった最初の破綻の周囲に組織化された防衛の失敗という事態である(1965b: 139)。自我支持の不足は、女性の赤ん坊に没頭する能力の欠如のような「母親の障害」を通じて、生じるのかもしれない。あるいは、母親が赤ん坊に病的なまでに没頭していること、つまり、「乳児に母親自身の自己を貸し与えること」(1965a: 16)を通して、生じているのかもしれない。後者の場合、万能という錯覚が放棄されることはなく、赤ん坊は妄想状態に陥る。

環境が成熟過程を促進することに失敗するという事態は、「精神科病院で治療を受けるタイプの精神疾患、つまりは精神病」と関連している。この種の失敗をウィニコットは「欠乏 privation」(1965b: 226)と呼んでおり、「剝奪 deprivation」と区別している。ウィニコットは剝奪を「成功の上に失敗が乗っている事態」を記述するために用いている。すなわち、「ほどよい環境が存在していたのだが、その後、これが中断してしまった」(1965b: 226)事態であり、子どもが実際の剝奪に気づくことができた時点のことである。子どもは、うつや解体の原因が内部ではなくて外部にあることがわかっていた。そのため、決定的な違いが生じるのである。というのも、子どもは、その後、「環境の新たな供給による治療」を捜し求めるのだから（1975: 313）。ウィニコットが剝奪と関連づけている特定の行動様式は、反社会的傾向である（もっとも、反社会的傾向が唯一のものであるはずはないのだが。しかし、彼はこのテーマに集中している。彼としてはこれが唯一のものであると思っているのだろうか？）。ウィニコットは、これは「**診断ではない**」（1975: 308）と強調している。反社会的傾向は、むしろ希望を抱くことができる時期の徴である。その時期、子ども（あるいは大人）は、誰かが自分の置かれた環境のマネージメントに対応する必要性があることに注意を引いているのである。反社会的傾向（ウィニコットによると、主要な例は盗みと破壊性の二つである）は、正常な個人にも、あるいは、神経症または精神病の人たちにも、見出されうる。とはいえ、混乱の元だが、彼は、別の文脈で、反社会的傾向を「これら二つ［神経症と精神病］のあいだ」（1965b: 138）にあるものとして分類している。精神神経症や精神病というほかのカテゴリーとは異なり、反社会的傾向は精神分析（や心理療法）ではなく、「育児の提供」によって治療されるべきである。「その育児の提供は、子どもによって再発見されうるものであり、そして、そのなかで子どもは再びイド衝動を試すことができるのである」（1975: 315）。

ウィニコットは、別の箇所で、次のようなまた異なる精神病理の特徴を探求している。たとえば、退行、躁的防衛、解離、解体、性格障害、攻撃性、など。加えて、落ち着きのなさや授乳をめぐる問題などのような特定の症候（1965b および 1975 にある種々の論文を参照のこと）。あれこれの臨床状況に対するウィニコットのアプローチには、いくつかの側面がある。それらについては、第３章でより詳細に説明する。

6　要約

ウィニコットの成熟過程と促進的環境という理論を見渡せば、子どもの成長と効果のある治療過程とのあいだに、そして親の役割とセラピストの役割とのあいだに、類似点を見出すことは難しくない。母親のごとく、セラピストは安全な境界を備えた空間を提供する。その空間のなかで、関係性への信頼を体験することが可能となる。治療時間中は、原初の母性的没頭がセラピストの心的姿勢ともなりうる（患者のなかにはこれを許容しない者もいるが）。患者が受け取り与えることができるものや患者が望むものに対して敏感に適応することは、同様に、このプロセスの必要不可欠な部分である。母親のごとく、セラピストは、徐々にではあるが、内的世界と外的世界が患者に侵襲し、それを患者が「少量ずつ」体験できるように取り計らう。その際、必要となれば行きすぎのないように保護するが、不可欠となれば接近を促すこともある。発達は患者のペースでしか起こりえないので、ここでもまた、母親のごとく、セラピストは自分の与えるものに気を配る。つまり、患者が自力で発見するほうがはるかによいのである。解釈は患者から生まれるべきである。患者が解釈を創造したと感じる必要がある。ウィニコットは、ある状況について次のように記述している。「このセッションで患者にこうしたつながりを与えるのは私の仕事ではなかった。というのも、患者は本質的に自力で物事を発見しようとしているからである。そして、そのような状況下で、時期尚早に解釈をしてしまうと、患者の創造性が壊滅してしまい、成熟過程に反するという意味で外傷となる」（1971a: 117）。

ウィニコットは、関連する問題を決して過小評価しないが、そこにはつねに希望に満ちあふれたメッセージがある。それは、ともかく病める患者のなかにあるだけではなく（彼は退行と反社会的傾向をそれ自体、希望の徴と見ている）、治療のもつ修正体験のなかにも存在するのだ。優れた技法によって、この事態が提供されるかもしれない。「分析において、患者は初めて他者から十全な注意を向けられるのかもしれない……あるいは初めて客観的でいられる人と接触しているのかもしれない」（1965b: 258）。それにもかかわらず、修正体験だけではまったく不十分であり、「多くはきわめて些細なことである」失敗のおかげで、患者はセラピストを憎むことができるようになり、もともとの環境の失敗を転移にもちこむことが可能となるのだ。すでに指摘したことだが、子どもや青年期の発達において親が生き残ることと同程度に、セラピストが生き残ることも重要である。「最終的には失敗することで成功する」（1965b: 258）としても、これもまた、子育てで不可避の事態とウィニコットが語るものと似ている。およそ確実とは思えないなんらかの理由で、私たちが失敗することにより、首尾よく患者の発達を助けることができるのだから、実際のところ修正体験とは相当に異なる例が示されていることになる。

セラピーのなかに移行対象となにか似たものがあるのかどうかという疑問は残るが、ある意味、セラピー自体がひとつの移行現象であるのかもしれない。セラピーを「可能性空間」それ自体としてすっかり認めてよいかどうかは疑わしいが、それが可能性空間の機会を提供するとしてもよいであろう。セラピーは、遊び、錯覚を創造し、脱錯覚を通じて現実の新たな知覚と現実への接近に移動する場を提供するのだ。とはいえ、同時に、セラピーがすっかり遊びというわけでもない、ということも確かだ。高度に緊迫した情動が感じられ表現されるときには、遊ぶことができないのは確実である。そして、（その純粋な意味での）遊びのイメージは、しばしば無慈悲であり退屈なときさえあるセラピーの現実が示唆するものと比べると、ずいぶんと詩的な空想であるされてしまうかもしれない。セラピーが首尾よく展開すると、なんらかの破壊が起こり、偽りの自己から解放され、迎合的ではなくなることでよりいっそう統合されたパーソナルな核が発達することになる。ウィニコット自身は、「患者のなかで、作業の主たる場を偽りの自己から本当の自己へと移行」させるために、「ほどよい適応」という課題をこなすことはさして「骨の折れること」ではない、という幻想を抱いてなどいない。「分析家は、結局のところ、患者の実母ではない」（1975: 298-299）。

ここに大きな違いがあるにもかかわらず、成熟を促進するという点で、母親の役割とセラピストの役割とのあいだには明らかな類似点がある。次章で、実践では心理療法家にして小児科医であるウィニコットについて、彼自身の経験やほかの人びとの経験から、より詳細に検討する。そのなかで、これらの点についていくらか明確になるだろう。

第3章

ウィニコットの主要な臨床的貢献

1　小児科医と精神分析家

ウィニコットの論文に触れると、理論を発展させた彼の貢献が、深く豊富な臨床経験に根ざしているとわかるだろう。『遊ぶことと現実』（1971a）の献辞に、「私に料金を支払い、教えてくれた患者たちに捧ぐ」とある。同書の序論で、ウィニコットは「私が理論を築き上げるとき、実際にすべての事柄の基礎となるのは……赤ん坊を直接、臨床観察することである」（1971a: xiii）と書いている。同じように、彼の論文集『小児医学から精神分析へ』の序文には、「私の臨床作業の過程において、自らに浮かび上がってきた考えを分析すること」（1975: ix）が自身の果たした貢献であると記している。ウィニコットの論文は膨大であるが、そのうち書籍として出版されたものはその生涯を通じ、わずか半数前後である。おそらく、こうした事態は、ウィニコットにとっての優先事項がどこにあるのかを示しているだろう。ウィニコットは、特定の出版物を準備する執筆業を大事にするのではなく、むしろ、自身の患者や弟子、同業者、そしてあらゆる業種の専門職が参加する会議への出席に専念していたのである。

ウィニコットの著述は、その文体の直接性のために生き生きしているのだが、相談面接の症例を惜しみなく提示していることも、そのゆえんであろう。ウィニコットについてなにか著した多くの人びとが、彼の莫大な量の経験、とりわけ子どもとの関わりに注目している。彼自身、病院という設定状況において、内科医および精神科医として、最初の二五年間で二万例もの病歴を自らの手でとったと述べている（1965a: 160n）。『ピグル』の編者の言によれば、四〇年以上にわたり、推定六万人の母子がウィニコットの診察を受けた（1980: xii）。さらに、ウィニコットは、個人心理療法を目的として、「数百」例と会ったと書いている（1965b: 115）。こうした経験によって、きわめて多くの素材が蓄積されて、生かされているのである。

しかし、ウィニコットが観察した素材が特殊であることを、こころに留めておく必要がある。ウィニコットは、母親と赤ん坊、子どもや青年について書くことに多くの時間を費やしている。また、退行した患者についても精力的に著しているが、退行患者に起こるのと同じような現象が、外傷的（でありポジティヴ）な乳幼児期の体験を生き抜いてきた大人にも明確に認められる。私たちは、その実践がどこまでウィニコットの働いていた文脈から切り離せるのか問わざるをえない。古典的な意味においては、治療というのはクライエントの「精神病的」要素よりも「神経症的」要素を扱うものとして定義される。しかし、（十分に吟味することなく）ウィニコットの書いている事柄がそのような治療の主要部分に必ず当てはまると想定してはならない。私たちが質すべき重要な疑問のひとつは次のようなものである。ウィニコットの技法の諸側面は、彼が扱わざるをえなかったようなこころをかき乱す深刻な状況にしか適応できないのだろうか？　あるいは、ウィニコットはカウンセリングや治療全般に関する新しい指標をも提示しているのか？　こうしたいっそうの極限状況にあって、そのような患者との臨床をおこなう準備ができたのは、ウィニコットをもってしても一時期に一人だけであったことを忘れずにいることは賢明である。リトルは次のように教えてくれている。「彼が言うには、患者たちはそのような状態［完全な退行］になるための「順番待ち」をしなければならないときもある、とのことだった。つまり、ある人がそれをワークスルーし、もはやそのようなやり方でドナルドを必要としなくなるまで、次の人は待つことになる」（Little, 1990: 47-48）。

これは、ウィニコットに倣いたくなる人たちへの注目すべき警告として受け取れる。しかしながら、本章で多く例示するように、ウィニコットは、ほとんどの場合、治療的相互作用において自発的で開かれており、さらには率直になることができたことも明らかである。精神分析という文脈において、そうしたやり方は、私たちに馴染みがほとんどないものなのである。

実践におけるウィニコット像をつくり上げていく際、私たちは幸運にも、彼の患者や同業者たちから直接の証言を得られる。ウィニコットの論文には自身の短い症例があり、ときには、より広範囲に及ぶ記述も認められる。マーガレット・リトルは六年にわたりつづいた彼との分析について、感動的に描いている。精神病的な素材に直面したときのウィニコットの流儀についておそらく完全に近い実態を知ることができるため、この記録はこの上ない資料となるであろう（Little, 1985, 1990、後者は前者の増補再版）。さらに幸運なことに、ガントリップによるウィニコットとの分析の報告も手に入る（Guntrip, 1975）。ガントリップは一人目のフェアベアンとの分析に引きつづき、二人目としてウィニコットに分析を受けている。ウィニコット自身も、さまざまなケース記録を書いては公表しており、そのなかには、処女作『小児期の障害に関する臨床的覚書』（1931）や、自ら準備した絶筆の一冊『子どもの治療相談面接』（1971b）がある。この両著作は、子どもや青年との臨床作業に関するものである。同様に、ウィニコットの死後に出版された『ピグル』（1980）は、少女との精神分析的治療の報告である。成人患者との分析についての十分な報告は、ウィニコット自身による「引きこもりと退行」（1975）という短い論文が初出である。同報告は、彼のケース記録から大幅に抜粋し増補したうえで、別の死後出版書『抱えることと解釈：精神分析治療の記録』（1989a）に収められている。

私がこれらの報告を引くのは、次の理由のためである。第一に、小児科医であり児童分析家であるウィニコットの仕事の重要な側面を考察するため。第二に、逆転移における憎しみを認めることがもつ重要性も含め、深く退行した患者に適応するウィニコットのスタイルを考察するため。第三に、障害の程度が軽い大人との治療からその特徴をいくつか探し出すため。スーパーヴァイザーとして、教師としての彼についても一瞥するが、その点については手短に触れるだけにしておく。ウィニコットがもつ別の専門領域、すなわち第二次世界大戦時の疎開や施設養育（1984）のような特殊な設定における子どもや青年との経験を無視するわけにはいかない。ただ、紙幅の都合上、これらの状況下における症例については一つ二つ取り上げるに留める。第5章で、ほかの援助職におけるウィニコットの影響を考察するのに合わせて、この専門性がもつ側面も詳述する。

2 子どもたちとの作業

マシュード・カーンは、一九四九年にパディントン・グリーン病院で初めてウィニコットに出会ったことを次のように記している。

> 五人の子どもたちがウィニコットを囲んでいた。子どもたちはみな、絵を描いているか、ウィニコットなら落書きとでも呼びそうなものを描いていた。そこには、ウィニコットと一緒に、子どもらの親たちもいた。ウィニコットは子どものあいだを移動し、それからある子どもの両親のもとへ向かい、彼らと話しては、また戻る、などというようなことをしていた。私は二時間、この状況に立ち会った。
>
> (Clancier and Kalmanovitch, 1987: xvi-xvii)

ジョン・デイヴィス教授は、パディントン・グリーン病院外来診療所のコンサルタント小児科医であったウィニコットとの最初の出会いを覚えている。その頃は、教授はまだ若手医師で、国民健康保険制度が実施される以前の時期であった。ウィニコットの方法は「私が見学してきたどの医師ともまったく異なっていた。ただ、もっと後になって、いわゆる第三世界で、ほとんど同じ方法で診療する同業者に出会うようになった」(Davis, 1993)(後で触れるが、一九四一年の論文にある設定について、ウィニコット自身の記述とこうした目撃談には相違がある。しかし、ウィニコットのやり方が、デイヴィスやカーンがウィニコットと初めて会う数年前から変化していたのかもしれない)。デイヴィスは、家族でひしめく広い待合所のなかを動き回るウィニコットの姿を生き生きと描写している。ウィニコットはそのような状況で患者を診ていた。現在ならどこの病院でも当たり前になっている個室での診察ではなかった。言うまでもなく、彼は目の前の患者に対応するのを第一としつつも、同時にほかの家族たちにも気を配ることができていた。

「ウィニコットは入念に病歴をとり、身体の診察も細部まで丁寧におこなった(彼は楽しんで患者に合わせていたし、そうすることが診断に役立つだけでなく、治療的であると考えていた)。それから申し分ない記録も書きつづった」(Davis, 1993)。このデイヴィスが括弧書きした部分は重要である。なぜなら、この文脈ではある意味、ウィニコットは父親的というよりもはるかに母親的に映るためである(そして、おそらくほかの文脈であっても、母親転移を引き起こすという理由で、そのように映るだろう)。当然のことではあるが、ウィニコットが子どもの患者に接することに喜びを感じていたからといって、それを一様に女性的な特徴として捉えるべきではないし、晩年までいわれていたように、男性が子どもに抱く喜びを病的なものと見なしてしまうような疑いのまなざしを向けるべきでもない。にもかかわらず、ウィニコットは「男性性」と同じくらい「女性性」も受け入れていた(そのような用語はふさわしくなく、疑問の余地は残る。ただ、彼がジェンダーに触れたほぼ唯一の著述〈1971a: 72-84〉を一読すれば、ウィニコットには女性性と男性性の両方が表れているという私の示唆は支持される)。ある人とのやりとりによれば、もし電話でウィニコットの声を聞いても、その声の調子からは、自分が話している相手は女性なのか男性なのか、確信できないとのことだった。私がこうして細部を盛り込むのは(また、第1章で触れたように、ウィニコット自身の分析中に生じたであろう重要な問題を再び取り上げるのは)、彼を分析するためではない。むしろ、彼がもつ非常に繊細な感覚（身体感覚を反映している部分もあるかもしれない？）に注意を向けてもらうためである。そうすることによって、ウィニコットが母親と赤ん坊の体験にいかに入り込めていたのかについてだけでも認識できるだろう。

ウィニコットの葬儀での追悼と賛辞のなかでも、（第1章で軽く触れた）ピーター・ティザード卿は、子どもと一緒にいるときのウィニコットは最も目覚ましい力を発揮していたと述べた。彼はウィニコットに関する逸話について詳しく語った。ウィニコットは、あるデンマーク人一家の下へ数年ぶり二度目の訪問をする予定になっていた。その家の子どもたちは、ウィニコットが自分たちといかに遊んでくれたのか、そして、自分たちの言葉を使ってどのように話していたのかを思い出しながら、再会を楽しみにしていた。ところが、ウィニコットはデンマーク語を一言も話せなかった。子どもたちにその記憶が間違っていることを納得させることは、父親にとって骨の折れることであったようだ（Tizard, 1971）。

ウィニコットがこのような作業に天賦の才能を有していたとすれば、子どもたちとの作業を「技法」と呼ぶことに懸念を若干抱いていたとしても不思議ではない。「類似した症例は二つとしてない。そして、正統な精神分析治療で起きる以上に、セラピストと患者とのあいだには、はるかに自由なやりとりがおこなわれている」（1971b: 1）。『子どもの治療相談面接』（1971b）の序に、この作業自体は精神分析ではないと思うと書いている。とはいえ、ウィニコットは、自身の仕事の基盤である児童精神医学に精神分析を応用することができると確信していた。一方、別のところでは、精神分析を用いた子どもの治療について著している（『ピグル』に登場する少女はその一例である）。ウィニコットは「[精神医学、心理療法、精神分析のあいだの]境界はかなり曖昧であり、厳密に線引きはできない」（1965b: 115）と述べており、セッションの形式を整えるよりも、転移や無意識を扱うことのほうに強い関心を抱いていた。

ウィニコットは技法という考えを好まなかった。そうだとしても、子どもとの臨床のなかで独自の方法を発展させ、遊びを通じて子どもとの関係性を育んだ（そこには、舌圧子ゲームやスクイグルのような特殊なタイプの遊びが含まれる）。また、遊びのおかげで、子どもをより深く理解する可能性が広がった。遊びはコミュニケーションの中心的な手段であった。ウィニコットがなによりもまず子どもたちに望んでいたのは、その経験を楽しむことであり、ある程度は「ゲームから意味を見出すこと」（1980: 175）も含まれていた。遊びの理論がもつ多種多様な特徴を、ウィニコットは「刺激的で不安定」（1971a: 51-52）とまとめている。

3　舌圧子ゲーム

すでに触れていることではあるが、ウィニコットは事細かに観察する才能に恵まれていた。このことについては、「設定状況における幼児の観察」（1975: 52-69、とくに断りのないかぎり、本節ではこの論文を引用する。同様の主題について記された1965b: 109-114も参照のこと）という論文に最もはっきりと書かれている。

「設定状況」はウィニコットのクリニックにある「かなり大きな部屋」のことである。そこが選ばれたのは、「母親と子どもが部屋の反対側にある入り口から、私のところに来るまでに時間がかかり、その間に多くのことを観察したりおこなったりできる」ためである。距離と空間のおかげで、ウィニコットは母子と顔を合わせる時間を確保できた。この論文に症例として登場するのは、五～一三カ月の子どもたちである。それ以降の月齢になると、この独自のゲームへの興味を保つことが難しくなる。

日頃からウィニコットは、光る金属製の舌圧子をテーブルの端に欠かさず置いていた。舌圧子が置かれるのは、子どもが手を伸ばせば十分届くくらいの位置どりであった。自分たちが一定時間「できるだけその状況に構わないことで、子どもの記録を正しく書き留めることができる」とウィニコットは母親に説明したかもしれない。ただ、母親たちはこれにどういう意味があるのかについて直感的に解すことも多かったようだ。ウィニコットは、子どもが同意や非難を示す表情や言葉によって左右されるのを嫌った。ウィニコットの陪席を希望する者は、状況がややこしくなるといけないので、この掟を受け入れるよう、ことのほか強く警告された。もちろん、（たとえば、舌圧子をつかみ取ろうとする子どもを目の前にして）母親自身が不安に感じたり、平気な顔を装ったりする場合もあったであろう。それらを通じて、ウィニコットは母親と赤ん坊の関係についての手がかりを得ることができた。

舌圧子は赤ん坊を魅了する。光り輝き、ことによると、テーブルの上に置かれた宝石でさえある。つづいて、ウィニコットが正常と説明する一連の出来事が起こる。当然、そこに偏差があるために赤ん坊に特有の心理的ポジションがわかるのであろう。ウィニコットがゲームのなかで運動的発達以上に関心を抱くのは、心理的発達である。第一段階、赤ん坊は舌圧子に触れ、それからじっと待つ。もしくは、手を引っ込める（特定の症例を記述する場合を除き、ウィニコットは男性名詞や男性代名詞を使用するのが常である）。そして、赤ん坊は母親とウィニコットに目を移し、自分がその対象に関心を抱いたことに対する反応をうかがう。ウィニコットはこれを「ためらいの時期」と呼ぶ。赤ん坊は固まっているというわけではないが、じっとしている。安心させるための言葉がけはないが、赤ん坊の関心は次第に舌圧子へと戻っていく。次に、「赤ん坊は、自分の感情を表すのに十分な勇気をもつようになる。すると、事態はきわめて急激に変化する」。第二段階、赤ん坊の口と舌に身体的な変化が起こり、よだれを垂らす。舌圧子を口のなかに入れ、歯茎でかむ。「期待してじっと待つのをやめ、いまや自信があふれてくる」。もはや、舌圧子は赤ん坊の所有物である。赤ん坊はあらんかぎり物音を立てながら、舌圧子を打ちつけることもあるだろう。あるいは、ウィニコットや母親の口に向けて舌圧子を運ぶかもしれない。そして、ウィニコットや母親が舌圧子で食べさせてもらうふりをすると、赤ん坊は喜ぶ。「間違いなく、彼は私たちと食べさせごっこで**遊び**たがっている。万一、私たちが愚かにもそれを口に入れて、遊び game としてのゲームを台無しにするならば、彼はまったく混乱してしまうのである」。

第三段階では、赤ん坊は「まるで誤ったかのように」舌圧子を落とす。それを拾って返すと、赤ん坊は喜び、もう一度落とす。このときは、舌圧子を誤って落としたという感じではない。そして、今度は、新たなゲームのなかで、わざとそれを落とすようになる。赤ん坊が舌圧子をもって床に降りるか、そのゲームに飽きたとき、この段階は終わる。

舌圧子ゲームのおかげで、子どもの心理状態と母子関係の両方に関する手がかりが得られる。その点において、舌圧子ゲームは部分的には診断ツールではあるといえるが、それ以上のものでもある。マデレーヌ・デイヴィスは、このゲームをウィニコットが医学モデルから精神分析モデルへ展開する過渡期のものとして理解している。そこでは「診断と治療は切り離して考えられない。なぜなら、結局、双方には自己を発見するという本質が含まれているからである」(Davis, 1993: 55)。論文のなかで、ウィニコットは舌圧子ゲームがもつ治療ツールとしての有効性について症例を三つ挙げている。治療ツールとしての舌圧子ゲームは、さまざまな形をもって健康的な突破がセッション内で生じることを可能にしたり、その事態を反映していたりするのである。たとえば、ある症例として、ウィニコットは九カ月の女の子の二週間にわたる病気について記載している。女の子には耳の痛みがあった。それにともなう二次的なこころの病いとして、食欲が落ち、家で物に触ることを一切やめてしまった。ウィニコットとの相談面接中、女の子は舌圧子を見ただけで、ひどく苦しみ、それを押しのけた。しかし、回復の最終段階では、舌圧子をつかみ、「人目を盗んで口に入れようとすること」ができ、それから「突然、彼女はそれをものともせず、まるまる自分の口に入れて、よだれを垂らした」。その変化につづいて、家庭内でも変化が生じた。彼女は、病気になる前と同じように、物に触れたり、口に入れたりするようになった。

舌圧子は、ウィニコットにとって（最初の論文集の書名のように）「小児医学から精神分析へ」至る移行対象の一種であるとするならば、子どもにとっても移行対象である。舌圧子は（母親と父親のどちらにより多く関連するかによるが）乳房やペニスの象徴となりえる。しかし、そのような伝統的な精神分析的解釈を超えて、ウィニコットは舌圧子が「母親の性質、すなわち、生き生きしていることや、食事時間の正確さ、信頼性、など」をも象徴していると示唆するに至る。舌圧子は部分対象だけでなく、全体対象としての他者を象徴している。とりわけ、赤ん坊と他者の関係性を象徴している。ここでの他者とは、外的世界に存在する客観的母親と主観的なこころのなかに存在する母親対応物、つまり内在化された母親の両方を意味する。それから、今度は父親と母親を象徴するという意味で、ゲームは母親とウィニコットの関係性についての赤ん坊の知覚をも反映することがある。（家庭内のほかのゲームはもちろんのこと）舌圧子ゲームを通して、「子どもは自身の内外にある事物や人物との関係を改めていくのである」。

4　スクイグル

もう少し年長の子どもたちとの相談面接のなかで（クリニックという舞台に戻るが）、ウィニコットはスクイグル・ゲームという別のゲームを生み出した。スクイグル・ゲームが詳述されているのは、二一カ月の子どもから一六歳の青年までを集めた一連の症例研究集『子どもの治療相談面接』（1971b）である。スクイグルが用いられた最年少は五歳の患者である。スクイグルの診断ツールや治療ツールとしての重要性からはいま一度離れよう。ウィニコットが両親との相互作用を用いていく様子は、症例記載のなかでもとくに価値のある部分である。なかでも「アルフレッド」の症例において、スクイグル・ゲームやその利用法、また、親面接をいかにうまく治療に組み込むかについてわかりやすくまとめられている。とくに断りのないかぎり、本節はすべてこの症例（1971b: 110-126）からの引用である。

この事例でウィニコットは、二人のあいだにあるテーブルの上へと紙を持ち出している。そしてアルフレッドにウィニコットはあるゲームを提案する。そのゲームでは、まずはウィニコットがスクイグル（一筆書きで自由に流れるような線）を紙に描く。子どもはその線をなにかに変えることができる。それを受けて子どもがスクイグルを描き、ウィニコットがそれを「なにかに変える。そんな風にゲームは進んでいく。このゲームに特別なルールなどない」。

アルフレッドは一〇歳の少年であった。ウィニコットが会ったのはたった一度きりであり、その後の取り決めに応じて母親とも会うことにした。アルフレッドは吃音を理由にウィニコットの下へ連れてこられた。一度の面談を経て、その吃音は治癒されたわけではない。ただ、その背景はスクイグル・ゲームにより解き明かされた。ウィニコットがアルフレッドとの面接に使える時間はわずか七〇分であり、そのことについては母親にあらかじめ承諾を得ていた。面接の最初のほうで、ウィニコットがアルフレッドの父親やその仕事について尋ねると、アルフレッドは吃り出した。そこで、ウィニコットは描画に切り替えた。すると、残りの時間に吃音が出ることはほとんどなかった。

ウィニコットの最初のスクイグルをアルフレッドは顔にした。「彼が少し慎重に作業にとりかかっているあいだ、**息を吐くたびに同時に少しふんばる**ことに私は気づいた。……最後に、私はこのことについて話し合い、これが重要な意味をもつ特徴であることがわかった」（強調はウィニコットによる）。アルフレッドのスクイグルをウィニコットは男性の蝶ネクタイに変えた。ウィニコットの二つ目のスクイグルをアルフレッドは二個の風船にして、「こうするのが、やっとだよ」と言った。その様子は、まるで自分がそれ以上のことを期待されていると言わんばかりだった。しかし、このことの重要性については、まだはっきりとしていなかった。スクイグルを二、三回ずつ繰り返したところで、アルフレッドはもっと和らいだ雰囲気になり、自分が描いた三つ目のスクイグルをウィニコットが道路標識に変えたことで「とても喜んだ」。道路標識は「ある種の超自我シンボル」であった。セラピストは相手のスクイグルを、意図をもって変えるのではなく、線画を目にして浮かぶものにひたすら委ねて変えるものである、とウィニコットは述べている。セラピストというものは、この若い患者のように、無意識の導きに従えばよいのである。

ウィニコットの説明にあるように、このゲームのひとつの目的は、子どもを和ませ、その空想や夢に触れることにある。ウィニコットが夢について話し始めると、少年は興奮した。アルフレッドは（普段は左利きであるにもかかわらず）右手でスクイグルを描いた。それをウィニコットは魔女に変えた。するとアルフレッドは魔女の夢について語ったのだが、その数分後、ウィニコットは自分の影響ではないかと思えて、動揺した。しかし、アルフレッドにそんな様子はなかったので、安心した。それから、描画と夢の話がつづいた。アルフレッドは過去の出来事についても語った。それは彼が六歳半の頃、魔女の夢を見たときのことであった。この頃、父親が新しい仕事に就いたため、家族は引っ越した。ウィニコットが、アルフレッドには「呼吸するときに緊張があり……呼吸と同時にふんばること」が見られるとも伝えると、アルフレッドはそれを認めた。そして、「一生懸命にやること」やしゃべることには努力が必要であるという別の例を挙げながら、自分の吃音について語り出した。彼は学校でも一生懸命がんばりつづけていた。「私たちは、ここで、互いに通じる言葉遣いを探し出すためにかなりの時間を費やした」ものの、ウィニコットはこのことを大便の排泄行為と結びつけた。「「糞をする shit」という言い方はもってのほかであった。ついに私たちは家族が使っている言葉である「お手洗いに行く」という言葉にたどり着いた」。アルフレッドは、一生懸命になるのはやめたいと言った。それから、スクイグルを描き、自分でそれを革ひもの巻きついたヴァイオリンケースを持った男性へと変えた。彼の父親はヴァイオリン演奏者であった。

面接時間は終わり、ウィニコットはアルフレッドの母親に会った。「六歳半のときの彼に起こったことについて、私たちがとりかからねばならないのは確かでしょう」とウィニコットが伝えると、母親は「その頃、父親が精神的に参っていたことについて、あの子は先生にお話しましたか？　ご存知のとおり、父親の新しい仕事はとても大変でした。でも、彼は成果を得ようと、取り憑かれたように大変な努力をしていました」と語った。ウィニコットにはあと三分残されていたので、もう一度アルフレッドに会うことにした。そして、ちょうど先ほど母親と交わした会話について彼に伝えた。父親が精神的に参っていたことを覚えているのかとウィニコットから尋ねられると、アルフレッドは驚き、すっかり忘れていた、と返した。しかし、彼は「とても安心した」ようにも見えた。ウィニコットは、「君はこれまでずっと、がんばる必要のないときまで一生懸命がんばりつづけてきたね。それに、君は私に言ったね。一生懸命にやろうと思わなければ、物事はうまくいくのだ、と。君はお父さんのために一生懸命にがんばってきたのだね。そして、仕事のことで悩んでいるお父さんを助けようと、いまもがんばりつづけている……ふんばったり、一生懸命になることが、君のやろうとすることや話そうとすること全部の邪魔をしてしまう。それで、君は吃ってしまうのだね」と言った。

この症例研究の冒頭でウィニコットは、この治療相談により吃音は疑いなく緩和されたが、治癒には至らなかったと明記している。面接の二カ月後、ウィニコットはアルフレッドの母親と一時間ほど会った。そして、アルフレッドが発達上の肛門期で示した強迫行為について、より多くのことをウィニコットは知りえた。そんなとき、母親は落ち着くように彼に何度も伝えていたようだ。しかし、父親がうつ病で入院すると、吃音が始まったのだった。母親はアルフレッドの改善について報告した。アルフレッドは面接にうまい具合に反応したと母親は言った。彼は帰り道、パパが病気だったときのことをすっかり忘れていたよ、と母親に話した。それから二、三週間後、アルフレッドはウィニコットについて触れ、「あの先生はドンピシャリだったね」と言った。でも、「実のところ、よくなり始めたのは、私が先生にお会いできる日時を知ったときからでした」と、相談面接の一週間前から彼が改善し始めていたことについても母親は報告した。ウィニコットは、「母親や父親が、どうしようもない困惑状態から希望を見出していくことに応じて、症状が改善されるというのは、よくあることである」と論じている。『子どもの治療相談面接』にあるほかの症例研究のなかでも、子どもと並行して両親とも作業することの重要性について説明している。たとえば、ある症例では、母親を支援することで、母子というつがいにおいて病者の役割を果たしていたのは〔娘でなく〕母親自身だったという真実を受け入れてもらうことができた。その結果、母親は娘を病者として利用することをやめた（症例ⅩⅧ、Ｘ夫人）。ピグル（次節参照）はより広範囲にわたる症例研究であるが、なぜかそこでは、ピグルの母親の語る同胞間競争をめぐる不安や問題と、ピグルが呈している問題とを関連づけて記録してはいない。病院臨床での症例と同じように、ピグルの場合も、ウィニコットは両親と接触しているが（同席面接の場合もあれば個別面接の場合もある）、そのやり方は彼の以前のスーパーヴァイザーであるメラニー・クラインとは明らかに異なる。クラインの技法では、相談面接に両親を関与させず、両親を外的対象というよりもむしろ重要な内的対象であると考えるため、治療そのものからも排除してしまうのが実際である。

両親の問題が子どもに影響を及ぼした結果、子どもが親の代わりにその病理を抱えてしまう事態が生じるということをも、ウィニコットはアルフレッドの症例で明らかにしている。この事態こそ、母親や、加えて父親とも会うことが欠かせない理由ともなるのである。意義深いことに、終始一貫アルフレッドが自分自身で創造した最後のスクイグルは、子どもの症状がいかに他者の懸念を反映しうるのかということを如実に示している。それはまるで、父親と革ひもに巻きつかれたヴァイオリンというスクイグルを通して、父親は音楽への関心を発展させることができなかったとアルフレッドが語っているようである。もし、アルフレッドがその革ひもをほどくことができれば、父親は創造的になり、もっと深いところにある自己に触れることができるようになるのかもしれない。もし、父親がより幸福になれば、アルフレッドはふんばって息むことをやめられるかもしれない。この時点で、ウィニコットはすべてを悟ったわけではなかったが、後からその意味を理解した。実際、そのおかげで「アルフレッドは父親が病気であった記憶を取り戻し、相当の効果を上げた」。加えて、七年後のフォローアップで、アルフレッドがとてもバランスのとれた若者になっていたことが示されたが、ウィニコットは自身が果たした役割について現実的に捉えている。「もちろん、一回の面接でこれだけのことを生み出したと主張するつもりはない。アルフレッドの成長過程と家族の供給やマネージメントが組み合わさった結果である。彼が私に会いに来たときは、彼は助けを求めていて、ついに彼はそれを得たのである」。

小児科クリニックから提供する最後の症例でウィニコットは、両親に課した重要な役割について、さらに説明している。「自分たちは治療で必要なすべての事柄を絶対に扱えるわけではない、という事実を心理療法家がきちんとこころに留めておくならば、両親を活用できる場合、心理療法家や両親は一切の無駄なく作業できる」(1965b: 157)。「紐：コミュニケーションの一技法」(1965b: 153-157) という論文で、ウィニコットは七歳の少年との面接を記録している。その少年は、物をなめたり、喉を鳴らしたりする強迫行為、また排便をめぐる問題といった一連の症状のために受診していた。両親によると、彼は三歳のとき、たびたび母親との分離を経験しなければならなかったようだ。というのも、当時、母親は妊娠していた。さらには、手術を受けるために入院が必要になったり、うつ病のために精神科へ入院したりすることもあった。少年とスクイグル・ゲームをおこなうなかで、ウィニコットは自分が描いたスクイグルが、ほぼ毎回、紐に関係するものに変換されることに気づいた。たとえば、投げ縄、鞭、ヨーヨーの紐、結び目のある紐、などである。ウィニコットは両親に、彼が紐に夢中になっていることがないかと尋ねた。両親は、少年が紐のことで頭がいっぱいになっていることを認めた。彼は家具を紐でつないだり、最近では妹の首を紐で縛ったりしていた。

ウィニコットが利用できる機会は限られていた。というのも、遠距離を理由に六カ月に一度しか受診できないことについて、ウィニコットは了承していたのだ。そのため、ウィニコットは少年の母親に、あなたの息子は分離を恐れて心配しており、紐を使うことによって、その恐怖を否認しようとしている、と説明した。母親はこの説明に懐疑的であった。しかし、ウィニコットは、折をみて彼にその話題を切り出し、「私が言ったことを息子さんに知らせてください。それから、彼の反応に合わせて分離のテーマを膨らませてください」(1965b: 154-155) と母親に求めた。

六カ月後、ウィニコットは再びその家族に会った。母親はくだらないと思いつつも、息子に分離のテーマについて打ち明けたようだ。そして、少年が母親との関係について話したがっていることを知った。これらの会話の後に紐遊びはやんだ。紐遊びはいろいろな状況で再開したものの、その遊びは決まって分離の恐怖と結びついており、その心配が言葉にされるとピタリとやんだ。また、（数年後の）別の機会に、父親は、庭でまるで死んでいるかのようにロープで逆さ吊りになっている息子に気づいた。「父親は気づいてはいけないと悟り」（1965b: 156）、近くに居つつも、息子がそのゲームに飽きてやめるまで、三〇分間、別の仕事をしつづけた。ウィニコットいわく、「このことを通じて、少年は父親に不安がないかどうかを大いに試していたのである」。この表現は、患者が奇怪に振る舞うときに、ソーシャルワーカーは罪責感に打ちのめされたり怖がったりしないようにすべきであるというウィニコットの助言を思い起こさせる。「状況をひとつに抱えることができれば、危機は自ずと解決されるであろう」（1965b: 229）。この症例において、ウィニコットは、「手遅れになる寸前、すなわち紐の使用にまだ希望が残っているあいだに」（1965b: 157）母親が息子の紐の使用に対応できるように援助したと思っていた。しかし、ウィニコットはそれでも、没頭が倒錯に変わることもありうると示唆している。

ウィニコットの小児科医や児童分析家としての創造性は、舌圧子やスクイグル、そして、最後の症例に見られたような紐についてのイメージを使用する際の創意工夫のなかに垣間見られる。このような独創的な治療態度をもつのは、なにもウィニコットだけではない。ホブソン（Hobson, 1985: 10-15）も同じように、波線から始まり描き上げられていった描画群を用いている。ホブソンの場合は、コミュニケーションが起こらないという行き詰まりを打破するためにそれを用いている。そして、彼も「遊び」や「空間」といった用語を使って患者との相互作用を描き出している。しかし、ホブソンの対話療法をめぐる書物に収録されている描画は、ウィニコットの例と似ているようだが、ホブソン（1985: 283）は、当時、ウィニコットがスクイグルを使用していたことを知らなかったと注釈をつけている。ウィニコットは、コミュニケーションに対してシンプルだが事態を明らかにするアプローチを用いることができるが、その能力はホブソンの次の記述に見事に例証されている。「心理療法家は多種多様な「言語ゲーム」を遊べるようになる必要がある」(1985: 15)。

5　ピグル

ウィニコットが技法を適応した結果、子どもとの分析が一定間隔でおこなわれる場合もあれば、オンデマンドでおこなわれる場合もあった。つまり、相談面接が一回きりの場合もあれば、頻回に及ぶ場合もあった。たとえば、ピグルの症例では、三〇カ月以上かけて一六回の相談面接がもたれた。こうした柔軟性は、初見のときに感じるほどには、分析技法から逸脱しているものではないだろう。というのも、ウィニコットは、子どもの場合、オンデマンドか毎日かのどちらかで会うように求め、「週一回の治療に……価値があるのかどうかは疑わしい」(1980: 3)と述べている。ウィニコットの説明では、分析それ自体が成果を上げ始めるにつれて正常な発達プロセスが取って代わっていくので、子どもが完全に分析されることなどありえない。当初に見られる改善が分析に由来している場合もあろう。しかし早晩、「臨床上の改善と情緒発達の区別、つまり、治療でなされた作業といまや解き放たれた成熟過程との区別は難しくなる」(1980: 2)。発達過程からすれば、治療はメリットとデメリットをはらむため、介入はほとんど最小限に控える必要がある。「家庭というものは、情緒的な緊張や、情緒発達の一時的な停止を示す子どもの臨床状態、あるいは発達の現状そのものにすら、持ち堪えて対処する力を備えている。事実、子どもの治療はそのような大変価値ある家庭の能力というものを阻害する可能性がある」(1980: 2)。

一九六四年、ガブリエル(「ピグル」は両親による愛称)が二歳四カ月だった頃、両親は初めてウィニコットと連絡をとった。その一家はロンドン圏外で暮らしていたので、ウィニコットがガブリエルと定期的な分析をもつことは不可能であった。代わりに、面接は「オンデマンド」、実際には一、二カ月に一度の頻度でおこなわれた。ガブリエルがウィニコットに会いたがっていることをなんらかの形(彼女が求めるか、症状を通してかのいずれか)

で示したときに、セッションがもたれた。ガブリエルの両親は専門職であり、分析についてもそれなりに理解していた。両親は、注意深くきめ細やかにガブリエルの話を聴いたり、見守ったりしていた。また、セッションとセッションのあいだに、ウィニコットと定期的に連絡をとり合ってもいた。ピグルには完全な分析 full analysis が検討されていたことは明らかであるが、ロンドンへ転居する余裕はなかった。一度ならず、ウィニコットは転居を勧めたこともあった。しかし、これは、教え子の一人が症例を求めていたという事情からなされた提案であった。ウィニコットも認めていることだが、この提案に戸惑っている彼自身もいた。全部で一六回の相談面接が二年半以上かけておこなわれた。「セッションが「オンデマンド」でおこなわれたという事実と、ガブリエルが分析を受けつづけたという事実に矛盾はない」（1980: 73n）。

妹が生まれると、二一カ月だったガブリエルは派手に反応した。ガブリエルは黒ママと黒パパをめぐる、恐怖心と空想を発展させた。黒ママはガブリエルのお腹に住んでいて、よく病気になっていた。ガブリエルは独自のアイデンティティをもっていないように映った。彼女は赤ん坊であったり、ママであったりした。その空想の一部には「ババカー」（新しい赤ん坊の名前）や黒ピグルが含まれていた。夜中になかなか寝つけないことや、母親の乳房をめぐる不安、退行して母親のおっぱいを吸いたがることが行動として示されていた。ウィニコットが言うように、ガブリエルの「考え事と心配事」はおそらく「かなり多くの子どもたち」に珍しくはないものであり、新生児[*26]によって押し出されることと関係しているのは明らかである。とは言うものの、両親の発言からは、必要以上に彼らが不安になっていた印象を受ける。実際、母親は、ウィニコットに宛てた最初の手紙のなかで、第二子を授かり「ピグルに大きな変化」（1980: 6）が起こる以前から、子ども同士の年齢差について夫婦が不安を抱いていたことを示している。先述のように、少なくともウィニコットの記録に関するかぎりでは、こうした不安はガ

＊26　原語 arrival には ar「加わる」rival「競争者」という意味が読み取れて興味深い。

ブリエルとの作業では生かされていない。母親が、(一二回目の相談面接後、ウィニコット宛ての手紙のなかで)第二子の出生時、自身も極度の不安を抱いていたと打ち明け、加えて、かつて母親も自分に弟ができたときに大きな憤りを感じたと吐露したにもかかわらず、そのことは取り扱われていないのである。しかも、妹が生まれたときのガブリエルは、自身に弟が生まれた当時の母親とほぼ同年齢であった(1980: 161)。

ウィニコットは両親に次のように伝えている。ガブリエルの心配事は「普通の子どもであったらそんなに言葉にするものではありません。それに、ピグルの場合、このことは、あなた方お二人が幼少期の事情にとりわけ意識を向け、子どもの頃の疑問に寛容であることととても関係しています」(1980: 74-75)。ウィニコットが母親とおこなったのは、もっぱら、生来の成熟過程を促すような作業であった。五回目の相談面接の後、母親宛ての手紙に、「ときどき私のところに来て、物事が少し進展するのを手伝いながら、自然な回復を待つという観点から考えたほうがずっとよいのです。ピグルはご存知のとおり、とても面白いお子さんです。ひょっとすると、あなたは彼女にあまり面白くあってほしくないのかもしれませんが、彼女はそうなのです。そして私は、彼女が間もなくごく普通の状態に落ち着くであろうと思っています」(1980: 74)としたためた。

ピグルとの相談面接のケース記録を読めば、ウィニコットの臨床作法や考え方がよくわかる。遊びがその中心的アプローチであることは明らかである。ウィニコットは二回目の相談面接で見せたピグルの「顔遊び」について記している。「彼女が舌をぐるりと動かしたので、私も真似をした。さらに私たちは、空腹や味わうこと、口で音をたてること、そして口唇がもつ官能性一般についてもやりとりした」(1980: 25)。ウィニコットの促しのおかげでピグルは、自分が持ってきたおもちゃや人形で遊ぶことができるようになり、ウィニコットはピグルと父親の遊び(「彼女はパパのところへ行き、彼を使い始めた。私が父親を隠していたカーテンを開けたので、彼はますますおもちゃ状況の一部と化した」)を観察した(1980: 43)。遊びはピグルが状況をコントロールするための手段となり、「結果として彼女は、そのなかにいる、というよりむしろ、その状況を遊んでいた」。私たちから見れば、ウィニコットも遊んでいるようであり、そこには演技 play-acting も含まれている。第一に、ウィニコットがガブリエルになることで、彼女が感じているような事柄を表現している。第二に、ウィニコットはガブリエルから彼女の内的世界の投影を受けているので、その内界投影の的となっていることに言及している。第三に、ガブリエルが黒ママとして空想し、黒ピグルのように同一化している悪い母親になる遊びをしている。

二回目のコンサルテーションに第一の遊びを示す一例がある。

私　：赤ちゃんは私一人だけでいい。全部のおもちゃが欲しいよ。
ピグル：おもちゃ、全部、持ってるじゃないの。
私　：うん。でも、赤ちゃんは一人だけでいい。ほかの赤ちゃんはいらないんだ。……赤ちゃんは私一人だけでいい。［声色を変えて］僕はご機嫌ななめかな？
ピグル：そうね。（1980: 29）

ここで、ウィニコットは大きな音をたておもちゃをひっくり返し、赤ちゃんは私だけでいい、と力をこめて繰り返した。このことに、ガブリエルは喜んだようでもあり、少し怖かったようでもあった。その直後に、ゲームのなかで、彼女は「私も赤ちゃんでいたいの」と言った。ウィニコットは三回目の相談面接でも同様の役割（すなわちガブリエル）を演じ、彼女に「私はパパから赤ちゃんをもらいたかったんだ」と伝えた。すると、ガブリエルはそれに反応して、父親に「ウィニコットに赤ちゃんをあげてくれる？」と言った。同セッションの後半では、別の例が見られた。そこでガブリエルは、ウィニコットに自身を投影し、「ウィニコットになってちょうだい。パパが世話してくれるわよ。そうよね？　パパ。私がドアを閉めれば、ウィニコットは怖がらなくて済むわ」（1980: 44-45）と語っている。演技の第三のタイプが認められるのは、ウィニコットがガブリエルに「いま、ウィニコットが黒ママなんだね。そして、ウィニコットはピグルを追い払おうとしているんだ」(1980: 61) と伝えるときである。このとき、ウィニコットは部分的に母親の役割をとっている。実際には、この最後の発言は、四回目のセッションが終わる寸前に投げられた。そして、ウィニコットは（読者に向けて）次のようにコメントした。「私は、パパの小さな女の子でありたくて、ガブリエルに嫉妬している黒くて怒っているママの状態に留まった。同時に私は、母親と一緒にいる新しい赤ん坊に嫉妬しているガブリエルでもあった」(1980: 61、強調はウィニコットによる)。

ガブリエルに話しかけるときに、たえずウィニコットが三人称の形で名乗っていることに注目してほしい。彼にとって名前が重要であることは明らかである。なぜなら、ウィニコットは、どの時点でピグルとは呼ばずに本名を使用するべきなのかについて熟慮しているからである。私と私ではないことをめぐるテーマが治療にもちこまれるなかで、ガブリエルが自身のアイデンティティを見出す方向へと移行できるようにウィニコットはぴったり合わせていきたいと感じ、ガブリエルは母親に対して、ウィニコットがその時点というものを正確につかんでいるのだと明言している (1980: 84)。六回目の相談面接で、ウィニコットは彼女の名前を用いて、二人のあいだの区別を明瞭化している。「ガブリエルとウィニコットは友達になるんだ。それでも、ガブリエルはガブリエルでウィニコットはウィニコットだね」(1980: 78)。一三回目のセッションにおいても、とても意義深い瞬間が訪れる。ガブリエルが初めて、ウィニコットさん、と呼びかけたのである。ウィニコットはそのことを取り上げ、「あなたは修理屋さんになれるね。だから、もう修理屋さんの私は必要ないんだ。だから、私はウィニコットさんなのだね」(1980: 166) と伝えている。これは、治療が終結に向かうときになされる、かなり型にはまった解釈である。このときの二人のあいだのコミュニケーションは、対話型の「大人びた」色合いがよりいっそう強くなっている。実際、最後から二番目のセッションで、終結の準備をしつつ、ウィニコットはガブリエルに対してその状況の本質を強調している。「そうだね、私はお医者さんだし、私はスーザン（彼女の妹である赤ん坊）のお医者さんにもなれる。でもあなたが創り出したウィニコットは、永遠に用済みだね」(1980: 190)。

ウィニコットはなにをしたのか。それは、遊ばれる対象として、相談室に備えられたおもちゃに加えて、自分自身も提供したということである。彼自身が移行対象であった。ガブリエルはその場に来ていた親を遊びの対象や遊びのアシスタントとしてよく使用するのだが、そのこともウィニコットは許容している。そのおかげで、ガブリエルは身体を使って空想を演じる act out ことができている。たとえば、父親の手助けにより、ガブリエルは父の両脚のあいだから「生まれ」出る体験が可能となっている。一三回目のセッションでの解説でウィニコットは、ゲームからなんらかの意味を得ようとするならば、なによりもまず、子どもがゲームを遊び楽しむことが必要であると書いている。「原則として、子どもが楽しみをしっかりと味わえるようになって初めて、分析家は遊びの内容を解釈のために用いることができるようになるのである」(1980: 175)。

セッションを通じた（一時的な後退が認められることもあったが）確実な進展がある。そして、ガブリエル自身の発達と軌を一にして、ウィニコット自身の反応も移り変わっている。次のセッションまでのあいだにガブリエルが自然な成熟過程を経験していくにつれて、ある程度、彼女の示す変化はますます際立ったものとなっている。もっとも、両親の報告によれば、少女に著しい変化が生じるのは、ほとんどがセッション直後とのことである。初めのうち、ウィニコットの会話は、ガブリエルの退行状態を反映しており、私たちから見れば象徴的であるのは疑いないことだが、それは隠喩的というよりはむしろ文字どおりのものであり、解釈と呼べる代物ではない。三回目のセッションの記録に、ウィニコットは次のように書いている。「彼女がまだ私に手がかりを与えることができていない物事を私が**理解**していないことの重要性。彼女だけが答えを知っている。彼女が恐怖の意味を理解することができれば、彼女は私にもそれを理解させることができるだろう」(1980: 48、強調はウィニコットによる)。ウィニコットは、ガブリエルが使うものを反映させつつ、注意深く言葉を選んでいる。ピグルの言葉である「おっぱい yams」ではなく、「乳房 breasts」を使ったことは過ちだったと認める場面もある。後になってから、子ども自身の時機において、二人の会話が内省的で解釈的になっていくものである。たとえば、四回目のセッションで、「私は、ガブリエルがパパを独り占めしたくなると、ママが黒くなる、そしてそれは怒りを意味している、というかなり明確な解釈をした」(1980: 60) というようにウィニコットは記述している。このセッションの後で、ガブリエルは退行から抜け出し、よりいっそう成長した女の子になる兆しを見せた、とも記録している。その時期には、強迫的に遊ぶことよりも、遊ぶこと自体の楽しさが際立っていた。このことは、遊びを心底楽しめるようになって初めて解釈を用いることができるようになるというウィニコットの見解を裏づけているだろう。一二回目のセッションでは、自分がどのように「解釈に取り組み始めた」(1980: 155) かについて書かれている。また、必ずしもウィニコットが自分のものになるとは限らないことへの怒りなど、かなり多くの解釈めいたものをウィニコットは伝えている。

ここで、私は実際に伝えられた解釈について取り上げよう。この症例全体を通してみれば、ウィニコットの記録には、素材を精神分析（とくにクライン派）的に解釈しているのではないかとほのめかす表現があることは確かである。たとえば、ウィニコットは、性交と誕生についてのガブリエルの空想、口唇的・肛門的・性的サディズムの兆候、尿道エロティシズムと陰核興奮、部分対象などについて簡潔に触れている。ウィニコットは、六回目の相談面接中に彼女が電車の車両をつなげたときに、自分が数例の解釈でどれほど遊んでいるのかを示している。また、（クラインの手法とは異なり）友達づくりに関するガブリエルなりの解釈が、子づくりに関するウィニコットの示唆よりも優先的に受け入れられている。ウィニコットが理解をガブリエルに伝えていようが、自分の胸のうちにしまっていようが、その解釈が二人の関係性がもつ重要性を覆い隠すというようなことは断じてない。それは、専門用語や理論概念の当てはめとは無縁であるという点で傑出している。

治療は、自然な成熟過程を（滞りがあれば）促進する条件を供給していくものである。一三回目のセッションで、ウィニコットはガブリエルに対して担っている種々の役割を（彼女と一緒に）列挙している。「修理をするウィニコットと料理をするウィニコット……教えるウィニコット……遊ぶウィニコット」(1980: 174-175)、それからガブリエルは、セッション後に片付けをしなければならないウィニコットを付け加えている。治療過程でセラピストが果たすべき役割をめぐる慎み深くも本質的な見解は、先述のアルフレッドの症例や施設養育のような異なる状況においても当てはまるのである。ここで再度述べるが、治療の供給とは、相談室のなかだけに留まるものではない。家族もまた治療を供給する。あるいは、第1章で引用したウィニコットの講義「治療としての在宅ケア」にあるように、戦時中に疎開できなかった人びとのために簡易宿泊所を巡回していた精神科医ウィニコットは、次のことをすぐに悟った。「治療はなされていた。壁と屋根によって。レンガの的を備えるガラスの温室によって。ばかでかい浴場によって。……料理人によって。食事がテーブルに用意される規則性によって。十分にあたたかく、おそらく暖色のベッドカバーによって」(1984: 221)。

6　抱えることと包容 (holding and containment)[*27]

ご想像のように、ウィニコットの大人との治療作業は、幼少期経験への理解と子どもの心理療法家としての仕事に密接に結びついている。子どもとの治療において、ウィニコットは生来の発達過程が生じる手立てを提供することが自身の役割であると考えている。その一方、すでに大人となっている患者の場合、事情が異なる。成人患者の幼少期の発達過程は平穏無事とはいかず、結果として「偽りの自己」として知られる適応が選ばれてしまうこともあるだろう(本書九〇－九二ページ参照)。ウィニコットは、多くの一般人が「破綻」として経験する事態を潜

＊27　holding はウィニコットの、containment はビオンの用語。両術語はほぼ同じ事態を指し示しているが、あえて区別しようとすれば、holding は情緒的な側面を、containing は認知的な側面を強調しているといえる。本訳書では、containment や containing を「包容」や「包み込むこと」などと訳したが、場合によってはカタカナを採用した。

在的に健康なサインと見なしている。というのも、「リアルな感覚に基づき、再び存在を確立するために」（1965b: 225）、資源を用いる能力とその機会が一人の個人に備わっていることが、ここからほのめかされるためである。

精神分析設定内での退行の諸側面をめぐる論文（1975: 278-294）で、ウィニコットは分析症例を三つにカテゴリー分けしている。その観察によると、分析家は、自分が治療を引き受ける人びとを注意深く（かなり適切に）選ぶことで、「通常は……人が自然にもち合わせているものを超えたところまで私たちを導くに違いない人間性の諸側面と出会わないようにしている」（1975: 278）のである。第一の最も一般的な患者群は、「全体的人格として機能しており、彼らの困難は対人関係の領域にある」（1975: 278）。こうした患者に用いる技法としては、古典的な精神分析がふさわしい。第二の患者群は「（どうにかこうにか）パーソナリティの全体性を保つことが当たり前と考えられるようになり始めている」（1975: 279）ような人びとである。このような患者との分析では、愛と憎しみがひとまとまりとなる（クライン派なら「抑うつポジション」とよぶ）ような、全体性の確立に関わる出来事を取り扱うことを避けられない。「これらの患者には、気分の分析が必要となる」（1975: 279）。技法は最初のカテゴリーで用いるものと大きく違わないが、取り組むべき素材の範囲が広がるために、新たにマネージメントという問題が生じることもあろう。「ここで私たちの見地から重要なのは、力動的要因として**分析家が生き残ること**という考えである」（1975: 279，強調はウィニコットによる）。第三の患者群は、パーソナリティの全体性が確立される以前の、ならびに、時空間や状況の識別を果たす以前の、情緒発達の最早期段階を分析で扱うことが必須となる。「こうした患者では間違いなくマネージメントに重点が置かれる。そして、ときに通常の分析作業を長期にわたり中断し、マネージメントがそのすべてとならざるをえない」（1975: 279）。

ウィニコットの論文はその大部分が、この第三群の患者との作業をめぐるものである。実際のところ、さまざまに（ウィニコットの定義を用いれば）「退行した」患者の分析こそが、ウィニコットの最も独創的な貢献といえるのではないだろうか。こうした寄与は、「技法」をめぐる種々の論文で示されている。ウィニコット自身が、技法と治療は違うと述べている以上、必ずしも「技法」は適切な用語とはいえない。「限られた技法の範囲で治療を成し遂げることができるかもしれない。さらに、高度に発展した技法をもってしても治療が成し遂げられないということもありうる」（1975: 279）。もちろん、古典的精神分析技法はすでに研究しつくされており、新たに追加すべきことがほとんどなかった。ウィニコットは、第二、第三のカテゴリーに属する患者への治療とマネージメントにおいて出色の貢献を果たした。早期の環境失敗や損傷に由来してかなり特異的に表現されている状態、つまり反社会的行動を呈する人たちとの作業についても、ウィニコットは別の箇所で著している。しかしここで専心したいのは、ウィニコットがおこなった識別である。つまり、外的に破壊性を露わにする人びとではなく、内的な混沌状態にある人びととの臨床に求められる特徴とはなんなのだろうか。

ウィニコットのいう「退行」は、巷に流布しているような幼児的な振る舞いが見られるようになることだけを指しているわけではない。ウィニコットはむしろ、退行を「前進の反対」、あるいは「偽りの自己の存在を含む、高度に組織化された自我防衛機制」（1975: 281）と言い表している。さらにウィニコットは、「失敗状況を凍結すること」（1975: 281）により早期の環境失敗を防衛する「世話役の自己」についても触れている。そこには、「遅ればせながら適切な適応」（1975: 283）を促進しうる目下の環境を通じて、凍結されていた状況を解凍する機会がいつか訪れるという希望がある。技法と治療は同じものではないという主張と軌を一にして、ウィニコットは、神経症から回復するには分析が必要である一方で、精神病には自然治癒がありうると確信している。ここで明言しているわけではないが、積極的に他職種と自らの見識を共有しようとしていたことを鑑みれば、神経症者との臨床のなかで独自の役割を果たしている者として分析家に加えて、ウィニコットはほかの専門援助職も含めているといえるだろう。しかし、精神病については次のように峻別している。精神病は、「健康と密接な関係にあり、そこでは数えきれないほど環境状況が凍結されているが、それらは日常生活におけるさまざまな癒しの現象、すなわち友達づきあい、身体の病気の際の看護、あるいは詩などによって手を差し伸べられ、解凍されるのである」（1975: 284）。

それゆえ、ウィニコットが、ソーシャルワーカー向けに講演し（「取り扱い件数における精神疾患」1965b: 217-229）、セラピストとしてのソーシャルワーカーのために行動指針を策定するのを見ても驚きはしない。しかしソーシャルワーカーは、神経症患者との作業に特有の「正しく時宜を得た解釈をするようなセラピストの類……ではない」（1965b: 227）。その助言は、重症患者と臨床をするセラピストとしての自身の役割をめぐる、ウィニコットの私見をクリアに反映している。この種の治療でのセラピストの果たす機能は、「環境の供給における相対的な失敗」を修正しようと努める親たちの機能と同じである。「親たちは、親という機能を拡大し、実際、子どもがその親機能を使い果たし、特別な世話がいらなくなるまでは、一定期間ずっとその機能を保つのである」（1965: 227）。

セラピストが修正体験を供給することなどありえない。第一、修正転移体験を創り出せる者などいない。なぜなら、転移は、分析家の善意によってではなく、患者の無意識の過程によって決定されるからである。しかしながら、よい技法が修正体験を供給することならありうる。たとえば治療が、患者にとって五〇分ものあいだ、他者から十分な注意を払われる最初の機会となったり、信頼という体験や客観的に存在している誰かとの体験を初めて得る機会となったりする。しかし、それで十分というわけにはいかない。ウィニコットが確実に述べているのは、回復するために次のような事態を必要とする患者が存在していることである。「つまるところ、患者は分析家の失敗を使用するのである。失敗はきわめて些細なこともあるが」、その一部は患者の「策略」から生じたものであろう。肝心要は、そのとき、患者は失敗ゆえに分析家を憎むことができるということである。もともとこの失敗は、早期の環境失敗で体験されたものであるが、いまやそれが転移に反復されているのである。「結局、私たちは失敗することによって――患者に合わせることに失敗することによって――成功を収めるのである」（1965b: 258）。

セラピスト（および、この種のケースワークをするソーシャルワーカー）は、「人間かご」である。患者はそこにあらゆる卵を入れ、セラピストが敏感で信頼に足るのか、それとも過去の外傷体験を反復するのかを見極めるべく試すのである。ウィニコットは「炒める過程を巻き戻し，スクランブルエッグを実際に元の卵に戻す」(1965b: 227) フライパンという別のイメージも用いている。そのような世話は，乳児の世話そのものと同じく，抱えることと包み込むことから成る。その始まりは単純なプロセスであるが，同じように複雑になっていく。その世話の目的は，成長を方向づけることではなく，個人のなかで作用している生来の傾向がさまざまに促進されるような環境を提供すること，すなわち「成長に基づく自然な進展」なのである。困難な事態のひとつは，信頼に足るような抱える環境をセラピストが供給できると，クライエントあるいは患者がさらに病的になるかもしれないということである。なぜなら，こうなると自己のより深層にある部分を癒したいという希望が生じてくるからである。「幼児期に認められていたやり方で，統合性やコントロールを失い，依存するために，クライエントはあなたの特別な供給を使用する。……クライエントは気が狂うのである」(1965b: 228)。

このような事態が生じる際には（つまり，クライエントの気が狂うときには），既述したが，セラピスト（ならびに精神科ソーシャルワーカー）は罪悪感に脅かされたり圧倒されたりしないように求められる。こうした安心させるような考え（同時に，たとえ不可能な理想であるとしても！）は重要な原則のひとつである。ウィニコットはその原則を，退行したクライエントと作業する人びとのために提示している。そして，その原則は，明白な精神病状態に陥りながらも生き抜く患者との，ウィニコット自身の経験の核心にある。そのガイドラインを，ほんの一部だが引用しよう。

- あなたは，自分のクライエントであることがどういう感じなのか，わかるようになる。
- あなたは，自分の専門職としての責任という限られた場において信頼に足る人物となる……
- あなたは，愛を受け入れ，そして，ひるむことなく，自身の反応を行動化することなく，熱愛状態でさえ受け入れる。

・あなたは、憎しみを受け入れ、復讐ではなく、力強さをもって憎しみに向き合う。
・あなたは、クライエントの不合理、信頼性の欠如、疑念、混乱、無気力、卑劣さ、などを許容し、さらに、これら一切の不快な事柄を苦悩という症状として認識する。

(1965b: 229)

この助言が記された文脈は、最も激しい混乱にある人びととの作業に限定されているようである。しかしながら、一つひとつの言い回しの背後に存在している親子間の相互作用の見解は、最早期水準の障害にとどまらず、青年期にあるような正常な状況にも十分当てはまる。たとえば、青年期をめぐる講演(1971a と 1986 に刊行)で、ウィニコットは、親たちを対象に、「自分自身の全体」を発見することが子どもたちには必要であると語りかけている。その全体というものには、「愛することと呼んでもいいような要素とともに、自分自身のなかにある攻撃性や破壊的要素も含まれるであろう」。あなた方は、この長い格闘を生き残る必要があるだろう」(1971a: 143)。さらに、とりわけ青年期の若者にとって、「両親ができる援助はほんのわずかしかない。彼らにできる最善のことは、**生き残ること**、だけである。つまり、青ざめることなく、いかなる重要な原則をも放棄せずに無傷で生き残ることだけである」(1971a: 145、強調はウィニコットによる)。

それがセラピストとしてのものであろうと、親としてのものであろうと、ウィニコットが良質な実践をめぐって記述すると、その至るところで「生き残ること」というテーマが際立っている。それゆえ、先ほど引用した指針に確実にそいながら病勢が最も華々しい症例と向き合う人びとに向けられたガイドラインは、あらゆる水準で仕事をするセラピストの助けとなっているようである。やはり、精神病性の不安や行動を扱うとき、患者が生き残るよう助けるためには、スタンダードな分析実践を特別に変更することが必要不可欠に思える。

ウィニコットの論文には「リスト」が掲載されており、それゆえ、大いに役立ち、重要なのである。リストというのは簡潔な要約であり、ウィニコットがその主題に関して考えていることを取りまとめているが、必ずしもその後に発展を示しているわけではない。ソーシャルワーカー向けのガイドラインのリストなどはその一例である。私は、本書一三五ページに、母親が赤ん坊を憎む理由を示す、慧眼に満ちたリストを引用しておく。「退行のメタサイコロジカルで臨床的な側面」(1975: 278-294) という論文に、ウィニコットの比類なき文体で書かれたそのような要約が数カ所存在している。そこには、次のように、古典的精神分析設定の特徴を列挙しているものもある。

> 九．分析状況下での分析家は、日常生活における人びとよりは、はるかに信頼に足る。概して、時間を守り、癇癪を起こすこともなく、取り憑かれたように恋に落ちてしまうということもない。
>
> 二．分析家は、定刻に、生き生きとして、呼吸をしながら、その場にいるだろう。
>
> (1975: 285)

信頼性が、退行の臨床を含めた段階においても挙げられている。ウィニコットの実践について、この側面に特別な関心を抱いている読者からすれば、要約はさらなる研究に値する (1975: 286-287)。本症例において分析は、「早期ならびに最早期の母親的養育の技術を再現する。その信頼性ゆえに、退行が引き起こされるのである。患者の退行は、早期の依存への組織化された回帰である……」。退行のなかで一連の出来事が起こる。設定への信頼から始まり、依存への退行を経て、新しい自己感覚に触れる。環境の失敗を解凍し、現在の設定のなかで早期の環境失敗をめぐる怒りを感じ、表現し、退行から依存へ回帰する。それから自立に向かい、最終的には、生気と活力をともないニーズや願望を実感する。しかしながら、その直線的進行は少々誤解を生みやすい。なぜなら、「これら一切が何度も何度も繰り返される」(1975: 287) からである。

ウィニコットがこの要約で自身の考えと実践をまとめていたとすれば、私自身ができるのは、せいぜいこの豊かな領域の記述を正当に評価してまとめることくらいである。というのも、紙幅の都合上、私には多くの重要な特徴を別に記録する機会が与えられていないためである。たとえば、ウィニコットは行動化に対して、いかに反応するのかについて列挙している。その明言によれば、ウィニコットは患者に退行を促すことに全面的に反対している。そうした振る舞いは分析家の重篤な病理を例示しているのである。退行はあくまで患者主導の下でしか（無意識の動きも一部あるが）生じない。こうしたセラピストの仕事がはらむ側面に関する提案は、彼が言うには、日々の実務の諸原則に影響を及ぼすことはない（もっとも、次に示すように、彼自身の「日常実践」の形跡を鑑みると、ここには若干の疑わしさがある）。最後に、実践経験が一〇年に達しないうちは右記のやり方で臨床することを推奨しない、とウィニコットは明確に述べている（1975: 293）。

このきわめて重要な論文でウィニコットは、「退行についておそらく最も多くのことを私に教えてくれた患者の一人」（1975: 279）について言及している。現在では、その匿名の患者がマーガレット・リトルであったということがわかっている。彼女は、自身の破綻と退行、およびウィニコットとの分析についての記録を著した（Little, 1985; 1990）。この比類なき体験録のおかげで、そうした状況にあるセラピストとしてのウィニコットのスタイルに触れることができる。そのような治療設定での分析家の役割についてウィニコットが記している内容を補足するものでもある。

リトルは、初期のあるセッションで、次のようなことが起こったと記述している。（初回面接でウィニコットが、それ以前のセラピストとの前二回の分析で完全に見過ごされてきたテーマを明瞭に取り上げたにもかかわらず）、リトルは、彼が自分のことを理解することなどないだろうと絶望し、

白いライラックが生けてあった大きな花瓶を壊し、粉々にして、さらに踏みつけた。すぐに彼は部屋を出て行った。しかし、終了時間直前に戻ってきた。散乱した破片を片付けている私を見て、彼は「あなたがそうするかもしれない［後片付けのこと？　あるいは粉砕？］」とは予期していました。でも、もっと後だと思っ

ていました」と言った。翌日には、壊した花瓶の代わりに寸分の違いのない複製が置いてあり、ライラックも生けてあった。数日後、彼は、私が破壊したものは自分が大切にしていたものであったことを明らかにした。

(Little, 1990: 43)

おそらく、生き残ることを複製の花瓶が象徴しているようだが、ここには単に生き残ること以上のことが多く含まれている。なぜウィニコットがすぐさま部屋を出て行ったのか、そして、なぜ終了時間になるまで戻って来なかったのか、不思議に思うのではないだろうか。リトル自身の言によれば、奇妙なことに、以降、二人ともこの出来事について再び言及することはなかった。彼女は「もっと後にこの出来事が起こっていたならば、おそらく、彼の振る舞いは違ったものになっただろう」と考えている。記録の後半で、彼女は「D・Wは、まだ、このような破壊的な行動化に直面する準備ができていなかったので、私が創り出したカオスに私をひとり残して出て行った。その結果、虚無感と絶望が残った」(Little, 1990: 96) と説明している。しかし、ウィニコットは「数日後」、この出来事についてではないとはいえ、花瓶についての感情を少しもらした。さらに数年後、分析終結の後、ウィニコットはリトルが自分を傷つけたという点で彼女に同意し、「しかし、あの出来事は「有益」だったと付け加えた」(Little, 1990: 43)。怒りやら喜びやら、ウィニコット自身の感情を示していることが、患者との相互作用をめぐるほかの記録にも明示されている。生き残ることと受け身でいることは同じではない。報復しないことは反応しないこととは異なる。

マーガレット・リトルが体験した恐怖がどれほどのものであったのか、それは彼女の記録から明らかである。当初、彼女は不安が極限に達したために、ウィニコットに提案されてていた予備面接を延期した。しかしウィニコットは「空き枠はしばらくそのまま空けておきましょうと言った」。間もなくリトルは戻ってきたが、最初のセッションでは、「身体をしっかり丸めて横たわり、毛布の下に完全に隠れて、動くことも話すこともできなかった。D・Wは終了時間まで沈黙していた。最後に、「理解しているとは言えませんが、理由があってあなたが私を締め出しているという感じがしました」とだけ言った」(Little, 1990: 42)。彼が理解していないことを認めたことで、声の調子は低くなり反応は見るからにためらいがちなものとなった。そのことに彼女は安堵した。そして実際、後からリトルは、ウィニコットを締め出していたのではなく、自分自身を閉じ込めていたのだとそのときのことを述懐した。恐怖はくりかえし沸き起こってきた。彼女はあるときのことを記録している。そのとき、彼女は「彼の両手をつかみ、発作が過ぎ去るまで、ぎゅっとしがみついていた。終わりがけに彼は、私が思うに、あなたは再び出生を体験していたのでしょう、と言った。彼は私の頭を、数分間抱えた」(Little, 1990: 43) ウィニコットの説明のように、出生後の赤ん坊の頭はうずいており、重たく感じる（そして、生後数週間はつねに支えられる必要があると付言しよう）。リトルにとってセッションは、「関係のなかへの出生」(Little, 1990: 44、強調はリトルによる)のようなものであった。そして、その後のセッションの多くで、ウィニコットが自分の両手を取り、その手で握り締めてくれた、とリトルは記述している。

ウィニコットにとって、そのように抱えることと包み込むことは、治療実践において決定的に重要である。リトルが説明するように、たいていの場合、「抱えること」はメタファーとして理解される必要がある。「患者のなかや周囲、そして彼との関係のなかで、状況を抱えること、支えを提供すること、進行しているすべてのこととあらゆる水準で接触を保つこと」(Little, 1990: 44)。しかし、深い水準での混乱を体験していた患者にとっては、そのような抱えはときに文字どおりである。病気や休暇のときのように、ウィニコットが患者と会えなかったとき、コンテイニングには患者に対する責任を委ねることも含まれる。たとえば、ウィニコットは、自身の休暇の際、マーガレット・リトルの友人に彼女を招待するよう手配した（リトルには知らせていない）。また、別の休暇では、彼の言葉でいえば、「リトルの自殺を確実に防ぐために」(Little, 1990: 58) 入院の手配をした。分析の初期、彼女には身体疾患があった。それで、三カ月間、週に五〜六回、ときには七回も、それぞれ九〇分間、ウィニコットはリトルの自宅を訪問した。「そのときのセッションの大部分、私は、ただそこに横たわりながら、泣き叫び、彼に抱えてもらっていた」(Little, 1990: 52)。

そのような文字どおりの抱えは、文脈に応じて理解されるべきである。神経症患者の治療において、セラピストはまるで母親か父親であるかのように見られる。そして、患者の応答や反応を理解し包み込む方法として、転移や転移解釈を使用する。一方、精神病においては、「かのように」が現実となる。そのゆえ、リトルは次のように評論している。「私にとって、D・Wは母親を**象徴していた**わけではない。私の転移妄想のなかでは、彼は現実に私の母親**だった**……それで、私にとって、彼の両腕は臍帯であり、寝椅子は胎盤であり、毛布は羊膜だった。そのすべては、かなり後の段階になるまで、なんらかの**意識**水準に達することは到底なかった」(Little, 1990: 98、強調はリトルによる。ウィニコットにも同様の記述がある。1975: 288を参照)。分析家は自由に漂う注意に専念すべきであるというフロイトの指令は、ウィニコットの「原初の母性的没頭」という表現とよく似ている。しかし、この注意の度合いと目的には違いがある。リトルは精神病臨床の鍵となるものとして、技法ではなく「治療」を選び出し、解釈よりもさらに重要なものとして直観とマネージメントを挙げている(Little, 1990: 88)。彼女は、ウィニコットの応答のなかで実際になされた解釈をほとんど記録していない。むしろ、異なる観点から彼を記述している。

D・Wは本質的に、誠実な人だった。彼にとって、「よい作法」が重要だった。すなわち、彼はその個人を尊重していた。……とはいえ、遠慮なく批判することもあった。「連想すること」を要求したり、「解釈」を押しつけたりしたら、無益なだけではなく、「無作法」になるであろう。彼は、誰よりも正直だった。誰かを守る必要がない状況では、意見に応じ、質問に誠実に答えていた。……彼は質問を正面から受け止め、率直に答えたものだった。その後ようやく彼は次のように考えた（自問するのは常だが、しばしば患者とともに考えることもあった）。なぜ、その質問が生じたのか？　なぜ、そのとき生じたのか？　そして、質問の背後にある無意識的不安がどのようなものであるか？

（Little, 1990: 47）

のちにリトルは次のように想起している。ウィニコットは自身の結婚生活が破綻した際に抑うつ状態に陥ったが、（たとえ、その様子や態度からリトルがそのことにかなり感づいていたとしても）離婚に関して彼女に告げなかった。しかし、「結局、伝聞はよくないと彼は思い、離婚とその後の再婚について私に打ち明けた」（Little, 1990: 55）。

リトルのウィニコットに関する感動的な記録から取捨選択することには危険がある。ウィニコットがリトルと出会う以前から精神病患者を一二年間も診ていたこと、および、すでに指摘したように、それでいながらも過ちは避けられなかったということを、忘れずにいることが大切である。ウィニコットにも取り扱いを誤ることや、理解しそこなうことがあったということだ。しかし、他者が求めるものの一切を与えることができる者など存在しないのだから、その事態は避けられない。そして、セラピストが完璧であることは無益で不可能な欲望である、と明らかになるのは、過ちを通じてなのである。育児という仕事について彼が語ったように、「完璧は無意味なのである」（1984: 108）。すでに引用したが、彼は患者がこの種の退行に陥らないようにしていたことを覚えておくことはきわめて重要である。「全面的退行へ入る時機は、私の一存では決まらなかった。それは、彼の症例の負荷次第だった」（Little, 1990: 47）。ウィニコットはセラピストとして期待される以上に自分自身を提供する一方で、「全面的な自己犠牲が展開しているわけではないことを明らかにした。自分のニードを満たすために、肉体的そして感情的に、自分自身をないがしろにするようでは、誰の役にも立つことはできないだろう」（Little, 1990: 64）。

最後に、これは週一回の心理療法やカウンセリングではなく、精神分析であること、それも七年以上にわたり営まれたものであることをこころに留めておくことが重要であろう。深い治療関係に入ることを切望しているカウンセラーやセラピストにとって、これほどまでの関わりは魅惑的であろう。けれども、こうした取り組みはウィニコットにおいて標準的なものではない（とはいえその実践では明白に頻出するという特徴がウィニコットにはあるのだが）という認識の下に、リトルの記録は読まれるべきである。危険性をともなうものであったのだ。「逆転移のなかの憎しみ」（1975: 197-198）という論文中の記録には、ウィニコットが、また別の患者に本音を語ったことで「悲惨な結果」が生じたと記されている。それから、ウィニコットの弟子ではなく、ユング派の分析家に関することだが、『内なる守り』（Ferguson, 1973）のなかで「小説化された」サラ・ファーガソンとロバート・ムーディのあいだの不気味なほどに類似した強烈で密接な治療関係は、両者の死という結末を迎えている。実際、皮肉なことだが、ファーガソンの書名からは、自らの作業において、こころのうちを守ることを必要とするセラピストやカウンセラーを想起させる。患者を密に観察することと、セラピストの逆転移をたえず正直にモニタリングすること（次項参照）の必要性を、私たちはウィニコットのなかにはっきりと看取する。そうであるにしても、こうした仕事がウィニコットに多大な犠牲を強いるものであったことに間違いはない。

7　憎しみと逆転移

ウィニコットはときに、かくも魅惑的な著述家であり、とても人を惹きつけるパーソナリティを示すことがある。それゆえ、ウィニコットがセラピストとして外見上の成功を収めるうえで、患者が彼に向けた陽性母親転移が大いに貢献したに違いないと想像したくなる。

私が「外見上」という言葉を用いるのは、ウィニコットにかぎらず大多数の治療の成功の多寡を正しく測定する手段がないからである。ウィニコットのほうでも、そのような治療の効力を主張しようとする筆致が存在していない。ウィニコットがこんなにも魅力的に実体験について書いているからといって、彼が多かれ少なかれほかのセラピストよりも成功していた（彼はそう主張していない）証拠になるわけではない。ウィニコットは折に触れて、事態がときに破滅的なまでに悪化した症例にも言及している。後年の出来事やマシュード・カーンの失脚に照らし合わせてみれば、ウィニコットがカーンをはたして徹底的に分析できたのかということについて想いをめぐらすことしかできない。しかし、宗教の回心と同様に、完遂された分析があるにしても、それが完璧な人間となることを意味しているわけではないだろう。

ウィニコットがネガティヴなるものに取り組むのを厭わない様子に関しては、すでに注意を向けてきた。たとえば、分析の初期にリトルが花瓶を壊したという出来事があったが、それにまつわる感情や失敗を理由に患者がセラピストを憎むことの必要性についてのウィニコットの言及などである。『ピグル』には趣の異なる例が挙げられている。このなかでウィニコットは、治療の終結と関連するガブリエルの破壊的な感情を抜き出している。最終回の直近の相談面接で、彼女はおもちゃの父親人形をつかみ、次のように実況しながらねじり始めた。「脚をねじるわよ……腕も……今度は首……今度は頭がとれちゃった」。彼女の行為に合わせて、ウィニコットは「痛い！痛いっ！」と泣き叫んだ。それを見てガブリエルは大いに喜んだ。赤ん坊である妹がウィニコットを絶対に手に入れることがないように（彼はそう解釈した）、ウィニコットが「破壊され、死ぬ」（1980: 191）ことを望んだ。彼女は彼をある程度取り除く必要があったのだ。彼女は、ウィニコットは感じ取った。そのセッションの少し後で、自分のしたことに彼女が不安をもっているのではないだろうかとウィニコットは感じ取った。そして紙にガブリエルの姿を描いてから、その腕、脚、頭をねじり、痛むかどうか彼女に尋ねた。彼女は笑った。そして、「ううん、くすぐったい」（1980: 191）と言った。ガブリエルはウィニコットを葬り去ったわけでもないし、また傷つけてもいない。ウィニコットはそのことを彼女に示す必要があったのだ。

ウィニコットが言うには、通常の状況下ではセラピストの憎しみは隠されている。けれども、セッションを終えることや治療自体の終結において、憎しみは受け入れやすい方法で表現されている。無論、それはセラピスト自身の逆転移の一部、すなわち、セラピスト自身の課題の一端でもありうるので、目の前の患者から切り離して見る必要がある。しかしながら、一部の患者、とりわけ精神病や反社会的患者との作業において、セラピストが憎しみに触れることができるのは非常に重要である。これには多くの理由がある。精神障害者との臨床をおこなうためには、セラピストが自分自身の深層に到達しておく必要がある。たとえある患者たちとのあいだでは正当化されるにしても、憎しみが存在していることを認め、それが解釈される適切な瞬間まで保持されておく必要がある。そして患者は、自分がセラピストの抱く感情を正確に同定したときがいつなのか、知る必要がある。「特定の分析のある段階で、実際に患者は分析家の憎しみを求める。そのときに必要となるのは客観的な憎しみなのだ。もし、患者が客観的あるいは正当化された憎しみを求めるなら、患者はその憎しみに触れることができねばならない。さもなければ、客観的な愛に触れていると感じることはできない」(1975: 199)。

論文「逆転移のなかの憎しみ」に収められている短い症例で、ウィニコットはある治療の特別な瞬間を記録している。治療が進展し、患者が「愛すべき人」となったのは、彼が次のことを理解したときであった。以前の患者は、

> 感じが悪く、それは無意識的なものであり、ひとつの活発な症状であった。私やその友人が彼のせいで不快な思いをしていたが、彼の病気があまりにも重いために、そのことを彼に言えなかった、ということを（かなり後になって）私は患者に実際に伝えることができた。その日は私にとって実にすばらしい日になった。それはまた患者にとっても重要な日となり、彼が現実に適応するうえでのとても大きな一歩となった。
>
> (1975: 196)

もっと長い例では、ウィニコットは本音を吐露することに少なからぬ懸念を示している。もっとも、このおかげで、彼が自分の憎しみを行動化せずに済んでいることは明らかである。第二次世界大戦中、ウィニコットは、

自分と最初の妻が九歳の疎開児童とともに生活した「地獄の三カ月」の様子について語っている。[*28] その少年は「子どもたちのなかで最高にかわいいが、最高に腹の立つ子ども」(1975: 199-200) であった。当初、夫妻が抱えていた問題は、少年の脱走であった。しかし、この行為は家庭に破壊性をもちこむということに置き換わった。ウィニコットは、この移行によって、「私のなかに憎しみが生じた……私は少年を叩いたか？　答えはノーだ。私は決して彼を叩かなかった。しかし、もし私が自分の憎しみについて無頓着で、その憎しみを彼に知らせなかったとしたら、私はそうするしかなかっただろう」と書いている。危機的状況において、ウィニコットはまったく怒ったり、非難したりせず、完全に力づくで彼を捕まえ、玄関の外に追い出した。そこには呼び鈴があり、少年がそれを鳴らせば、再び迎え入れられるのだった。そして、少年は起こしたことについてなにも言われないことをわかっていた。狂ったような発作から立ち戻ると、少年は呼び鈴を使用するようになった。ウィニコットはこう付言する。「重要なことは、少年を玄関の外に連れ出すたびに、私が彼になにかしらを告げたことである。たとえば、私は、このようなことが起こると、私は彼を憎むことになると伝えた」(1975: 200)。

その少年が教護院[*29]に入ったという以上のことはほとんど語られていないが、「深く根づいた私たちとの関係は、少年の人生における数少ない安定した事柄のひとつとして残っていた」。「堪忍袋の緒を切ることもなく、そして、ときに少年を殺してしまうこともなく」、ウィニコットがその状況を持ち堪えるためには、このように自分自身の想いを伝えることが必要不可欠であった (1975: 200)。

同様に、「母親は赤ん坊への憎しみをどうこうすることなく、それに持ち堪えられねばならない」。赤ん坊が赤ん坊自身の憎しみに持ち堪えるためには、自身の憎しみに持ち堪えられる母親が必要なのである。精神病患者が「分析家への憎しみに持ち堪えるためには、分析家が患者を憎むことができねばならない」のも同断である (1975: 202)。ウィニコットが挙げた、母親が赤ん坊を憎む理由のリストはまた珠玉の一品である。たとえば、

- 赤ん坊は無慈悲で、母親をくず、無給の使用人、奴隷のように扱う……
- 赤ん坊は母親を傷つけようとして、時折かむが、すべては愛のなかである……
- 赤ん坊は疑い深く、母親が差し出す良い食べ物を拒絶する。そして、母親が自分自身に疑いをもつように仕向ける。しかし、叔母さんとなら上手に食べる。
- 赤ん坊と過ごしたすさまじい朝が終わり、母親が外出すると、赤ん坊は見知らぬ人に微笑みかける。そしてその人は「かわいいね」と言う。
- 母親は、最初に赤ん坊をがっかりさせると永久に仕返しされるだろう、ということをわかっている。

（1975: 201）

厳密にいえば、ウィニコットが書いている母親の憎しみや、行動化する少年に向けられた彼自身の憎しみは逆転移などではない。逆転移を主題とする後期の論文（1965b: 158-165）において、ウィニコットが正確に述べているように、逆転移と反応は同じものではない。また、暗に、自己開示は解釈と同じではないとも言っている。ウィニコットはかつて「私はある患者に叩かれた。私が伝えたことは公表しないが、それは解釈とはいえず、出来事に対する反応であった。患者は専門職としての白線を超えてきて、リアルな私に少しばかり触れた。そして、私

＊28　この少年の面倒を主にみたのは、ドナルド最初の妻アリスである。特別な訓練も受けておらず、もともと脆さを抱えていたアリスにとって、夫が不在がちであったことも考えれば、この期間はまさに地獄であり、後年の彼女の精神的健康に与えた影響は甚大であろう。

＊29　非行少年や養育者がいない少年を保護して更生を目指す施設のこと。一九三三年に、従来の実業学校 industrial school や少年院 reformatory school から教護院 approved school という名称を経て、一九六九年の児童・若者法 Children and Young Persons Act により、児童自立支援施設 community home へと改名された。

が思うに、そのことが彼女にはリアルに感じられた。しかし、反応は逆転移ではない」（1965b: 164）と記述している。この教訓は有益である。逆転移をめぐる二本目の論文では、セラピストのプロ意識、分析家と患者のあいだの空間、そして、セラピストとしての役割と同一人物の日常生活における役割との差違がたえず強調されている。ウィニコットが、ときに無味乾燥な息苦しい精神分析世界の窓をさわやかに開け放ち、セラピストの人間的な経験を豊かにしてくれても、だからといって、まさに自分自身となるための許可証を発行することはない。

8 「きわめてパーソナルな技法」

ウィニコット自身に従えば（1975: 278-294）、精神病患者の分析は神経症患者の分析と一線を画する。にもかかわらず、両領域で治療するウィニコットの実践には多くの共通項が存在している。ウィニコットはその他の設定で専門家として携わることもあるのだが、そこでもまた然りである。この共通基盤となっているのは、彼が強調するところの逆転移の認識と使用、とりわけ逆転移における憎しみの重要性にある。ウィニコットの主張によれば、治療は抱える環境や発達促進的環境を提供するものでなければならず、その環境のなかで、人は成長する機会を得る。加えて、ウィニコットは患者への情熱的な「母性的没頭」を示すことがある。しかし、マーガレット・リトルが念を押しているように、ウィニコットは、神経症の場合には、「標準技法、つまり抑圧されたエディプス的素材と超自我の働きに集中し、転移を解釈すること」（Little, 1990: 76）を用いていたのだが、リトルは同じページで、ウィニコットが身につけていた「きわめてパーソナルな技法」を見事に記述している。それこそが、私がここで同定しようとしているものである。

『抱えることと解釈』（1989a）のなかには、ウィニコットの治療上の作法を吟味する素材が豊富にある。というのも、彼は、ある男性患者との分析の最後の六カ月間を完全に記録として残したからである。ウィニコットが最初にその患者に出会ったとき、患者は若者であった。それから一二年後に再会した。編集者であるマシュード・カーンは序論で、「ウィニコットは自身の臨床的出会いについて、疲れを知らないのではないのかというほど記録をとった人であった。彼がどこでそのエネルギーと時間を見出したのか、ひとつの謎である」(1989a: 14) と書いている。スクイグル・ゲームの場合、彼は描画の裏に短い記録を書くことができた。しかし、この症例における記録量が常軌を逸したものとなっていることは明白である。記録というものは概して、語られた内容の言い換えと要約であるが、ときに、セラピストと患者双方の逐語録が記されている。ウィニコットは、「私の患者はゆっくりと慎重に話すので、その語りを記録することは容易だった。私は分析にとって決定的に重要であろうとわかった特別なときを選んで記録したのである。そして、自分が気に入った部分も、恥ずかしい部分も、私が言ったことをそのまま書き留めた」(1989a: 7) と説明している。

カーンは、ウィニコットがこの症例で記録をとることにした理由のひとつは、ウィニコット自身が目覚めておくためだったのではないかと考えている。というのも、当の患者は見るからにスキゾイドであった。そして、セッションの最中、心理的にひきこもることもあった。そのため、患者の話を注意深く聴きつづけることは、難しかった。どうすればセラピストがセッション中にひきこもる患者に応じられるものなのか、本症例でウィニコットはこのことを考えさせる数例の場面を得た。これはおそらく、この症例における最重要の理論的特徴のひとつであろう。そうしたひきこもり（退屈や居眠りなど、さまざまに記述されている）は、患者が自己にしがみつきセラピストを排除するという防衛的なポジションとして容易に経験されるだろう。しかしながら、ウィニコットはこの事態に変化の可能性を見る。セラピストが患者を抱えることができるならば、患者のひきこもりは一時的な退行に移行するだろう。そして、しばしの退行によって「患者の過去の成育史に起きたニードへの適応の不十分さを修正する機会がもたらされる」。ひきこもりの状態では、変化は生じえない。しかし、退行と依存はもっとずっと「有益」(1989a: 192) である。患者を抱えることは、ウィニコットにとって多くの場合、身体的に抱えることではなく（すでに見たように、より継続する退行の場合は除く）、深い水準で患者を理解し、「正確で時宜を得た解釈によって、私たちがそのように理解していること」（1989a: 192）を示すことを意味している。

論文「引きこもりと退行」（1975と1989aに収録）や全分析過程の要約において、ウィニコットがこの点について主に関心を寄せているのであれば、私たちはその仕事をさらに幅広く垣間見ていくことになるだろう。私がこのことを「垣間見る」と言うのは、ウィニコットの報告は、十分ではあるとはいえ、生のセッションと同じものではないからである。そして、そこにはフロイトの古典的な症例史に見出されるような「小品物語 novella」的な性質はほとんど認められない。細部からウィニコットの応答や解釈をより綿密に見出すことはできる。一方、やむをえないことだが、感情や微妙なリズム、間、タイミング、非言語的コミュニケーション、外部からの雑音ですら報告には欠けている（もっとも、ウィニコットはある局面で、隣の騒々しいカクテルパーティと、そのことが患者になにも影響を及ぼしていないことについて言及しているが）。その事態はその患者と関係するものかもしれないが、『ヒステリー研究』（Freud and Breuer, 1895）にあるフロイトのどの症例と比較しても相互作用がほとんど生き生きと見えてこない。リトルが受けた分析の報告ほどには生々しくないのである。おそらくこれは、素材自体が緊迫したものではないことに由来する部分と、記録内容が分析終盤であることに由来する部分があるのだろう。つまり、私たちは、そこに書かれている以前の経過について無知である。記録を読むことは、見知らぬ人びとについての会話を一部小耳にはさむことに似ている。しかし、拡大鏡を用いてウィニコットの技法を覗いてみたい読者は十分に報われるだろう。ごくわずかな例を選び、ウィニコットが臨床をおこなう様子について示してみよう。

ウィニコットは頻繁に転移に触れる。その介入はほとんどがウィニコット自身と患者に関連したものであり、二人のあいだで起こっていることを母子（ときに父子）関係に結びつけるものである。彼はときに乳幼児と子どもの発達についての精神分析概念を用いている。ただしそれらは記録のために略記されたものかもしれない。直接引用が掲載されている箇所では、ウィニコットの言葉遣いがそれほど専門的でないことに気づくだろう。たとえば、彼は説明するときも、解釈するときもイメージを用いていることがある。

私はここで彼に対して、スキゾイドと抑うつ（このような用語は使っていない）という二つの起こりうる反応について、より長く詳細に述べた。私は子どもがコートのボタンを引っぱることについて語った。……ボタンを手に入れたとき、重要なことは子どもが満足したということであり、それゆえ、ボタンは重要でなくなる……［今度は、ウィニコットは自身の言葉をすべて引用する］「もうひとつ、ほかに起こりうる反応があります。それは分析中にあるけれど、あなたはそれをいまだ理解できていないので、私が話します。それはいまやボタンを欠いたコートについての事柄であるかもしれないし、ボタンの運命についての事柄であるかもしれません」。

(1989a: 31)

ウィニコットが質問することはほとんどない。彼は「私が考えるに……」という言葉を前置きにしてから話し始めることもあるが、介入のほとんどは確信に満ちた発言である。リトルは、ウィニコットが「試しにしゃべってみたり、推測してみたりすることが幾度かあった」(Little, 1990: 48) と語っているが、実際に「だろうか」や「思うに」と言ったかどうかについては確認しようがない。確かに、彼は、いくつかの場面で、自分がいかに考え違いをしていたかについて触れている。たとえば、「私は以前の解釈は明らかに間違っていたと述べ、新たな解釈をし」、さらに、同じセッションの少し後に、「私は別の解釈をしたが、その効果から、それが間違っていたことがわかったので、撤回せざるをえなかった」(1989a: 23) という記述もある。分析の終結に向けて、ウィニコットはその患者に次のように伝えている。「私の柔軟性や、物事を進めるときに試しながらやっていこうとする姿勢に、あなたは価値を見出していますね」(1989a: 185)。カーンも、ウィニコットには「知らないことをコンテインできる……重要な能力」（1989a: 15）があったと述べている。

リトル、ガントリップはともに、ウィニコットとの治療について記述している。そこには、ウィニコットがいかに静かで動かずに、沈黙していることができたのか、それでいながらも、二人それぞれのニーズに対してどれほど注意深かったものか、ということに関する相当の証拠がある。ただし、非常に多くの言葉によるやりとりがあったことも記録から明らかである。しかし、ウィニコットが言葉を発するときには、患者に対して「空白のスクリーン」として現前することを好むセラピストであればあまりにも普通にやってしまう事柄、すなわち、過大に見積もった、匿名の、やや客観的な解釈をおこなったという形跡がほとんどない。あるとき、彼は、患者に前回のセッションの後半について思い起こさせ、自分が思い出せない部分があると伝えている。しばらくしてから、ウィニコットはそれを思い出し、その内容についてただちに患者に伝えているようである。彼は、その関係性を自分がいかに体験したかについて開示している。その抜粋（一部逐語）を次に示す。

患　者：彼の興奮に合わせて私も興奮を示さねばならない、と彼は考えた……

分析家：私は、実のところ興奮しているが、彼が絶望しているときに、私はそれほど絶望していなかったので、おそらく彼ほどには興奮していないだろう、と私は答えた。私は事態全体を眺める位置にいたのである。

患　者：彼は、患者のなかでの進展に対して興奮できる分析家の能力というテーマについて話しつづけた。そこで私は次のように伝えた。

分析家：「私は、医師にできることのなかで、それが最も興奮させることだと思っております。そのために、私がこの種の仕事をしているということを、あなたは私から見て取ることができます。そして、私の立場からは、患者がうまくいっていないよりは、うまくいっているときのほうが、より好ましいということは確かです」。

(1989a: 30)

その症例記録には、ほかにも一つ二つ驚くべきことが記載されている。カーンは、ウィニコットと若者であった患者とが最初にどのように出会ったのかについて、その様子を説明している。さらに、最初の分析終了の八年後、ウィニコットは患者の経過を知るために母親へと手紙を送ったと解説している。およそ四年後、母親がウィニコットと連絡をとったことで、患者は戻ってきた。ウィニコットは患者に対し、通常なら逆であろうが、自分(ウィニコット)が彼を探し出したのは、決して偶然ではないと指摘している。ウィニコットは週三回、面接をおこなった。面接は火曜・水曜・木曜の週、月曜・火曜・金曜の週、と交互におこなわれた。この設定は、患者の専門職としての拘束時間の都合であったことは間違いないとはいえ、それでもやはりウィニコットは、週三回でもなお分析であるのだと、手短にでも正当化せねばならない。おそらく、ウィニコットは分析の体制というものがそのような弁明を要求するものと解しており、弁明せざるをえないようだ。

分析はかなり唐突に終了している。ウィニコットは患者に面接をつづけてもらいたい旨をきわめて明瞭に伝えているものの、終了が患者の選択であることをはっきりと受け入れている。また、さらなる損傷を受ける危険性はなく、その時点で分析を終えることができるだろうと患者を安心させている。それでもやはり、終結というものは二つのセッションの空間内部で生起したようだ。六カ月後、治療の再開はおそらく必要ないだろうということの確認と、ウィニコットへの感謝のために、患者は手紙を書いた。それにもかかわらず、二期目の分析が終了して一四年後にウィニコットは患者をまたもや探し出し、彼の近況を尋ねる手紙を書いた。そのなかで、「私は過去を振り返り、あれこれ考える年齢になっています」(1989a: 13) と記している。以前診ていた患者からの長い手紙に宛てた短い返信に、ウィニコットは「永遠に心理療法を受けず、自分の人生を使用しつづけているあなたのあり方に感銘を受けています」(1989a: 13) と書いている。このようなやりとりは、フロイトも一部の患者(狼男のような）と築いていた親密な間柄や、両者にあるリアルな関係性が転移関係の放棄後もなお生き残るあり様を彷彿とさせる。

これらの強烈でパーソナルな特徴は治療関係で見られる。そしてそれは、ハリー・ガントリップが記述したウィニコットとの分析の報告でも見受けられる。ガントリップは、ウィニコットとの分析を、それ以前に受けたW・R・D・フェアベアンとの長期にわたる分析と比べている。フェアベアンは、スコットランドの分析家であり、ウィニコット同様、英国精神分析における重鎮である。二人の治療スタイルは別として（フェアベアンは、理論面では革新的な人物であったが、技法面では非常に正統派であった）、ガントリップは、転移関係において、両者をまったく別様に経験した。フェアベアンはガントリップにとって支配的な悪い母親となった。一方のウィニコットは良い母親となった。もし、これが部分的にはガントリップの無意識の作用によるものであるとすれば、それには主要な各分析家の中核となるパーソナリティ内部に由来する刺激に基づいているのは明らかであろう。ガントリップの報告の至るところでウィニコットはほどよい母親の位置をとっているが、言うまでもなく、その一部は原初の母性的没頭を介して生起している。だが、自分自身をそのような役割として解釈することも一役買っている。

ガントリップは、一九六二～六八年に、ウィニコットと数セッションもつため、月一回、リーズからロンドンまで通い、総計一五〇回のセッションがおこなわれた。ピグルや紐にこだわる少年のときと同様に、セッションの間隔がずいぶんと開いているにもかかわらず、ウィニコットが分析作業をうまくやり遂げていることに再び気がつくだろう。より正統派の同業者ならば言いそうなことだが、分析を希釈化せざるをえないという提案はなされていない（そして、実際のところ、彼はピグルと関連づけて考えていた）。ガントリップの場合、ウィニコットとの毎月の分析は、次のようなことに助けられていたに違いない。以前におこなわれていたフェアベアンとの分析期間、ガントリップ自身がセラピストとしてもち合わせていた相当な洞察力と技量、ガントリップによる不断の自己分析、そして、ウィニコットとの分析をセッションごとに詳細に記録し、かつセッションの合間に記録をつづけたというほとんど強迫的といってよい習慣などである。

この最後の習慣について、ウィニコットはガントリップが母親とのあいだで経験した早期の外傷体験と結びつけて解釈した。ガントリップの弟が亡くなって以降、母親はその死の影響で人と関係をもつことができなくなってしまったのだ。ガントリップの記録によれば、セッションにおいてガントリップが絶え間なく話しつづけ、強迫的に一生懸命作業していること（そして、セッションの外では、寡黙で、働きすぎであるという問題があること）についてウィニコットは語った。「あなたは自分自身の存在を保つために、懸命に働かなければなりません。あなたは、行動すること、話すこと、目覚めつづけることをやめてしまうことを恐れています。あなたは、パーシー（ガントリップの弟）のように、隙間で死んでしまうかもしれないと感じています。なぜなら、もしあなたが行動することをやめてしまえば、お母さんがなにもできなくなるからです。……私があなたを生かしておくことができないと、あなたは恐れているに違いありません。それであなたは、私のために、記録によって毎月のセッションをつないでいるのです。そこには隙間がありません」（Guntrip、1975: 152）。第1章を思い起こされるかもしれないが、ガントリップとは対照的にウィニコットは空間と隙間に不安を覚えることがほとんどなかった。

ウィニコットは、まさに初回のセッションで、ガントリップの不安を取り上げ、転移関係となっていくもののなかにある重要な要素を見つけ出している。ガントリップは、自分の基本的な問題は人生早期における母親であると述べ、母はまったく関係をもつことがなかったのだと説明した。セッションの終わり頃になって、ようやくウィニコットは、「私には、いまだ特別に言うべきことはありません。でも、私がなにも言わないとしたら、あなたは、私がここにいないと感じ始めるでしょう」（Guntrip. 1975: 152）と伝えた。

ガントリップは自分の退行した自我が抑圧されていると認めていたとはいえ、彼のなかでは、ウィニコットがおこなった作業は明らかに精神病的に混乱しておらず、退行もしていない人とのものであった。それにもかかわらず、ウィニコットは即座に、早期発達上のテーマの水準で介入している。それは、神経症症状を呈する患者に対する分析技法についてウィニコットが著した記録に目を通すと予想されるような、もっと後のエディプス的テーマではなかった。そこには、より正統的なフロイト派の立場から予想されるような父親転移への言及もない。ウィニコットは、(フェアベアンやガントリップ自身と同様に)早期の外傷や母親との関係に関心を寄せている。転移のなかで、ウィニコットは母親と乳児の観点から解釈するだけでなく、良い母親となり、耳を傾け、世話をし、十分に現前している。また、(一部のクライン派の同業者が無意識的素材の誘発に必要不可欠と信じていているような)意図的な剝奪をおこなうことも決してない。ガントリップはウィニコットについて次のように語っている。「彼は、私の無意識の深みのなかで、私の幼児的自己にとっての良い乳房である母親となった。その時点で、私の実母は母性を失っており、生きている赤ん坊としての私にとっては、これ以上我慢ならないものだった」(Guntrip. 1975: 153)。

ウィニコットとガントリップの関係性をめぐる報告を読むうえで重要なことは、ガントリップが患者のみならずウィニコットの同業者でもあるという独特な立ち位置にいるという状況を考慮に入れることだろう。セッションそのものの作業外にいるウィニコットの記述に目を向けがちになり、ウィニコットは治療関係を介してではなく、対等な同業者としての関係性を介してガントリップに最大の影響を与えたと受け取りたくなる。また一方で、ガントリップはフェアベアンとウィニコットの相談室を比べている。後者は「シンプルで、色調や家具は安らぐものであり、地味であった。ウィニコット夫人によると、患者にくつろいでもらうために、二人で念入りにしつらえたとのことである」(Guntrip. 1975: 149)。ガントリップは、両者の個人的なスタイルについても比べている。「私はノックをして入室するのが常だった。間もなくウィニコットは手に一杯のお茶を持ってぶらぶらとやってきて、上機嫌に「やあ」と言い、寝椅子の横にある小さな木製の椅子に腰かけたものだった。……終了時にはいつも、私の退室時には、彼は手を差し出し、親しみをこめた握手をした」(Guntrip. 1975: 149)。ガントリップは自分のした

いように、寝椅子に横たわることも、寝椅子の上で起き上がることもできた。

ウィニコットが特別な患者としてのガントリップに対して自身の感情を伝えたのは、同じ専門職であり、それゆえいっそう対等な地位であったためなのかどうかについては知る由もない。「私はあなたにとってよいものですが、あなたは私にとってもよいものなのです。あなたの分析をすることは、私に起こることのなかで、私を最も元気づけてくれるといってもよいでしょう。あなたとのセッションの前のヤツといると、私はまったくよいものではないという感じになってしまいます。あなたは私にとってよいものである必要はないのです。私にはそのようなことは必要なく、あなたが私にとってよいものでなくても、私はうまくやれます。でも、実際に、あなたは私にとってよいものなのです」(Guntrip, 1975: 153)。そう打ち明けることがガントリップに深甚な影響を及ぼしたことは明らかである。「ここで、ついに、私は子どもに価値を見出す母親を手に入れたのだ」。このコメントは、後で示すように、ウィニコットと接触したほかの人びととの経験と共通している。すなわち、ウィニコットは彼らが特別感を得るように仕向けたのだ。

ガントリップの二人の分析家がそれぞれ、補い合うような形で、彼の早期の外傷体験を解釈してきた。だが、実のところ、その外傷体験はウィニコットとの面接をやめてから解消された。ウィニコットがインフルエンザに罹患して亡くなった後、ガントリップは働きすぎのため病気になった。ガントリップは、ウィニコット死すという報せを耳にした夜、ひとつながりとなる複数の夢を見た。そのうちの最初の夢のなかで、母親が自分や弟と関係をもつことができなかったということを彼はついにワークスルーすることができたのだ。ガントリップはその四年後に亡くなる。しかし、その前に、ガントリップとの治療を終わらせることの意義を認めていたウィニコット自身の死が分析的探求を完遂する手段となったのは（ポジティヴな意味だが）皮肉である。

これは、治療でできることは自然な発達過程の促進だけであるというウィニコットの確信を支持する別の例である。準備が整わないかぎり、発達過程は進展しない（このことはおそらく次のことも裏づけるだろう。分析家は治療が継続するかぎり生きつづけよ，というウィニコットの指令を私がすでに引用したことをこころに留めておくにしても，死をある種の失敗と解釈するならば，ウィニコットの死はガントリップにとっては計り知れないほど意義深いものであった）。ウィニコット自身は，症状の緩和を治療の主要な成果とすることにそれほど関心を抱いていなかった。症状の緩和を分析の目的と定めないのであれば，満足や救済へのニードをめぐる初期のフロイト派のモデルを治療自体に拡張することになるだろう。フェアベアンやガントリップのように，ウィニコットはフロイトが発展させ始めたモデルを膨らませた。そして，彼らやそのほかの人びとは徹底的にそのモデルに取り組んだ。私たちは「対象を希求している」。そうした考え方も，治療に異なる目的をもたらすことになる。ウィニコットにとってこれは次のことを意味する。ガントリップがウィニコットの発言として記憶に留めていることを引用する。「私たちはフロイトとは違う。彼は症状を治癒させようとした。私たちは，生きている人間に，そして，生きることと愛することと全体に関心を抱いている」（Guntrip, 1975: 153）。

9　教師でありスーパーヴァイザー

ウィニコットにとって心理療法が優先事項であったため，その臨床実践の領域にこそ，彼のスタイルの形跡が最も残っている。教師やスーパーヴァイザーとしてのウィニコットは，文献のなかではかすかに現れるのみである。リトルの引用した私信のなかで，ウィニコットの弟子が次のように書いている。

患者の素材すべてに対して一人の分析家として自由連想するように，と彼は指導しました。その素材について話すと，彼は身体を後ろに反らせて，まぶたを閉じて，それから語り出し，独り言をぶつぶつと言い，患者について，あるいは，話されたことについて，生起した一切について自由連想しているようです。批判することもなく、「なぜ、そう言ったのですか?」と尋ねることもありません。しかし、彼は連想を共有しているのです。

(Little, 1990: 76)

別の心理療法家(当時は若手分析家)は次のように書いている。「彼には、特別感を相手に与える才能がありました。私はWと直接電話でつながっている気分になりました。ほかの人たちも多くがそうだったと思います。このように安心感を与えてくれる一方、ウィニコットはいつもなんらかの形で彼が特別であると伝えようともしていました。つまり、ある種の共謀が起こっていました。しかし、それは敵意に満ちた世界に対するパラノイア的な共謀ではなく、心地のよい抱擁でした」(私信)。

ジュディス・イソロフは、ウィニコットとの**一回きりの** *ad hoc* スーパーヴィジョン・セッションについて記述しているが、そこからも直接電話の意味するところがよくわかる。イソロフの描くウィニコットの姿は、多くの点で導師という存在を彷彿とさせる。彼女はある若い患者にスクイグル・ゲームを用いており、その面接は二〇〇回のセッションをもって終結となった。だが、彼女はその内容について、ほとんど理解できていなかった。彼女はウィニコットに電話し、彼の下へその素材をもちこんだ。彼は、だぶだぶのニットのジャケットに「縮こまりながら」、クッションに腰かけた。もっとも、ほどなくして彼は結局のところ、床の上に落ち着いた(こういった状況ではどうもお決まりのことだったらしい)。

床に座り込み、膝に肘をつき、メガネを眉毛のほうに押し戻した……彼は手で額をつかむようにして支え、指のあいだから覗き込んでいる……[彼は]やや険しい表情で、注意深く見つめ、耳を傾けていた。彼は、私が話し終わるまで黙っていた。彼のまわりの床には、資料が散らばっていた。それから、彼は天井のほうに視線を移し、目を細め、細くかすかな声で、ため息混じりに謎めいたことを呟いた。「**私たちは唾液分泌の創**

造性について覚えておかねばならない。さようなら！」そして、結果、私は到着したときよりもなおいっそう途方に暮れた状態で帰ることとなった。

（Issroff, 1993: 42-43、強調はイソロフによる）

ウィニコットのセミナーやスーパーヴィジョンで、イソロフがこのような体験をするのは珍しいことではなかった。とはいえ、彼女は、「ウィニコットの洞察に満ちた言葉」のなかで理解できなかったものについては、自分がそれを使用できるようになるまで、胸にしまっておけるようになっていった。

ウィニコットとの面識はまったくないし、それ相応に徹底して読み込んでいるわけでもないような人たちや、イソロフのように「ウィニコットの洞察に満ちた言葉」を胸にしまっているような人たちは多く存在している。彼らは、その言葉が意味するところをいつも正確に理解している自信はなくとも、自分の治療やカウンセリングの実践と大いに関係していると直感的に確信している。ウィニコットは、著述のなかで（読者が本書から見つけ出すだろう）すばらしいフレーズを豊富に提供している。古代神託のメッセージが多様な解釈を許すように、ウィニコットのフレーズには、イソロフへの応答と同じく謎めいたものが散見される。ことによると、治療中に、なんらかの型にはまったやり方で作業をしている際に、ウィニコットの真似をしたいという誘惑をあまり感じずに済む（そして、実際にそれは容易なことではない）のは、彼のフレーズが謎めいているためかもしれない。それどころか、ウィニコットの自発性と独自性は、たとえ自己矛盾に陥っているように見えるにしても、セラピストやカウンセラーが「彼のやり方に倣うのではなく、それぞれが自分独自の臨床作業の仕方を見出すよう」に促すだろう。「なぜなら、ウィニコットの方法は、本質的に彼のパーソナリティと密接に結びついていて、それらを分けることはできないからである」（Little, 1990: 76）。

理論にしても方法にしても、正式なる「ウィニコット」学派を認定することなどできないし、望ましいことでもない。それゆえに、こうした事態は起こりうる。私が第5章で示すように、ウィニコットの影響は甚大である。

とはいえ、その影響力は（本シリーズにある数名の人物たちの追従者に当てはまるような）包括的な哲学体系や実利的基盤のうえに築き上げられているというよりも、特定の考えを貫徹する人びとに多く看取される。しかし、ウィニコットの考えがほかの人たちにどのように取り上げられてきたのかを検討する前に、まず次章で、その立場に向けられる批判のさまざまを見ていこう。

第4章 批判と反論

1 イントロダクション

基本的にウィニコットは、ケアをおこなう専門職に向けて物を書く人である。もっとも、精神分析や心理療法の外側で、ウィニコットに異議をとなえる人を見かけることはほとんどない。ウィニコットという名は、カウンセリングの関連領域で代名詞になってしまったようだ。しかし、その関連する同業者仲間のなかで、彼の考え（なかにはキャッチフレーズになっているものさえあるが）は実際にはほとんど議論されない。また、ウィニコットは、幅広い知的文化に対してほとんど影響を及ぼしてもいない。なかにはウィニコットがフロイトに匹敵するという人もいるだろうが、このこと自体、ウィニコットがフロイトほどの名声を博していない証拠である。ほかの主要な心理学の関連分野においても、彼の考えに大きな関心が寄せられることはほとんどない。行動主義（たとえば、アイゼンクが代表格だが）が精神分析と論戦を繰り広げつづけても、ウィニコットが格別の集中砲火を浴びることはない。本章で詳しく説明するが、私たちが、ウィニコットの理論には妥当な制限が設けられていることや、一部の彼の欠点に対して批判があること、および、彼の基本となる前提をめぐって議論されていることをに出くわすのは、主としてウィニコット自身の言説という領域においてである。ほかの分析思考と際立って異なる部分を特別に強調したり、その仕事全体の一部について特定の留保を表明したりすることで、ウィニコットの仕事へ全般的な評価を下すということが横行している。

ウィニコットの仕事全体への重要な批判がほとんど見当たらない理由はいくつかありそうである。たとえば、ウィニコットの書き方には、必然的に討論しがたいところが相当にあるといえそうである。ウィニコットは多作であったかもしれないが、包括的な理論を提示した刊行物はほとんど認められない。『遊ぶことと現実』(1971a) ひとつとっても、それは「議論を巻き起こす固有の書物」として設計されているとはいえ、「……実際のところ、互いに独立して執筆された論文を、ある程度の統一感を与えるために、節同士を連結させることでつなぎ合わせて編纂されたものである」(Rycroft, 1985: 143)。おそらく『人間の本性』(1988b) を除けば、ウィニコットのなかに明確な図式というものは存在しない。『人間の本性』にしても、ウィニコットの遺作であり、そこでもって磨き上げられた全体像として彼の理論を判断するのはフェアとはいえないであろう。同書は、彼の死亡時点では草稿という形で存在していただけである(しかも、一九五四年以降、幾度となく改訂されてきた)。英国精神分析独立派の重鎮であるライクロフトは、ウィニコットが、自分の出典やほかの人たちと類似する考えを認めなかったことを際立って批判している。ライクロフトはウィニコットに「畏敬の念」を抱いているが (Rycroft, 1985: 20)、その理論化は、「抽象名詞を時折用いているにもかかわらず」、「個人の見解である」と非難している。「それはあまりに特異的なので、なんらかの科学的理論の総体に容易には同化されないのだ。しばしば、彼からは、実際に人が住む荒野で叫ぶ声[*30]のような、あるいは、自らを思索家のように見せかける夢想家のような、印象を受ける」(Rycroft, 1985:

＊30　聖書『マタイによる福音書』で預言者イザヤの言として引用されている。洗礼者ヨハネを指し、荒野とは「孤独」を意味する。

144)。

また、(おそらく、自己の発達に関する理論を除けば) よりまとまった理論的立場という点に関しても特筆すべきところがほとんどない。本能論、無意識、性愛中心主義、パーソナリティの構造をめぐってフロイトが俎上に載せられたように、それがあれば議論しやすいのだが。ウィニコットは、フロイトとは異なり、一大「プロジェクト」に乗り出すことをしなかった。もちろん、移行対象や移行現象のような、革新的なアイデアは存在している。また、外的現実は空想における破壊から構築されるとするウィニコットの概念化 (1965b: 75-76) や創造性に関する仕事が、主要な貢献であり、真の新機軸でもあると論じることができるが、これはクラインの仕事に匹敵する業績である (ファーリ、私信)。舌圧子ゲームのような革新的な技法も忘れてはならない。しかし、そのようなわずかな例外を除けば、ウィニコットには、クラインの「ポジション」概念 (Segal, 1992: 33-40) や、たとえば、ユングの理論的枠組みにおけるパーソナリティ構造と同じ程度に発展を見せたものがない。こう言ったからといって、ウィニコットは各方面で、ほかの誰よりも大胆で、論争の的になっているということに異論はない。

ウィニコットとボウルビィの仕事が同等と見なされることがよくある。その一方で、ウィニコットは、同時代の人がおこなったような精密な調査をしていない。もっとも、ボウルビィの方法論にはいくらか議論の余地があるかもしれない。さらにいえば、ウィニコットを、フロイト派やクライン派のように、特定の理論陣営に位置づけることは難しいだろうが、(次章で示されるように) 彼の追従者たちを「ウィニコット派」として記述することもできそうにない。そうしてしまうと、ウィニコット自身と仕事に関する彼の見解に背くことになるだけではなく、創造的なスタイルの行きつく先が、一定の関心領域に本質的に限定されてしまうことになる。セラピストなり、カウンセラーなりが、「私はウィニコット派です」と主張するよりも、「私は移行対象 (なんでもよい) をめぐるウィニコットの考えを評価しています」と言うほうが、ありえそうな話だ。ただ「ウィニコット派」だけでいようとすると、理論と実践の双方に相当な欠落が残されたままとなるだろう。あるいは、ウィニコットに、どちらかと言うと精神分析の思考と実践全体に属するものを要求することになるだろう。

ウィニコットが一貫した理論を提示していないという理由で私が彼を批判しているように映るならば、それは心外である。このこと自体、批判の根拠とはならない。全体像を提示することなく、部分的に理論と実践に貢献する人たちもいるのだ。ここまでの章ですでに明確にしているが、ウィニコットが壮麗な図式を目指して仕事をしてこなかったとしても、彼は創造性と独創性を併せもつスケールの大きな思想家であった。疑いなく、ウィニコットの著述は、クランシエとカルマノヴィッチがその著書の題名『ウィニコットとパラドックス』（Clancier and Kalmanovitch, 1987）において認めているように、意図的なパラドックスとともに、意図せざるパラドックスに満ちあふれている。ウィニコットの著述に矛盾は付き物だが、矛盾がいくらか生じる理由は、彼が不断に自分の考えを発展させ、必然的にそれらを洗練させていったことにある。力動的研究者というのは、そういうものであろう。そのほかの理由としては、おそらく部分的には、ウィニコットが、自分に影響を及ぼした可能性をもつ著作家たちが提示した前例にほとんど関心をもたなかったのと同じように、自分自身で提示していた前例にも関心を寄せていなかったような節があることも挙げられるだろう。

グリーンバーグとミッチェルはそのようなパラドックスをひとつ引用している。「離れているというより、一種の結合である分離」（1971a: 98）。そして、二人は、ウィニコットの表現スタイルにこそ、人間の発達と精神分析そのものの双方において、彼が強い関心を抱いている問題が反映されている、と示唆している。つまり、孤立することなく中核を保つ方法のことである（Greenberg and Mitchell, 1983: 190）。ウィニコットは、その文脈でこそ、オリジナリティと伝統との関係性が「分離と結合との相互作用のもうひとつの例であり、それも実に胸躍る一例である」と認識していた（1971a: 99）。グリーンバーグとミッチェルは、ウィニコットが「読者を大いに尊重しつつも、決して直接的に向き合うことをせず、読者を誘惑し、当惑させ、挑発する」あり様について述べている（Greenberg and Mitchell, 1983: 190）。ウィニコットの弟子を自認しているジョン・デイヴィスの見解によれば、ウィニコットが本質的に関心を向けたのは、探求することと、人びとに自分が発見したものを語って聞かせることであった。「議論が目的ではなく、できれば、立ち去って、使用してもらいたい」(私信)。デイヴィスは、アレクサンダー・フレミング卿とウィニコットの類似点を引き合いに出している。フレミング卿は、決してよい教師ではなかったとはいえ、ペニシリンを発見した。ウィニコットが完全無欠であると思ってはいけない。

こうした理由すべてが相まって、ウィニコットは多分にさまざまな評価を受けることになる。ウィニコットを全体として、受け入れる者もいれば、縁を切る者もいるだろうが、たいていの人は、ウィニコットから種々のアイデアを受け取り、さらに、彼から、とりわけ彼の開かれたこころから、インスピレーションをも得る可能性が高いだろう。ウィニコットとまったく意見が合わないというセラピストやカウンセラーはほとんどいない。というのも、そのアイデアの多くには、激しい意見の対立を巻き起こすものなどほとんどないからである。彼を好む人たちはそのようにすることが多い。それは、ウィニコットのスタイルやアプローチ、そしてその創造性豊かな表現がもつ魅力のためである。それゆえ、ウィニコットを批判しようとすれば、重箱の隅をつつくことになりがちである。もっとも、よくあることだが、ウィニコットの考えが魅力的なテーマをよりいっそう探索する動機づけを与えてくれるので、彼を引用する文献はまさにそのようになってしまうのだが。

それゆえ、本章で私ができそうで最も有益なことは、主として精神分析の文献において、明白に意見の相違が認められる領域を示すことである。そこにはきわめて多数の論文があり、それぞれウィニコットの考えが理論と実践に浸透するあり様をとりわけ探求している。この種の批評は、ウィニコットの概念の枠組みや方法論、論理的議論についてのどんな学術的な分析よりもいっそう、確かなものである。本書の最終章では、ウィニコットが影響を及ぼしたほかの分野に目を向ける機会を提供する。もっとも、他分野においても、ウィニコットに対する実際的な批判がほとんど認められないのだが、それは興味深い事態である。たとえば、ソーシャルワークや、とりわけ保育において、私たちが概して目にするのは、ウィニコットの考えについての批判的議論ではなく、その利用である。アカデミックな心理学、ウィニコットへの関心が存在する中心部においてさえも、往々にして、複数のウィニコットの概念をさらなる研究のために発展させることが関心事項であり、それ自体立証不可能であるとして彼の考えを批判することには関心がない。

ひとつの極をウィニコットとし、他極をフロイトとクラインとし、そのあいだに有益な形で特定されるような対比も存在する。私が最初の二つのセクションで取り上げているものがまさにそれである。しかしながら、次のことを言っておかねばならない。第２章で指摘したことだが、グリーンバーグとミッチェル（Greenberg and Mitchell, 1983: 205-209）によれば、ウィニコットにはフロイトを誤読している箇所が散見される。そのためにウィニコットが支持しているように見せたい古くからの伝統と、ウィニコット自身のあいだに相違点が存在している事態が起き、そのことにウィニコットが自覚的であったのかどうかを知ることは難しい場合も多いのだ。

2　楽観主義と悲観主義

ウィニコットと、フロイトおよびクラインのあいだには、人間というものに対する態度に関して、相当な隔たりがある。クラインやフロイトの陰鬱な人間観は（フロイトについては、ときに幻滅といってもよいほどである）、肯定的な見解により楽観的に訴えるウィニコットの姿勢とは対照的である。ラッドニーツキーは、「フロイトは、罪悪感に強い関心を抱いていたことから、聖アウグスティヌスの系譜に連なると考えてよいが」、その一方で、「ウィニコットは、遊びやパラドックスを好んでいるので、どちらかというとエラスムスに近い」（Rudnytsky, 1989: 345）と述べている。ウィニコットは死の本能を認めなかった。フロイトが最初に死の本能を仮定したのだが、死の本能を取り上げたのはすぐ下の弟子のなかではクラインただ一人であった。

これは、ウィニコットが無慈悲や羨望、強欲というものにふさわしい位置を与えていないということではない。

「思いやりの能力の発達」(1965b: 73-82) という論文のなかで、ウィニコットは、罪と償い、そして本能欲動の無慈悲な表出について論じている。本論文において、母親は、フロイトやクラインのリビドー対象とほぼ同じものとして描かれている。それと同時に、重要な相違点もある。というのも、ウィニコットは、「罪」という言葉よりも、「思いやり」という用語を好んで使い、乳児が母親の「抱える環境」としての側面を保護したく思い、世話をするのは、(クラインの考えのように) 罪悪感からというよりは、感謝の念からであることが多いと示唆しているからである。「乳児が感謝を感じるのは、自分が対象を破壊でき、愛することができ、そのうえで対象が生き残るからである……愛は、罪悪を無用のものとすることによって、破壊性を創造的に使用できるほど十分に生き生きとしており、そして強いのである」(Eigen, 1981: 418)。さらに、アイゲンは、クラインが喜びが入り込む余地をほとんど残していないあり様を指摘している。クラインは、喜びを躁的防衛として解釈できるとしている。ウィニコットにおいて、喜び (「自我オルガスム」) と創造性は、防衛などではなく、人間の体験において根幹をなすものである。

クライン派の視点からは、ウィニコットは赤ん坊をあまりにもよいものとしており、母性を理想化しているとの批判を受けることになる。この後に示すように、フェミニストもこの点に関して、ウィニコットに異議をとなえている。シーガルの見解では、ウィニコットは、子ども (ないし大人) が内的世界に分割を創り出し、維持するようなあり方を強調してはいない。この点におけるウィニコットの不備が、子どもや大人から分割機制を制御する機会を奪ってしまうのである。さらに、「ウィニコットは、クラインやその後継者が投影プロセスについて記述したすべてのことに対して、強力な不同意をほのめかしている。その投影プロセスのなかで、内部の自己や対象／人びとの憎むべき「悪い」側面が外部の人びとに投影され、見出されるのだが」(Segal, 1992: 94-95)。

この後、さらに詳細に述べるが、ウィニコットは、人間関係のなかに存在する著しくリアルなアンビヴァレンスを記述していないという懸念も一部にはある。この点で、肯定的な特徴がもつ現実性を認めるウィニコットは、肯定的なものを疑わしいものとして扱う傾向のあるフロイト派やクライン派といくぶん対照的な立場にある。このあり様には注目する価値がある。フロイト派やクライン派の分析家たちは，肯定的なものを攻撃性や破壊性への反動形成として考えがちである。それどころか，ときに，前者ではなく後者をパーソナリティの中核に据えているようにも映る。

3　錯　覚

錯覚概念についても同様に，分析サークルのなかでの意見の一致は認められないだろう。人間発達において錯覚に肯定的な地位を与えたのは，ウィニコット一人というわけではない。しかし，彼の見解はフロイトの見解と相当に対照的なので，ウィニコットが錯覚の役割を正当に評価していることは，「非合理主義でないのかという疑いを私たちに抱かせるきらいがある」。つまり，錯覚をこのように用いることで，「幼児神経症の残渣を含んでいるとの疑いを抱かれるかもしれないのだ」(Usuelli, 1992: 179, 180)。

哲学者アントニー・フルーは，同じく次のように示唆している (Flew, 1978: 492-496)。フルーによれば，錯覚に対してウィニコットが抱く見解は自壊している。とりわけ，ウィニコットが，正気の人が抱く信念といわゆる狂った人に特徴的な信念には同じくらいの道理があると主張しているときにそうなっている。それどころか，ウィニコットは，何回も，正常な発達過程を記述するため故意に狂気という概念を用いている。一例を挙げると，彼は，原初の母性的没頭は，ほかの状況下であれば，病気と呼ばれるかもしれないと述べている。フレスハイムは，フルーの批判に応じて，ウィニコットが錯覚と妄想を区別している点に着目している (Flarsheim, 1978: 508)。錯覚は正気な人をより適切に記述する言葉であり，妄想は狂った人を記述する言葉である。フルーは，宗教信仰は幻想であるというフロイト派の確信において，ウィニコットに喜んで従っている（もっとも，この点で，フルーは，フロイトの否定的解釈と完全に相反するといってよいウィニコットの肯定的な語義を正しく認識できていないのだが)。その一方で、フルーは、錯覚があらゆる芸術に本来的に備わっているという示唆については不満を抱いている。不幸なことに、フルーは、合理主義者としての指針にのっとり、聖体拝領におけるパンとワインをめぐるカトリックとプロテスタントの相違に関するウィニコットの些末な例を自分勝手に利用しており、そのことのために、フルーの論点は破綻してしまっている。そのうえ、フルーはメタファーの使用に関してほとんど述べていない。メタファーの使用について考えることが、ウィニコットがいかなる意味で錯覚という言葉を使用しているのかを理解する一助となるかもしれない。ウィニコットは、真実と虚偽のあいだに存在する第三の理解のあり方としての宗教や芸術との関連のもとで、錯覚という言葉を使用しているのである。

錯覚の意義についてのウィニコットの見解は、たとえばサールズの仕事など、別のところで受け入れられているようだ。サールズは、ウィニコットを引用して、彼自身、次のように述べている。「日々生きていくことにともない、大人であっても、錯覚と幻滅は絶え間なく増大していく。十分な成熟を見せると、つまり、錯覚状態や幻滅状態を経験する際の「スキル」が磨かれると、人は自らの環境への自信に満ちた創造的アプローチをますます発展させ、内的現実や外的現実を理解する能力もますます正確なものとなる」(Searles, 1965: 612-613)。ライクロフトは、移行現実という考えが、「おそらく過去三〇年のなかで精神分析理論に対する最も重要な貢献である」と認めているが(Rycroft, 1985: 145)、それはまったくのオリジナルというわけではないとも指摘し、創造的想像力について同じことを語っている多数の詩人を引用している。想像は、ライクロフト(Rycroft, 1968)の重要なテーマでもあるのだ。

フロイトの見解によれば、錯覚は、(宗教のような)普遍のレベルであれ個人のレベルであれ、早期の強力な願望充足を表している。フロイトは錯覚と思考における錯誤を同等のものとは見なしていない(換言すると、錯誤は必ずしも錯覚ではない)。とはいえ、フロイトの筆致には、次のような強い意識が認められる。あらゆる錯覚は誤った思考の実例であり、そこには願望充足に向かう欲望によって情動的に満たされているという要素が付加されている、という意識である。フロイトが例に挙げているのは、コロンブスが現在では西インド諸島として知られている土地に渡来した際の、インドへの新航路「発見」である。コロンブスが（東）インド諸島を発見したと考えたのは錯覚であった。錯覚であるゆえんは、その考えが錯誤であったためだけではなく、コロンブスがそのような航路を発見したいと強く望んでいたためであった。特別にこの主題を扱っている論文（Freud, 1927）の随所で、フロイトは錯覚を現実検討と合理的思考で置き換えることを望んでいる。個人が発達するなかで快原則は現実原則によって抑制され、ついには置き換えられる必要があるのとまさに同時に、フロイトは理性と真実に、錯覚に基づく思考を最大限に統治してほしかったのだろう。

ウィニコットは「錯覚」という用語を根本的に変形させている。錯覚は子どもが徐々に他者や外的世界と関わっていく手段となるだけではなく、母親の手助けによって子どもが体験できるような各々の脱錯覚（最初の脱錯覚は万能をめぐるものである）は別の錯覚に置き換えられるのである。錯覚能力は、人生の至るところにある新規場面（ある種の移行空間）に遭遇する肯定的な手段として存続するのである。それどころか、さらに論を進めて、次のように言ってもよいかもしれない。ウィニコットが示唆しているのは、実のところ現実は不可知であり、私たちは共有された錯覚の世界に生きている、ということである、と。究極的現実が不可知であることは、哲学や神学における議論に加えて、精神分析的な思考においてウィニコット以外にも着目している人がいる。一例を挙げれば、ビオンは絶対的真実を表す「O」という記号を用いている。「それについて知ることができ、その存在を認識し感じることはできるが、それは知られることができない」（Bion, 1977: 30）。こうした言葉は宗教的言説に近いため、知ることの限界と現実知覚の限界についての重大な見解の相違が、ウィニコットとほかの人びととのあいだに打ち込まれ、さらに、フロイトは宗教に容赦ない攻撃を加えたのである（ウィニコットとビオンに加えてラカンに関してもこの主題をさらに探究する向きは、Eigen, 1981 を参照）。

しかし実際のところは、錯覚についてのウィニコットの見解は、とくにその用語が「妄想」と対比されている場合には、それなりの意見の一致を見せているようだ。フロイトのなかにおいてさえ、その形跡が見出される。ウスエッリは、その二つの用語のあいだに重要な相違があると指摘している。錯覚は他者と共有されやすく、錯覚に対して異議をとなえることができる。一方、妄想を抱く人は、しばしば自らの現実や真実を他者に押しつけたいと望んでいる。ウスエッリは、「妄想、宗教、そしてイデオロギーのあいだの移行は複合的であり、それらのあいだの境界はぼんやりとしている」（Usuelli, 1992: 182）と書いている。フロイト（1927: 213）も、相当に荒唐無稽であり、私たちが現実について知っている全事象と矛盾する信仰に対して、「妄想」という用語を使用している。ことによると、ある種の錯覚であるような宗教とある種の妄想であるような宗教とを区別すれば、フロイトは議論をさらにうまく表現できたのかもしれない。実際フロイトは、精神分析自体においても、事態には変わりがないかもしれないことを理解している。フロイトの示唆によれば、精神分析が当てはまるかもしれない錯覚と宗教という錯覚は異なるものであり、精神分析の場合には異論を抱いても罰を受けることはなく（厳密にいえばこれは真実ではない、ということがのちに判明した！）、読者の見解は変化に開かれている（Freud, 1927: 237）。

私がフロイトの立場に少々留まっているのは、結局、ウィニコットが提起しているものと類似した考えをフロイトに見出しているからである。すなわち、「現実」という新しい体験が侵襲してくるにつれ、錯覚は変化しうるという考えである。フロイトは論を進めて認めるに至っていないが、「現実」という新版も、放棄された信仰と同程度にそれ自体錯覚めいたものであろう。さらに、ウスエッリは、フロイトが転移（すなわち、クライエントがセラピストをまるでほかの誰か〈しばしば過去の人物像〉であるかのように扱うこと）という考えを提唱したとき、転移は錯覚と同等のものと想定されていた。フロイトが転移をこのように理解しているかどうかは不明だが、次に私が示すように、フロイトが転移の有する移行的性質を認識していることは明らかである。治療関係は「かのような」という性質を帯びている。さらに、それはある程度共有された錯覚であり、セラピストも（転移を受け入れることを通してだけではなく、セラピストの逆転移を通しても）理解、洞察、変化というものを求め、その錯覚に参加している。セラピーは独自の移行空間と錯覚を提供するのである。それらは、ゆくゆくは放棄されなければならないのだが、即座に分析されたり、破壊されたりはしない（Usuelli, 1992: 180）。

4　移行対象

フルーは、移行対象や移行現象をめぐるウィニコットの仕事には「異常なまでに不釣り合いな」関心が寄せられていると論評している。ウィニコットは、その全活動に比して、移行対象や移行現象については多くを語っていないにもかかわらず、である（Flew, 1978: 485）。ことによると、ブロージの評論（Brody, 1980）の才気あふれる表題にもある「理想化された現象」なのかもしれない。

ブロージは、ウィニコットが移行対象という考えを提示するに至った実際の観察を記述しなかったことに対していくらか失望を表明している。ブロージは、移行対象へのアタッチメントがウィニコットの言うほどに普遍的なものかどうか疑問を抱き、母親との身体接触がよりいっそう豊富な農村地方で育った子どもの場合、移行対象の使用頻度はずっと少なかったという結果を示している研究に言及する。ほかの知見からも示唆されているが、移行対象を使用する乳児はより早くに離乳しており、また、赤ん坊との体験を優先することがあまりない母親をもち、父親ばかりが遊んでくれる機会のほうが多い。この論文におけるブロージによる移行対象と移行現象関連の文献レヴューは非常に貴重である（Brody, 1980: 595-599）。移行対象は不在の母親や疎遠な母親の代用として存在している可能性が高く、それゆえ、ウィニコットが認識しようとしている以上に、慰めてくれる類のものであるようだ。たとえば、ブロージは、乳児の寝具の一部をなす布素材は、おそらくその乳児の延長部分として知覚されるだろうし、それゆえに「乳児により抱きしめられ、乳児とともにある必要がある。そして……つかの間でもそれがないと、苦痛が生じ、ときにはパニックになることがあるので、乳児が行くところ、どこにでもついて行かなければならない」(Brody, 1980: 581)。

すべての子どもたちが移行対象をもつわけではないことに気づくと安心する。これはウィニコットの考えに触れた際の、一部の母親による実際の発言である。この論題を教えたときに耳にしたのだが、自分の子どもが移行対象をもっているようには見えなかったので、自分自身が移行対象とならねばならないと感じたとさえほのめかす母親もいる。移行対象が母親の代理であるならば、このことは道理にかなう。そのうえ、移行対象は、思うほどにいつも移行的であるとは限らない。ウィニコットは、移行対象は徐々に放棄され、「健康な場合は、移行対象は「内側に入る」こともないし、移行対象についての感情は必ずしも抑圧を被ることもない」と示唆している(1975: 233)。おそらく、ここで鍵となるフレーズは、「健康な場合」である。というのも、多くの研究や調査が示すところによれば、移行対象は、必ずしも放棄されず、退行現象となる。移行対象が放棄されるにつれて、ほかの症状や儀式が発展していくのである。

ブロージは、論文を作成した時点での、移行対象と移行現象についての最新の知見を要約している。移行対象や移行現象は、上流階級ないし上流中産階級の社会経済的地位にある家族により広く認められるので、その普遍性については意見の一致を見ていない。移行対象へのアタッチメントの程度は、母性による養育に反比例しているように見える。母親のこのような対象に対する認否も鍵となる因子のようだ。それゆえ、乳児がどれほどこの体験を「創造している」のかという点については疑問の余地がある。その対象は口唇と触覚に満足を与えているのだが、五～一二カ月のあいだに手に取られ、そして、遅くとも三歳までに放棄されなければ、その対象を移行的などとはとても呼べないであろう。児童期にこうした対象を所有することと、児童期やそれ以降における健全な対象関係、あるいは成人期における創造性、のあいだになんらかの関係があるという証拠はない。それどころか、移行対象と移行現象に関する発言の多くは推測である。たとえば、ウィニコットは対象の象徴的な使用を示唆しているが、乳児の思考をめぐるほかの研究が示しているように、そのような使用は乳児の精神機能としては高度に過ぎるものである。「乳児の神経発達が未成熟であることを考えると、象徴思考の能力があると想定することはできない」（Brody, 1980: 571）。ブロージは次のように結論づけている。

これらのおもちゃは、過度の孤独や郷愁を感じることなく、子どもが夜から朝にかけての時間を橋渡しできるように、あるいは、ある場所からほかの場所へと空間を橋渡しできるように手助けするという意味において、移行的と呼ぶことができるかもしれない。しかし、そのおもちゃを使用して、明らかに行動が遅延・停止したり、退行的にならないかぎり、ウィニコットの意味するところでは、口唇エロティシズムと真の対象関係のあいだにあるものを表現している移行対象、とはいえない。（Brody, 1980: 593）

スターンはウィニコットの移行対象と「擬人化された物体[*31]」を区別している。「擬人化された物体」とは、母親が赤ん坊との遊びのなかで使うおもちゃや対象であり、統合という仕事のなかで赤ん坊が使用するようになるものである。後者は、短命で、より早期に出現し、象徴思考というよりもむしろ記憶を必要とする。また、後者は自己／他者の分化への退行をともなわない（Stern, 1985: 122-123）。さらに、スターンは次のように示唆している。スターンは、明らかに、この領域全体において、ウィニコットの考えは有益であると理解しており、子どもの言葉（独り言）は、ウィニコットが示唆したように、移行現象かもしれないという証拠をいくらか提供しているとはいえ、子どもの初語は「擬人化された物体」となりうるのである（Stern, 1985: 172-173）。

＊31　personified thingは、ウィニコットの表現にそえば、「私有化されたもの」と訳せるだろうが、ここではスターンの既訳語である「擬人化された物体」に従った。

5 分化

ウィニコットが主として記述したのは母親と赤ん坊の関係性である。そして、一部のウィニコット批判も主として、彼が養育のつがいの結合体験を強調していること(加えて、この強調の結果)に対して向けられている。ウィニコットの理論全体が批判されているわけではないが、ダニエル・スターンが記述した研究は、ウィニコットとマーラー(後者に関しては、たとえばMahler et al. 1975を参照のこと)両者に認められる、最早期の未分化な段階に対してはっきりと疑問を呈している。「これらの見解と対照的に、この報告[スターンの報告]は、中核自己感と中核他者感がとても早期に、つまり、ほかの理論では自己/他者が長期にわたり未分化であるとされる人生の時期に形成されることを強調している」(Stern, 1985: 101)。

未分化の時期という考えは、スターンの示唆によれば、「大いに問題がある」にしても、「同時に……訴える力がある」。一昔前ならば「そうした感情が湧き出し、なんとか立ち戻れるかもしれないような、実際の心理-生物学的な源泉」(Stern, 1985: 240) がそこにあったのだろう。しかしながら、結局のところ、未分化は証明された状態ではなく、ひとつの信念なのである。つまり、「結合、帰属、アタッチメント、安全」(Stern, 1985: 24) についての信念なのである。アタッチメント理論は結合を出発点ではなく、最終段階としている。スターンの理論では、この中核関わり合いが二~七カ月の時期に達成されることになり、そして、中核関わり合いはその後「人間の結合の情緒的容器の役割を果たす」(Stern, 1985: 241) 感情となる。ウィニコットにとって分離することと関係することは同等の発達ラインであるにもかかわらず、最早期の時点に共生期を強いて入れ込んでいる。かくして、ウィニコット自身が明確にしているように、ウィニコットとマーラーは意見を異にする。というのも、ウィニコットは、マーラーが使用している「共生」という用語を、「あまりに深く生物学に起源をもちすぎていて受け入れがたい」(1971a:

130）とし、拒絶しているからである。ウィニコットは、次のような文章で、未分化に対する代替案をほのめかしてもいる。「観察者の視点からは、原初的な融合状態で対象と関わっているように見えるかもしれないが、始まりにおいて、対象は「主観的対象」であることを思い出すべきである」（1971a: 130）。スターンの仕事は、実際には、観察者が正しいのかもしれない、ということを示唆している。

6　育児の理想化

ウィニコットの強みは、母親と乳児自体とその周辺の観察にある。しかし、強みには弱みも暗に含まれているだろう。そして、ウィニコットが赤ん坊の主たる世話役を母親に担わせることで、母親に割り当てられた役目に対して、現在批判の声が高まっている。それゆえ、母親は、善かれ悪しかれ、子どもの発達に対する責任をただ一人で負うことになってしまうようだ。無論、ウィニコットが母親を非難することはない。むしろ、どちらかといえば、ウィニコットは、母親が自然な直観的感情に従って子どもの世話をすることを許さないという理由で、医師や看護師に対してより批判の目を向けている（たとえば 1988a: 69-81; 1988b: 104）。しかし、パーカーが見るところでは、ウィニコットは、育児する能力は女性が制御できるものではないということを示唆してもいる。つまり、育児は女性に可能なこともあれば、不可能なこともあるようだと示唆しているのだ。「この世界にはさまざまな母親が存在する余地がある。あることが得意な母親もいるし、別のことが得意な母親もいる。それとも、ある母親はこれが不得意で、ある母親は別のことが不得意であると言いましょうか？」（1988a: 18）。同時に、ある意味、赤ん坊とともにいるときの自分のあり様を抑制することができない母親も、「当初は乳児の万能を維持し、そこから段階的に乳児の要求に対する適応の失敗を組織化する、という高度に複雑な発達の筋道を編成することに責任を負っているのである」（Parker, 1994: 6）。

想像するに、関係性を扱う分野では、どんな形であれ不安を喚起しないように物を書くことは難しい。ウィニコットの仕事にも一理あるし、ウィニコットが記述した母親たちにも一理ある。つまり、ウィニコットと母親たちは、「あちらを立てればこちらが立たず」となっているのだろう。シーガルの見解では、ウィニコットの強調点は、一九三〇〜四〇年代にかけてのトルービー・キングの考え方とバランスをとるために必要であった。たとえばキングの考えでは、赤ん坊が泣くと、母親は自然と赤ん坊を抱き上げる傾向があるので、母親はそうしないようにと教えられる。けれども、さらにつづけてシーガルは次のように言っている。母親とその状況の理想化によって、「現実の母親からすればウィニコットは自分たちをかなり苦しめる存在となっており、母親は自分たちの「悪さや不快感」を認める余地を失っている」(Segal, 1992: 95)。これはとうてい真実とはいえない。というのも、第2章で示したように、少なくともある論文のなかで、ウィニコットは母親の憎しみを相当強調しているからである(1975: 194-203)。ウィニコットも、見たところ母性の理想化と思えるものを「ほどよい母親」というフレーズで修正することで緩和している。たとえば、母性の理想化は、「良い母親は、自分の本能に従ってさえすれば、当然のごとく、育児の仕方を知るものである」(Chodorow, 1989: 90)という所感のなかに認められる。そのようなフレーズは一部の女性には慰めとなるが、その他の女性には「ほどよい」という内実はなんなのかという疑問が浮かぶのも不自然ではない。

セラピストやカウンセラーが「ほどよい」というフレーズを、育児だけではなく、自分自身の仕事にも、どれくらい使用しているのだろうか、という事柄にも大変興味をそそられる。「ほどよい」セラピストになるという暗黙の了解に飛びつくことで、自分自身や自分の仕事をめぐる不安がいくらかでも和らぐ。もっとも、セラピストがときどきその用語を使用する仕方に触れると、その用語はいまや便利なフレーズとなってしまっているのではないかと思う。そのうえ、そのフレーズを使用することには、他者の福祉に現実に責任をもったり、責任を感じたりする人が抱く不安を解決するというより、むしろ覆い隠してしまう危険性がともなう。それは安心をもたらす用語かもしれないが、その使用により治療的役割にも母親役割にも付き物の現実の葛藤やアンビヴァレンスを取り扱えなくなる危険性もある。移行対象と同様に、ウィニコットの「ほどよい」はその重要性が誇張されてしまっている。

完璧な母親は、フェミニストの分析家であるチョドロウが述べるように、「乳児的な空想」である（Chodorow, 1989: 90）。もちろん、ウィニコットは、母親が抱えるアンビヴァレンスについてさらに包括的なイメージを描いている。つまり、すでに述べたことだが、母親が自分の赤ん坊を憎む様子を記述することで、より均整のとれたイメージが形成されている（1975: 194-203）（精神分析におけるアンビヴァレンスは、まったく相反する強烈な感情が存在しているということを意味しており、ぼんやりとした「感情が混ざり合った状態」のことではない）。しかし、ここでも、彼の「憎しみ」という言葉の使用法は、たとえば、攻撃性ではなく、安心のような完全に正常でありうる感情の記述にはまったく不適切に思われる。疲れていて少し休憩したいときに、ときたま自分以上にわが子にうまく応答できる人がほかにいるならば、母親は大喜びすることだろう。世話する必要がないという感情、あるいは、自分のことを自分ですることができる喜びという感情、このような普通の感情には言及されていない。赤ん坊からの絶え間ない要求にあらがって自分を保ちたいという願望は、母親のなかの憎しみである必要はない。ウィニコットが乳児に対して暴力的な考えを抱くことは正常であると認めていることは、それゆえ安心材料となっている。その一方で、生後数週間においてさえ、自分自身のために楽しんで時間と空間を確保することは正常であるということがわかりにくくなっている。パーカーも、次のような事態をウィニコットがいかに認識しそこなっているかについて述べている。母親の憎しみ（あるいは、さらに詳しくいえば、父親の憎しみ）は、つねにコンテインされるわけではなく、「こっそりと揺さぶることからはっきりとした虐待にまで及ぶあり様で」（Parker, 1994:

7）行動化されうるのだ。

ウィニコットはアンビヴァレンスという概念を導入しているが、この領域での彼の考えにはまだ推敲が必要である、とパーカーは論じている。ウィニコット理論のこの側面を批判するほかの人びとと同様に、彼女は次のように示唆している。ウィニコットは（その他多くの分析家と同じく）、自身の戒律に縛られていた。その戒律は、「母性発達についての私たちの理解が損害を被るまでは、子どもの視点から」（Parker, 1994: 3）人生を眺める傾向にある。キングは、ウィニコットの有名なフレーズを巧みに転倒させ、皮肉めいた表題をつけた「一人の母親などというものはいない」という論文のなかで、ウィニコットの仕事に同様の批判を向けている。というのも、ウィニコットの仕事は、「相当多くの注目が育児に注がれている」にもかかわらず、「母親自身についてはやや関心が薄い」からである（King, 1994: 18）。この批判の裏づけとして、キングはウィニコットを引用している。「新生児の世話は専従の仕事であり、……ただ一人の人物のみがうまくやりこなせるのだ」（King, 1994: 21）。

チョドロウ（Chodorow, 1978）はウィニコットを引用し、「一人の赤ん坊などというものはいない」というフレーズや、本当の自己と偽りの自己という概念に加えて、彼が育児を「母性本能」とする観念を戒めていること（妊娠中の母親に起きるのは本能的ではなく心理的な変化であろう）に同意している。それにもかかわらず、チョドロウは、分析家全般、とりわけ（時おり名指しで）ウィニコットを批判している。「分析家の考えでは、たいていの「正常な」母親はさほど困難を感じず彼らの指示を遂行することができるのである」（Chodorow, 1978: 85）というのがチョドロウの懸念である。チョドロウは、一例として、育児についてのウィニコットの「感情がほとばしる」フレーズを引用している。それは、「それがまさに健康である証しであっても、ほとんど病気といってもよい並外れた状態」（Chodorow, 1978: 65; Winnicott, 1965a: 15）というフレーズである。チョドロウは、その批判のなかで、つづけて、分析家たちが母性的役割、その達成と充足を強調していること、さらに、母子の相互性と一体性を強調していることを非難している。チョドロウは「母子の多くはその関係を通じて充足し合っており、乳児の世話を楽しんでいる母親は多い」（Chodorow, 1978: 86）という点には同意しつつも、重要な但し書きを付け加えている。つまり、関係性は子どもの視点と母親の視点からではそれぞれ異なって体験されるとの但し書きである。子どもは母親と関係をもつか、それとも誰とも関係をもたないかのどちらかである。しかし、「母親は家族やそのほかの共同体や社会にも参加しているのである」(Chodorow, 1978: 86)。

分析家たちもまた、女性の置かれている立場にともなうほかの特徴を認識していない。たとえば、母親がそのとき、自分の夫に経済的に依存している状態だったり、子どもの世話におけるジェンダー役割だったり、などである。チョドロウは、この点に関しては、社会学者のほうが私たちに多くのことを教えてくれると考えている。女性分析家たちが「少なくとも、母親と乳児の相互性に潜在的な心理的非対称性があることに触れており」、乳児の発達においてその非対称性がもつ価値を強調しても、「男性の理論家[*32](適例として、ボウルビィとウィニコットが挙げられる)は、乳児との関係の外側における母親の関わり合いや、乳児との関係がもつ強度を母親が和らげることに関心を抱いているかもしれないことを無視している」(Chodorow, 1978: 87)。また、チョドロウは、ウィニコットがジェンダーの問題を取り扱っていないと批判している。彼女は、精神分析の記述における矛盾を引用している。つまり、あらゆる人びとが育てられた経験をもっているゆえに自然と親になる基礎をもっているにもかかわらず、女性だけが「親としての(いわゆる「母性的」)世話を提供しつづけている。男性における潜在的な育児能力になにが起こっているのだろうか?」(Chodorow, 1978: 88)。

7 父親たち

マンチャの見解によると、現代精神分析は、「相当多くをクラインとウィニコットに負っている」(Mancia, 1993:

＊32 引用元の原文は male theorists であるが、原書では male therapists とあった。誤字と判断し、ここでは前者を採択した。

941）とのことだが、そこでは、早期の発達段階に焦点があてられ、親子関係においては母親像が強調される。そのため、父親の役割、そして、フロイトが発展させたエディプス・コンプレックスの重要性の影が薄くなっている。そうした強調に異議をとなえ、母子関係の障害よりもエディプス状況への退行こそが精神病理を理解するうえでより重要であるといまだに考えている分析家もいる。

第2章で述べたように、ウィニコットは、母親のためにある環境を促進するという父親イメージを提示することでその役割を多少拡張しているとはいえ、いくぶん伝統的な役割を父親に割り与えている。父親が促進する環境のおかげで、今度は、母親は赤ん坊にふさわしい適応的環境を提供することができるのだ。父親らしさに関して、ウィニコットは正統のフロイト派の立場にある。すなわち、父親は母親を支持する者として子どもの人生の最初からそこにいる必要がある、という立場である。のちに父親は、分離した人物の実例を提供し、それがエディプス・コンプレックスで彼が果たす役割へと発展していくのだ。

ウィニコットは二つの争点で批判の的となっているが、それはもっともなことである。第一の争点は、女性が核家族のなかで扶養と世話を兼務していると想定する図式である。トマス（Ferguson et al. 1993 による）は、そのような想定が「ボウルビィやウィニコットのような育児の専門家によって支持され、信憑性を付与されている」（Ferguson et al. 1993: 184）との見解を提示している。以前に引用したが、ウィニコットは、新生児の世話を「申し分なくできるのはたった一人の人物だけである」（1964: 24）と書いている。ウィニコットは、所々で、父親がいかに母親の役割を引き受けることができるかを示しているが（1965a: 72-73）、男性は本質的に（実際にウィニコットが書いているのだが）「母親代理」であり、父親の役割を担っているわけではない。ここにもまた、クライン理論との重要な相違点がある。クラインの理論では、父親は子どもを母親から保護し、母親を子どもから保護するのであり、単純に母子を外的世界から保護するというわけではない。シーガルは私たちに、「クラインの考えでは、子どもは、父親の支持や助けを、母親への幻想上の攻撃の後に、母親の健康、良さ、幸せ、赤ん坊を回復させる際に必須のものと感じているのである」(Segal, 1992: 95) と念を押している。

ライクロフトも同様に、『遊ぶことと現実』の書評のなかで、ウィニコットが父性的かつ男性的なものに対する感覚をもち合わせていないことを批判している。同書における「父親」への言及はわずか三回きりである。ライクロフトは、「父親は母親以上にというわけではないが、母親と同じくらいには子どもと遊んでいる（この事態は乳児の場合とは対照的である）だけではなく、私たちの文化には、今世紀において女性が解放されたにもかかわらず、いまだに男性が主として創出し、伝達しているという痕跡も明らかにある」(Rycroft, 1985: 142) と述べている。このことは、サミュエルズも指摘するように看過できない。サミュエルズによれば、ウィニコットは（なかでもラカンやユングと同様に）「父親の関わりについての文化的構築物」(Samuels, 1993: 147) を認めることができていない。

同様に、すでに育児との関連で記したように、母親と父親の関係性が母子関係に深い影響を及ぼしている。つまり、一対の母子関係は孤立した状態で生起するものではない。父親が一方で、「愛することができ、協働し世話をする現前する対象として、あるいは、物理的にも情緒的にも不在の対象として、もしくは、新しい母親－乳児カップルに対してサディスティックで当てにならず無責任な対象として」(Mancia, 1993: 942) 見られる場合、そのことがいかなる影響も及ぼさないとするならば、まったくの驚きであろう。ウィニコットはこうした可能性をまったく探究していないが、支持的な関係の価値についてはかろうじて示している。マンチャは次のように論じている。母親の役割が「父親やその実際の感情に深く影響される」(Mancia, 1993: 942) そのあり様に関する見解がより包括的になれば、やがて病理を理解する第三の道が拓かれることになる。それは、単にエディプス段階における父親の立場だけではなく、また、単に母子関係だけでもなく、「父親が、前エディプス段階や、原初的関係における母親の役割を定義するうえで、いかに重要でありうるのか」(Mancia, 1993: 942) ということである。この間接的な役割に従えば、父親は、「子どもの近親姦願望に抗する重要な防波堤」(Mancia, 1993: 944) の役目を務めることで、三角関係のなかで中心的役割を果たすことになる。また、マンチャの見解では、不在の父親が、発達上、重要な意義をもっている。

ウィニコットは、臨床作業のなかでもちろんのこと、成人に加えて、あらゆる年代の子どもたちを診ており、当然のことながら、多くの症例で父親との関係性を重視しながら作業していたにもかかわらず、その著述のなかに、発達後期に対する関心はほとんど認められない。第3章で私はすでに、ウィニコットの症例アルフレッド、ならびに父親の入院がその少年に与えた影響について引用している。精神病の親が及ぼす影響に関する論文を読めば、ウィニコットは、父親の病気が後期児童期において重要な意義をもつと確実に認識していることがわかる。それにもかかわらず、その文脈においてさえも、ウィニコットは、初診時一一歳の急性精神病エピソードの状態にあった少年の症例を提示する際に、肯定的な側面を強調し、否定的側面から生じる可能性をもたらす結果を無視しがちである。その少年の父親は統合失調症であり、母親はスキゾイドであった。しかし、ウィニコットは、両親は、その少年が病気のあいだつねに彼を見守り、「大部分、重篤な病気をもつ両親のおかげで、彼は現在健康なのである」(1965a: 76-77)と示唆している。

父親が母親を経由して赤ん坊に接近するというウィニコットの考えも、サミュエルズがホプキンス(Hopkins, 1990)を引用し指摘しているように、研究により否定されている。さらに、サミュエルズは、『子どもと家庭』に収録されている論文中の記述を引用して、ウィニコットにとって父親は無意味であることを例証している。その記述によると、父親の病気が「最早期の乳児期にある子どもの人生を侵襲する」ことはない。「まず、乳児が父親を一人の男性として認識できる年齢に到達する必要がある」(1965a: 73)。サミュエルズは、**父親による**抱えという彼独自のアイデアを、ウィニコットの**母親による**抱えと似て非なるものとして提示している(Samuels, 1993: 158)。というのも、サミュエルズの見解では、抱えることには、性愛的なフィードバックや攻撃的なフィードバックがともなわれるからである。そして、サミュエルズは包括的であることを望み、この事柄は親子の実際の性別を超えた隠喩的な概念となっている。早い時期から、フロイトは、肛門期とエディプス期において父親が重要な地位を占めていることを認識していた。サミュエルズが、父親役割の重要性をフロイトの認識に近い位置にまで回復させているとはいえ、結局のところ、彼は父親役割の特殊性というところまで私たちを導いてはくれない。

二歳以降の子どもを理解する段となると、ウィニコットの見解が伝統的なものになりがちなのは確かである。その影響は、子どもの体験のなかで父親が占める位置についての見解にも及んでいる。回答として、私たちは次のように言ってもよいかもしれない。ウィニコットの真の強みは、人生の最初の六カ月における母子関係の観察とそこでの作業にある、と。ウィニコットに関するかぎり、それは決定的な時期であった。デイヴィス教授は、ウィニコットの次のような話を思い出して語っている。「四カ月間熱愛された子どもがいるならば、その自信を打ち砕くことなどできはしない」（私信）。それが母親の役割を過度に強調しているように映るのならば、おそらくどのような専門家でも専念できるのはたったひとつの領域に過ぎないとの批判がもち上がるだろう。それでも、ウィニコットは母親を一方的に強調しており、それが彼の重大な弱点であることを示すことができれば、ここでの説明は十分である。

8　性別差

チョドロウは、育児に関する著名な研究において、前エディプス期における性別差について一意専心に吟味している。ウィニコットは、この点で、彼女の描いたイメージから抜け落ちている。というのも、ウィニコットはこの主題についてまったくと言ってよいほどなにも書かなかったし、この領域が総じて彼の弱点でもあるからである。「逆転移のなかの憎しみ」（1975: 201）のなかに、ジェンダーについての意識がわずかながら認められる。そのなかでウィニコットは、「たとえ男の子であっても、母親が自分の赤ん坊を憎むいくつかの理由」（女の子ならばもっとたやすく憎まれてしまうだろうと言っているかのようである）について書いている。ウィニコットがこれより前の文章でフロイトを引用しており、そのなかで、フロイトは男の赤ん坊に対する母親の愛に言及していることから、おそらく、この部分においても、ウィニコットはこのフレーズのみ使用したのだろう。ウィニコットがジェンダーの問題の検討に最も接近したのは、創造性の起源についての論文（1971a: 72-85）と、フェミニズムについての論文（1986: 193-194）においてだった。そこでウィニコットは両方のジェンダーにある女性的要素と男性的要素を区別している。『遊ぶことと現実』（1971a: 72-79）の症例では、ジェンダーに特有の事柄よりも、自分の創造的な介入に多くの関心が注がれている。たとえば、「あなたが男性なのは完全によくわかっていますが、私は、女の子に耳を傾けていますね。……実際に寝椅子の上にいるのは男性なのに、女の子が見えて女の子の話が聴こえているのは、**私**のほうですね。気が狂っている人は、**私自身**ですね」（1971a: 73）。

ウィニコットは、性別差について、「あること」と「すること」という馴染み深い区別を用いている。もっとも、フロイトはすでに、「能動的」と「受動的」という形容詞を生殖における精子と卵子に限定することで、男性と女性を「能動的」「受動的」と同義とするような試みを退けたが、そのことは記憶に留めておく価値がある。だとしても、性別差に関してウィニコットは、「あること」と「すること」という使いやすい区別をしている。道徳的なことを考える段になると、それほど首尾一貫しなくなるのだが、フロイトは、男性と女性のあいだにあるその他すべての心理学的相違点を社会的構築物と見なしている。ライクロフトは、ウィニコットが「穏やかさ」を「女性的な」ものに分類し、「欲望」（女性的な欲望でさえも）を「男性的な」ものに分類しているとして批判しているが、それは正しい。このことは、「淑女であっても行動を起こす今日の情勢を思い起こせば、不思議である」（Rycroft. 1985: 142）。ライクロフトは、ウィニコットに対してフェアであろうとしているが、ウィニコットが「「能動的」と「受動的」は正確な用語ではないが、私は議論をつづけなければならないので、利用可能な用語を用いているのだ」（1971a: 76n）と述べている脚注を見過ごしているようだ。

ウィニコットがこれらの問題にあまり関与していないことを強調しても、それはまったくフェアではない。彼と同世代の多くの精神分析家と同様に、ウィニコットは「両性性への素因」(1971a: 72) を受け入れていたが、それらの問題を探求することはなかった。ウィニコットの性差をめぐる論文「フェミニズムというもの」を読んでも、社会自体や現在の私たちが決定的な政治構造として認識している事態について、ほとんど述べられていないのである。

9 社会構造の重要性

チョドロウに代表されるフェミニズムが精神分析に加える批判は、男性優位の団体や専門職による母性への見解に向けられているのであり、特別にウィニコットだけが目の敵にされているわけではないことを忘れないようにしなければならない。ウィニコットが、母子関係特有の (男性的) 焦点をあてているため、フェミニズムからの批判にとって格好の候補者であるにしても、である。フロイトについても事情は同じだが、ウィニコットは家父長制社会の影響下にある人物の典型であり、フェミニストの政治構造分析が登場した折には、時すでに遅く、ウィニコットはそこから影響を受けなかった、と論ずることもできる。

サミュエルズは、対象関係論と政治の変化について書き表し、次のように示唆している。つまり、クライン派とウィニコット派 (サミュエルズは実際にこの用語を用いている) のあいだにはある同意事項があり、そこから、「心理的苦痛が内包する社会政治的な側面やその他共同体に関する側面を認めようとしない」傾向が生じている (Samuels, 1993: 275)。先ほども述べたが、サミュエルズは、ウィニコットが家族に加えて、政治構造における父親の役割も理解できていないと名指しで批判している。とはいえ、そのような批判は、対象関係論全般に向けられているのであり、特別にウィニコットを狙い撃ちにしているわけではない。

別の章でサミュエルズは、ウィニコットが反ユダヤ主義との闘争をめぐりチェンバレン夫人に送った手紙を引用しており（Samuels, 1993: 296）、この手紙から、ウィニコットが現実的に政治的事柄に緊密な関わりをもっていたことがわかる。このことはまた、折々の社会問題を取り上げているさまざまな論文に加えて、刊行された書簡集のなかにも映し出されている。ウィニコットは、いくぶん上から目線の題名がつけられた「フェミニズムというもの」（1986: 183-194）以外にも、民主制や君主制をめぐる論文も公表した。『家庭から社会へ』のなかで、編集者らは、第三部に収められた九篇の論文をまとめて、「社会について考える」との題名をつけている（1986）。フェミニズムをめぐる論文は、一九六三年に公表されているのだが、多くの点で時代を先取りしており、このトピックに対する彼の関心が表れている。論文の冒頭は、次の文章で始まっている。「これは、近年、私がしでかしたなかで、最も危険なことである」（1986: 183）。しかし、全般的に、この論文は期待外れなものであり、そこにはウィニコットがフェミニストの議論を一面的にしか認識できていないことが表れている。一度だけ、ウィニコットは社会学的次元に言及し、男性のなかにある集団妄想を記述している。その集団妄想により、男性は「女性のパーソナリティが有する「去勢された」側面を強調」するのである（1986: 187）。ウィニコットはここで、女性に対する男性の羨望が、男性に対する女性の羨望よりも大きいと示唆している。それ以外の点では、この論文のなかで、社会学的あるいは政治的視座よりも、性差と男性と女性の関係性についての記述が占める割合が高いのである。民主主義をめぐるウィニコットの論文（1986: 239-259）のなかでも、（フェミニストである著作家ディナースタイン〈Dinnerstein, 1987〉も同様に論じているが）すべての乳児の人生において母親が強力な地位を占めていることへの認識により多くの紙数が割かれている。このことが原因となって、「女性恐怖 fear of WOMAN が形成されるのである。……それは社会構造における強力な動因であり、そして……一人の女性が政権を握る社会がほとんどないという事実を構成する要因でもある」（1986: 252）。ウィニコットが認識できていないのは、この関係性とは対極のもの、つまり、いかに社会の圧力や構造が母子一対や家族生活に侵襲しているか、ということであろう。「侵襲」

がウィニコットにとって重要な概念であるにしても(母親は、外的世界が徐々に乳児に侵襲するよう取り計らうのである)、ウィニコットの養育のつがいにとって、外的世界は概してすぐそばにある環境のことであり、母性機能に影響を及ぼすより広大な世界のことではない。

10 性愛

ウィニコットは幼児性愛を無視している、といわれるようだ。実際は、「性愛と名付けられることがなく、名付けられるにしても、きわめて限定的であった」というのが真相である(Clancier and Kalmanovitch, 1987: 124)。アンドレ・グリーンは、ウィニコットのなかに、性的なものからは逸れているという意味で、グリーンが「忘却」と呼ぶものを見ている。ウィニコットが性愛を語る際には、性愛が名指しされることはなく、その代わりに、グリーンが「反－性的」因子として強調するものを名指ししている。つまり、一部の患者にとって、そこにないものが、そこにあるものよりも重要なのである(Clancier and Kalmanovitch, 1987: 125)。ウィニコットはエディプス・コンプレックスという世間に広く受け入れられているフロイトの概念に対しては不服を申し立ててないが、エディプス・コンプレックスそれ自体が登場することはほとんどない。とはいえ、ボウルビィの三部作『母子関係の理論』のなかにも、エディプス・コンプレックスはまったく登場しない。おそらく、ある点で、これは想定内の事態であろう。というのも、ウィニコットの関心は、三者関係ではなく、養育のつがいに向けられているのだから。だがしかし、グリーンバーグとミッチェルは、ウィニコットがエディプス・コンプレックスを記述している一節(Winnicott, 1965b: 16-17)を引用している。ここでウィニコットは、エディプス・コンプレックスをフロイトと結びつけ論じているが、一目瞭然というほどでもないものの、実際のところ、クラインに依拠しつつ記述を修正している。ウィニコットが実質的にクラインの仕事を参照していることは間違いない。グリーンバーグとミッチェルは、「クラインは、フロイトのエディプス危機についての説明と自身の説明とのあいだの相違点を明瞭に提示している。ウィニコットはそうしていない。ウィニコットはフロイト理論をクラインの視点から書き換えて、伝統を破らずに合意しているという錯覚を保持しているのである」（Greenberg and Mitchell, 1983: 207）。ある論文のなかで、ウィニコットは、ペニス羨望が女性の心的特徴であるとともに、男性の心的特徴でもあることが大いにありそうなところで、その可能性をまったく認識せず、自分の男性患者のペニス羨望をウィニコットがその患者のなかに見ている「女の子」の兆候と理解している（1971a: 73）。先ほど取り上げた、ウィニコットのフェミニズム論文はそれ以前に刊行されており、そこではその可能性が取り上げられていたにもかかわらず、である。ウィニコットは、この患者のなかでは、患者の母親が彼を女の子と見なしたあり様が重要であるとして、その探索をおこなっている。しかし、今日では、ジェンダーと性役割において社会化と同一化が決定的問題であると認識されているが、ウィニコットはその事柄にさらに踏み込んでいくことはしていない。

クランシエとカルマノヴィッチは次のように指摘している。ウィニコットの著作を、とりわけ『抱えることと解釈』（Winnicott, 1989a）に記述された仕事を、より入念に読み込めば、発達においてエディプス・コンプレックスに到達している患者と作業する際に、ウィニコットがエディプス・コンプレックスに言及しつつ、その解消に向けて作業をしていたことは明らかである（Clancier and Kalmanovitch, 1987: 95-97）。同時に、次のことを記憶に留めておく必要がある。クラインやラカンのような革新的な分析家たちは、エディプス・コンプレックスを再解釈し、早期の母子関係においてさえも、それが重要であることを見出したのだ。精神分析理論のこの部分において、ウィニコットが因襲的であるのは驚くべきことである。

11　哲学からの批判

グロールニックらは、ウィニコットの仕事を理解する本を編纂するなかで、賢明にも英国哲学者アントニー・フルーに移行対象についての論評を依頼した。というのも、ウィニコットの観察には、「明白に哲学的な含意」(Flew, 1978: 483) があるからである。移行対象という概念と錯覚に対するフルーの批判についてはすでに言及している。フルーのほかの評言は、ウィニコットだけではなく、ほとんどの分析家にも当てはまる。たとえば、フルーは、「粗雑な理論命題、大人の視点による子どもの内面の帰属化[*33]からくる概念化、そして過度の一般化」(Flew, 1978: 483) を非難している。フルーの論評によれば、ウィニコットの概念は流転する世界に属しているようだ (Flew, 1978: 491)。しかし、フルーの試みのように、概念自体がきちんと整理されても、ウィニコットは、多くの精神分析の思考に典型的に認められる過ちを犯している。一般概念が特殊な例から形成されているにもかかわらず、「あらゆる場所、あらゆる時代の全人類」(Flew, 1978: 491) を包括しているように見せかけている。

ウィニコットが移行対象についての論文 (1975: 229) のなかで定義したように、フルーは移行対象が研究に値するということに同意している。もっとも、彼が、移行対象という概念は、有用であるとしても限界もある、と考えていることは明白である。「問題が生じるのは、(固有の限界をもつ概念の範囲に収まるものすべてを理解し始める前から) あれこれとその応用範囲を相当に広く拡張しつづけた結果、その元来の意味合いから離れ、おそらくいまや根拠をなくした含意のみが残るときである」(Flew, 1978: 491)。移行対象は子どもにとって著しく重要だが、

＊33　adultomorphism は、ジョン・ニューソンが一九七九年に提唱した考え。子どもの内面の出来事をあたかも大人のそれと同じように解釈しがちな大人の傾向を指す。

移行対象が引きつづき成人の人生にも影響を及ぼしていくのか、という点に関しては要検討である。フルーは、移行対象論文のなかの矛盾を指摘している。たとえば（第2章で取り上げたが）ウィニコットは、最初の臨床例として、おもちゃのうさぎを記述しているが、つづけて、それを真の移行対象ではなく、慰み物と呼んでいる。さらに、ウィニコットは、真の移行対象の喪失は母親の喪失よりも重要であろう、と示唆している（1975: 235）。フルーは、移行的なテディベアの喪失が母親の喪失よりも現実的に重大であるとは考えがたいとしているが、それはもっともなことである。フルーへの返答のなかで、フレスハイムは、フルーによるその文章の文字どおりの理解については同意しつつも、次のように議論している。「ウィニコットの意図は、母親との関係性が損なわれておらず、当たり前のものとして受け取られるほどに安全である場合には、子どもにとって移行対象が母親よりも重要であると体験される、ということなのである」（Flarsheim, 1978: 507）。この返答は意味をなさない。というのも、もともとの比較の対象が、母親との関係が損なわれている場合だからである。

フルーは、赤ん坊が移行対象それ自体を創造するとはいえないにしても、赤ん坊が特定のやり方で（ほかの誰かが創造し、利用できるようにしてくれている）対象を使用することは認めている。それゆえに、対象そのものよりも、「対象の使用」がより重要なのである。この「対象の使用」という表現は、フルーが認めているように、もちろんウィニコット自身のものである（Winnicott, 1971a: xi-xii および 86-94）。ウィニコットは、移行現象が千差万別であるという理由で、その実例を挙げたがらないのだが（1971a: xii）、フルーは、その点でもウィニコットを批判している。ウィニコットの示す論拠は不十分であり、とりわけ、ウィニコットがつづけて、「この定義により」などの表現を用いる際はなおさらである。ウィニコットが実例を挙げたがらないのは、定義が存在していないからである。フルーが挙げた第三の疑問は、移行の中間になにがあるのかという、ということである。フルーは、体験の中間領域、つまり外的現実と内的世界のあいだに存在する第三の世界の一種、である移行現象に懐疑的である。オッカムの剃刀という重要な哲学原理に照らせば、不必要な世界を新たに仮定すべきではない。フルーは問う。その体験が第三の世界に属していると語る必要などあろうか？　体験はもともとの二世界のうちの二番目のほう、すなわち心的現実、に属しているとしてはいけないのだろうか（Flew, 1978: 498）？　フルーに対するフレスハイムの返答では、錯覚領域は実際には第三の世界ではなく、「一方の外的知覚と他方の夢や幻覚」（Flarsheim, 1978: 509）という二つの世界の統合であるとしている。問題がこじれてしまっているのは、ウィニコットがこの第三の体験型を記述するのに「空間」と「地帯」という用語を用いており、そのため、分離した世界が暗示されてしまっているからである。

最終的にフルーは、自分には、ウィニコットの概念に対して「歓迎の声に入っていくのを妨げるような、根深く動機づけられた心的盲点」（1978: 499）があるのではないだろうかと自問している。フルーの批判に対するフレスハイムの応答では、あえてその疑問には触れられていない。しかしながら、フレスハイムは次のように示唆している。臨床家が認識しているが、哲学者はおそらく認識していないだろう事柄があり、それは移行領域の概念とセラピーにおける転移反応とのあいだにある類似性である。というのも、「患者はセラピストに対して、あたかもセラピストが患者の過去から登場したある人物であるかのように感じたり反応したりすることに気づくのだが、その一方で、患者は、自分自身のアイデンティティやセラピストのアイデンティティといった現在の現実、そして治療状況という現実をたえず意識している」からである（Flarsheim, 1978: 509）。フロイトが「転移は、……病気と現実生活のあいだに中間領域を創造する。そこを通って、一方から他方への移行がなされるのである」と書いたときには（Freud, 1914: 154）、この事態を予測していたのだ。

12　治療関係

ピーター・ローマスは、自身が革新的著作家であり、ウィニコット以上に公然と、伝統的な精神分析技法を批判している。ローマスの認識によれば、ウィニコットの技法は「おそらく、治療的破綻という現象を理解するうえで、最大限の寄与をするものである」(Lomas, 1987a: 83)。それでも、彼は、術語が明確ではなく、術語の使用法が限られているために、ウィニコットの立場が弱くなっているある領域を取り出している。たとえば、ローマスは、破綻の全過程と、「あるセッションにおける」より「直接的でつかの間の劇的な出来事」(Lomas, 1987a: 86)とに対して、ウィニコットが同じ術語を使用することで明確さを欠く結果になっていると示唆している。また、退行も、ウィニコットが示唆する以上に多義的である。つまり、「退行は強烈に破壊的でありうる」が、また創造的でもありうる。後者の立場をとっているのは、ほぼウィニコットただ一人である。また、ウィニコットの考えの価値は、彼がセラピーの抱え保護する機能を理想化することで損なわれている。ときにウィニコットは、そうした機能を「ほとんど超人的な感受性、根気、忍耐を要するものとして」(Lomas, 1987a: 87)提示しているだけではなく、抱えることの安心を「快適な錯覚と否認」(Lomas, 1987a: 90)という表現で解釈しがちである。クライエントにサポートを提供する必要があるのは確かだが、個々のクライエントのニーズに従って提供されるべきであり、慰めに加えて挑戦の余地も必要である。ローマスの考えでは、ウィニコットには大げさに表現する傾向があり、ウィニコットのカリスマ性によって理想的な母親という過度な単純化が覆い隠されているのだろう。

同様に、ローマスは、ウィニコットの仕事のおかげで、セラピストが概してよりくつろいだ態度をとってもよいと思うようになったことを認めてはいるが、一方で、ウィニコットがセラピスト側のニーズを明らかに度外視し、どれほどクライエントのニーズに専心しているかということについて論評している。セラピーにおける自発性は、クライエントの無意識的ニーズへの反応に限定されるようだが、特殊な治療的応答となっている。ローマスは、自発性にはセラピストのニーズについての自身の感情も含まれたほうがよいと思っているのだろう。というのも、セラピストの情動を含む「日常生活で生じる危険が相談室に入り込んでくる」(Lomas, 1987a: 93)からである。

ウィニコットが自らを擁護したのは、ローマスよりも、もっと正統派からの批判に対してであった。ローマスは、依存への退行が「組織されている」と論じ、ウィニコットの治療アプローチは過度の退行と幼児的願望の過度の充足を促進すると述べた。さらにローマスは、一次ナルシシズムのニーズを満たすことで、本当の自己が「あらためて……本当の自己を保護している偽りの自己を含みこんだ防衛組織をもたずに、環境の失敗という状況と出会い」（1975: 286）始めるようになる、と述べている。

13　結　論

本章ではウィニコットの考えに対する批判を取り上げたが、そのうちの一部に関しては、ウィニコットの広範囲にわたる著作一覧表のなかに、反撃する条件を見出すことができる。とはいえ、ウィニコットの著作をそのような武器庫として使用することには危険がある。ウィニコット自身、批判への対処が不得意だったことを記憶に留めておくのは有益である。第1章で取り上げたが、ウィニコットの論文「対象の使用」（1971a: 86-94）のニューヨークでの受け入れに対するウィニコットの反応がその一例である。そこで、彼は気まぐれな様子で、自分の論文をびりびり破くこと（それは確かにやりすぎだが）を申し出て、「あなた方がこの内容を全然気に入らないというのなら、私はすべて撤回します」とほのめかした。ある筋から独自にそれとなく聞いた話だが、ウィニコットは、あまりにも多くの批判を受けると、会議中でも支離滅裂になることもあったようだ。さらに、別の筋の話によると、ウィニコットは「頭に血が上ることが多く、そういうときには、やや操作的なやり方で自分側の聴衆の共感を得ようとするのだった」（私信）。

ウィニコットのアイデアについて注意深く疑問をもつことを願って、このような意見を引用しているわけではない。しかしながら、これらの報告から、ウィニコットがどのような思想家・著作家であって、どのような思想家・著作家ではなかったかについて窺い知ることができるだろう。ウィニコットは、自分の創造的なアイデアを共有したいと強く願っていた。そして、聴衆の反応が好意的であると（自身が所属する特定の専門家集団の外部では、反応は通常好意的であったに違いないが）、彼はその反応を楽しんでいた。ウィニコットは多くの学会や会合に招待されており、人気の講演者であったことは明らかである。ウィニコットは自分が専門とする協会の「科学会合」では暴れ馬を乗りこなしていた。

しかし、ウィニコットは、次のような状況があるにしても、厳密な意味で、学術的な適性も科学的な適正もち合わせていなかった。ウィニコットの著作は学術的精査の対象となるべきものであり、実際にそうなっていることは明らかである。また、ウィニコットは、自分自身をダーウィンとフロイトの系譜に位置づけることを好んでいた。ウィニコットの使用する用語は正確さに欠けている。彼は矛盾を理解していない（あるいは、彼は、矛盾はある種のパラドックスであり、パラドックスの使用で十分な説明となると信じている）。そして、彼は、アイデアが閃くと、それで遊ぶ。これらすべてが相まって、名状しがたい独特のスタイルが形成されるのである。そのスタイルは、詩的にして、閃きに富み、哲学的でもある。かつ同時に、そのような言説のどれかひとつには決して収まるようなものでもないのである。

ウィニコットの名前を目にする機会は相当多い。ときに、（本章で示しているように）彼の仕事に対して批判の目が向けられる。ときに、そして、もっとよくあることだが、（次章で示すように）他者が仕事を発展させるうえでのインスピレーションとなっている。つまり、ウィニコットの考えは、避けがたく、そして、必然的に、注意深く吟味されるようになっているのである。量的研究を実施できる人びとは、ウィニコットが書いていることがどれくらい実証可能かを判断する立場にいる。観念の世界に関心がある人びとは、精神分析の言説の内的論理を追求することができる。ウィニコットの考えを実践に応用することを目指している人びとは、その考えを自分たちの状況にどれくらい移すことができるのかということを検証するかもしれない。このような試みはすべて、ウィニコットが理論と実践に及ぼした触媒効果を例証している。ウィニコットがこの立場を楽しんでいたことにはほとんど疑問の余地がないだろう。もっとも、ウィニコットは、自分の仕事に過去と未来を通して向けられる事細かな注目を取り扱う素養を十分に身につけてはいなかったようだが。最終章で省察するが、諸批判はあれども、ウィニコットの考え、詩的な筆致、哲学的な黙想、そして、正統とはいえない治療様式が、ほかの専門家に加えて、多くのセラピストやカウンセラーに対して相当な魅惑を及ぼしていることには疑いの余地がほとんどないだろう。

第5章

ウィニコットの影響の全体像

ウィニコットについて著述する人びとのなかには、フロイトがそうされたように、ウィニコットをその世代における先駆者の地位にまで押し上げたい誘惑に駆られる者もいる。それにもかかわらず、この最終章では、いかにウィニコットの影響が実際にははるかに限られたものであるかについて例示する。というのも、ウィニコットへの批判が主として確認されるのは精神分析の言説のなかだからである。精神分析の外部では、ウィニコットが、フロイトと同じ水準で関心などを引き起こしているとはいいがたい。批判の水準というのは、それがときに否定的なものであったとしても、特定の著述家の重要性を示す確かな指標である。フロイトの考えは、たえず議論を巻き起こしつづけている。そして、フロイトの理論がさまざまな学問分野で爆発的関心の契機となっているとしたら、それはフロイトが普遍的な関心領域を開拓したからであった。

最終章でも示すが、精神分析の世界がウィニコットを偶像化したこともない。分析家はしばしば、ほかのセラピーだけではなく、自分の仲間に対しても厳しく批判の目を向ける。それにもかかわらず、私は本書の冒頭で、多くの方面（ここでは、カウンセリングと心理療法といういくぶん幅広い世界を指している）で、ウィニコットは実践家の鑑、そして創造的な観察者にして思想家として、根強い人気を博しつづけている、という所感を述べておいた。ウィニコットが述べるフレーズは、ときに彼の考えの一端を表しているに過ぎないとしても、大変忘れがたいものが多い。このことは、ウィニコットがこの特定の世界でいかに影響力をもっているかについての指標となっている。ことによると、第二・第三世代の全分析家のなかで、最も引用されているのはウィニコットなのかもしれない。

無論、このこと自体で、ウィニコットの影響が持続的により深化していると言うことはできない。ウィニコットの無邪気なフレーズは、スローガンとして用いることができるが、そこに実質など本当には存在しない。人びとがウィニコットに盲目的に付き従っているとしたら、それはまったく彼の本意ではないだろう。また、それどころか、本書を通じて明らかにしてきたように、ウィニコットはある「学派」の基礎を形成できるほど包括的な理論体系を提示するような著作家でもない。いくつかの情報源によると、ウィニコットには、観客に向かって演技をし、実際に「使徒たち」の比較的小さなサークルの注目を楽しんでいたところもあったようだ。そのように見受けられるにしても、より幅広い聴衆を対象とした講演や講義、英国精神分析協会の会合で読まれた論文、さらに非公式のセミナーが、議論のなかで浮上してきた考えを生起させる機会であったことには間違いない。しかしながら、これらの考えは決して変更の余地のないものではなかった。デイヴィスとウォールブリッジは、自分たちのウィニコット研究を次のような言葉で締めくくっている。

私たちがあらゆる角度から思索家に多くのことを負っているということは、疑う余地のないところである。これらの思索家たちは自分自身をさらけ出す勇気をもっている人びと、つまり、自分を飾りたてることもなく、付け加えることもなく、また統合された人や完全無欠な人には避けることのできないような自己不信があるにもかかわらず、世界を全体として眺める方法を私たちに提示するために「私はあるI AM」という危険を冒す勇気をもっている人びとである。ウィニコットはこのような達成に寛大な精神を付加しているが、それは人間性について記す著作家のなかに必ずしも見出されるとは限らない。ウィニコットが「私は世界の様相について述べているのである。それゆえ、私が考えていることをあなたも考えるべきである」と私たちに言ったことはない。ウィニコットは、むしろ、「私たちが共有しているものを基礎にして、そして私たちの違いのあり様を基礎として、私は、あなたが世界を創造する際に役に立てるのかもしれない」と言っているのである。ウィニコットが望んだことは、「入り込み、ともにいて創造されること」そして、「見出され、使用されること」であった。彼は模倣するという考え方を憎んでいた。
(Davis and Wallbridge, 1981: 172)

そこで、フロイトと比較してみると、ことによると、クラインやユングとの比較でもいいのだが、ウィニコットの影響は(そのリストはもちろん莫大なものとなるが!)、心理療法、心理学、教育、ソーシャルワーク、その他のケアといった特定の領域によりいっそう限定・制限されている。本章で示されるように、おそらくウィニコットは、他領域の先駆者たち、とりわけ児童を対象とする仕事をしている人びとにインスピレーションを与える存在として最も大きな影響力をもっているだろう。存命中の彼のエネルギーはさまざまな専門分野に注がれており、そこには特定のケアに対する支持や働きかけも含まれていた。ウィニコットの死後、治療実践や理論に関するその考えは、さまざまな発達の問題に光を投げかけつつ、ケアに携わる多くの専門家に加えて、世界中の精神分析サークルにおいても、生前以上の大きな関心を呼び起こしている。ウィニコットの考えを追求する人たちのなかには、「ウィニコット派」という用語を使用することを強くためらう気持ちがある。というのも、彼らの主張によると、そのような用語はウィニコットの精神とはかけ離れているからである。それでもなお、ウィニコットの仕事が精神力動的な思考の発展をどれほど促進したのかを示す証拠が相当あることに加えて、ウィニコットがいくつかの援助職における現代の考えに寄与しており、ことによると影響を及ぼしている証拠も十分にある。

1 ウィニコット・リサーチ・ユニット

ここまでの章でそれぞれに、ウィニコットの著述のもつ魅力を示してきた。それは推測と思弁に基づく考えだけでなく、観察と経験に基づく考えに満ち満ちている。ウィニコットが確固たるデータを基に考えを創り出すことはほとんどない。分析家やセラピストによって書かれた多くの著作と同じく、症例は、例示として用いられているのであって、ウィニコットの推論を裏づける実際の証拠として用いられているのではない。アカデミックな心理学者が、彼の理論を支持するようなデータをウィニコット単体に見出すことは困難である。たとえば、『児童心理学精神医学誌』のなかに、ウィニコットが最近の研究に及ぼしている影響や、概念的枠組みにおいて有している意義を探し出せると期待してもよさそうだが、その期待を確証する証拠はほとんど見出されない。珍しいことに、同誌第三三巻に、二つの論文が掲載されている。ひとつは対象へのアタッチメントに関する論文であり、もうひとつは産後うつと乳幼児発達に関する、ウィニコット・リサーチ・ユニットの論文である（Murray, 1992: 543-561）。とはいえ、ほかの巻ではこうした論文は見られない。ウィニコットの論文は同誌に二度ほど掲載されている。彼の論文「紐」（Winnicott, 1965b: 153-157）は同誌第一巻が初出である（1960: 49-52）。そして、のちに、第四巻（1963: 85-91）において児童精神医学のトレーニングに関する討論を寄稿している（以降参照）。しかしながら、一九八六年に掲載された、児童心理学の三〇年間をまとめた「精選レヴュー」において、クラークとクラークはウィニコットにまったく言及していない（Clarke and Clarke, 1986: 719-759）。これは学術雑誌において、彼の仕事が顧みられていないことの典型例である。ウィニコットは、アカデミックな世界における特定領域からこのように避けられているのだが、ジョン・デイヴィス教授はその理由について論評し、フロイトが性愛の擁護者であると誤認されたのとまったく同じように、ウィニコットが感傷の擁護者と見なされているのではないかとの考えを示している。デイヴィスが指摘するように、実際のところウィニコットは感傷に我慢ならない人であった。ウィニコットは感傷をサディズムの裏返しと見ていたのである。また、デイヴィスは、アカデミックな心理学者たちのあいだでウィニコットが不人気である理由について、ウィニコットが集団を統計的に研究するよりも、むしろ独自の存在としての個人に集中しているためではないかと提起している（私信）。

このように参照が乏しいために、ウィニコットの考えを心理学研究に利用することができ、経験的に実証できる場合もあるという事実が誤って伝わることとなる。おそらく、学問的観点からウィニコットの仕事を発展させた最良の（唯一のものではないとはいえ）例が、ケンブリッジ大学精神医学部門におけるウィニコット・リサーチ・ユニットが企てたプロジェクトということになるだろう。そのプロジェクトは、統制されたサンプル、精密な観察、厳密な分析、統計上の正直さを用いて、ウィニコットの考えを敷衍し、検証している。ケンブリッジは、ウィニコットが生徒や学部生として過ごした、彼自身に所縁のあるうってつけの場所である。

クレア・ウィニコットの死後、ウィニコット・トラスト設立のための資金が遺された。次にウィニコット・トラストは、その新たな取り組みの一環としてケンブリッジの研究団体に資金提供をおこなった。ウィニコット・トラストの目的は、ウィニコットに関連する領域において経験的研究を促進することであった。当時の会長、故マーティン・ジェイムス氏の英断のおかげで、本質的には記述的であったウィニコットの仕事をより科学的な形式に置き換えることに関心を寄せていたリンネ・マレー博士は大学に所属することができ、その事柄を追求することが可能となった。マレーの博士論文は、最早期の母子におけるコミュニケーションをテーマとしたものであり、ウィニコットの考えに影響を受けていた。さらに自身のトレーニングのなかで、マレーは、最早期の月齢における情緒発達をめぐる学術文献に「大きなギャップ」が存在することに気がついた。アタッチメント理論のみがこのテーマを取り上げていたのだが、それも最初の一年の後半部について取り上げているだけだった。マレーは、ウィニコットの仕事が、とくに正常発達の研究に対して、そのようなギャップを実際に埋めている様子を認識していた。一方、クライン理論の一部は病理的状況や破綻にとくに適していると認識していた。

マレーが特別な関心を向けていたのは、ウィニコットの記述する「原初の母性的没頭」、および、このことが乳児の発達に対してもつ意味、であった。ウィニコットが正しいとすれば、生後数週間の赤ん坊が必要とするのは、自分だけに注がれる母親からの注目ということになる。その注目を通して、母親は赤ん坊の発達をうながす環境を提供できるのである。そうであれば、たとえば産後うつ病を経験している母親のように、原初の母性的没頭が正常に生起していない状況について研究することもできよう。似たような関心を共有するケンブリッジのほかの研究者たちと協同して、マレー博士は英国王立産婦人科医協会の研究部門「バースライト」から賞を授与された。この資金獲得により、次のような治験が可能となった。それは、育児に困難を抱える抑うつ状態にある母親への心理療法的介入が、赤ん坊にのちのち生じうる問題をいくらか予防する効果があるのかどうかを評価する治験である。

一九九〇年にはテッドワース慈善信託からの寄付金のおかげで、リサーチ・ユニットでとあるアイデアがもち上がった。その目的は、環境の影響と対人関係が、遺伝的特質との相互作用のなかで、個人の特性やパーソナリティ、身体疾患や精神疾患につながる脆弱性に対してどのような影響を及ぼすのかについて判断すべく、乳幼児や児童の発達について研究することにある。特定プロジェクトへの資金提供は、現在、研究者たちのチームによって実現されているが、医学研究評議会や保健省、イースト・アングリア保険局、精神衛生基金、子育て基金、アイザック・ニュートン財団からも獲得されたことがある。

本書執筆時点で、リサーチ・プロジェクトには次のような研究が含まれている。母親のうつ病と乳幼児の発達に関する研究(以降その詳細について述べる)、産後うつ病の予想と治療、母親の気分と乳児の転帰に乳児側の要因が及ぼす影響、授乳や乳児の成長に産後うつがもたらす影響、乳児発達に母親の摂食障害が与える影響、母親の相互作用の特徴と乳児の転帰との関係性。また、さまざまな研究のおかげで、母子関係における種々の要因のもつ重要性を評価する機会がもたらされてきた。そのような要因は、特定の研究においては、主要な要素とされてきたものであった。

観察者に課せられた課題の中心となるのは、環境からの供給や、赤ん坊が外的世界を経験する様子に注目することであり、内的体験に対してこれらの事柄がもつ含意を吟味することである。ウィニコット・リサーチ・ユニットは、母子、子ども同士、子ども一人一人をきめ細かく観察することで、作業をつづけている。ウィニコット・トラストは、一八カ月間におけるさまざまな時点での母子間の相互作用を収録したビデオテープの分析に対して資金援助をおこなっている。フィルムは、理論上の構成概念に基づき、きわめて詳細に分析されている。ユニットの最初期の仕事には、うつ病の母親をもつ赤ん坊と非うつ病の母親をもつ赤ん坊のコホートが参加していた。それらの赤ん坊は、もともと一九八六～八八年のあいだに募集され、一八カ月に達するまで研究された。この最初の研究に参加した乳幼児たちはフォローアップを受けつづけ、学校や家庭そしてユニット内のプレイルームにおいて、情緒や社会性および認知の発達が評価された。フォローアップ研究によって明らかとなった知見のひとつは、産後うつ病をわずらった母親の子どもたちは、あまり積極的に学校の教師に近づかない傾向があるということである。成育歴上に母親の産後うつ病などがある場合、五歳の時点で、少年たちは、学校適応に関して有意に高い確率で行動上の問題を抱えていることが示された。ほかの研究からは、生後数週間における乳児の応答性の質もまた、母親の気分に相当強い影響を与えることが示された。この研究は、母親のミラーリング機能に関するウィニコット理論を支持しているが、その妥当性を示す一例として次の事柄が挙げられる。乳児の運動制御がうまく機能しないと（緩慢で弛緩している場合、もしくは、けいれん的で調整が利きにくい場合）、視線を合わせるという発達上の達成に著しい影響が及ぶということが明らかとなったが、そうなると、両親は乳児と関係をもっているという感覚を抱くことが困難となり、「対人関係的なまなざし」の量が減少してしまう（Murray et al. 1994b）。

マレー博士は、推論を立て、たとえば、乳児の自他の認識（ウィニコットの言葉では「私」と「私ではない」）の評価テストを開発することは可能であると考えているが、（多くの大人と違って、自分の内的体験を説明することができない）乳児の内的世界を研究することは至難の業であるようだ。母子間の強い関係性であれば測定可能である。たとえば、母親が自分自身をさしおいて、赤ん坊に没頭する際の指標は存在するだろう。母親の行動を、敏感さ－鈍感さ、受容的－要求的という次元で評定することも可能である。あるいは、乳児も「注意をよく向ける－回避的な」、「満足した－苦痛な」などの次元にそって評定することができる（Murray et al. 1994a）。こうして、九カ月や一八カ月において赤ん坊が自他を区別できるかどうかの予測を立てることが可能となる。

2　実践応用

これらの観察を基にして、ケンブリッジでの治験が実施された。同治験は、現在、とりわけ母親と乳児のケアに関する臨床実践に対して情報提供をおこなう立場にある。産後うつ病と診断された女性たちは、自宅で短期間の治療を受けることになる。彼女たちは治療前後、およびそれ以降も定期的に評価を受ける。それから、彼女たちは、およそ八週間にわたり機会があるごとに、訪問による一時間セッションを受ける。こうした目的のため、訪問者は、短期間の作業のためにトレーニングとスーパーヴィジョンを受けた。もちろん、訪問者は、母親と赤ん坊とのあいだでそれまでにもった少なからぬ体験をこの作業にもちこむ。母親の気分の改善が重要ではあるが、研究の主たる目的は、治療によって母子関係に改善が見られるかどうかを確認し、そのうえで乳児発達がよい結果となるよう援助することである。

オリジナルの臨床試験は、三つの異なる治療法へと女性を無作為に割り当てる方法で実施された。三つの治療法とは、非指示的－パーソン・センタード・カウンセリング、認知行動療法、短期精神力動療法であった。短期精神力動療法の狙いは、母親が抱く幼児の表象や母親がとる幼児との関係性を、母親自身の成育歴や養育経験という観点から理解することを促進することであった。本研究には統制群も含まれている。統制群の人びとは、通常のプライマリー・ケアを受けており、研究チームからはなにも追加提供されなかった。治療の大部分は、二名の保健担当の訪問者と一名の心理療法家によって実施されたが、それぞれが異なる二つの治療形態を用いた。これにより、個人としてセラピストが与える影響を統制することが可能となった。しかし、さらなる統制要素が導入されることとなった一部のケースでは、非指示的カウンセラー、認知行動療法家、そして分析的セラピストといった専門家が起用された。

この試験によって、短期間の介入によって産後うつ病からの回復のスピードを高められることが示されている。もっとも、用いられた三種類の方法のあいだには、ほとんど差が認められないようである。治療群は、非治療群と比較して、母子関係全般はもとより、注目を求める乳児への対応や赤ん坊との分離、赤ん坊と遊ぶこと、などの領域で、有意により良くこなしていた。認知行動的アプローチは、これらの特定の点において、最良の結果を収めた。

この調査に引きつづき、リサーチ・ユニットは、ケンブリッジ介入研究（Seeley et al., 1995）として知られる研究に集中的に取り組むことになる。保健担当の訪問者は、週六回半日の訓練を受けた。訓練コースには中心項目が設けられており、そこには次のような事柄の学習が含まれていた。うつ病、うつ病が家族に与える影響、エディンバラ産後うつ尺度の使用法、イーガンの映し返し傾聴法モデルを用いたカウンセリング基礎技術、認知行動理論由来の精選技法。この研究の結果は、先におこなわれた治験の結果を再現するものである。母親の気分や、母親の乳児との関係性についての知覚、さらに乳児の行動にも有意な改善が報告されている。

マレーとクーパー（Murray and Cooper, 1993）が、ある症例を比較的詳細に記述している。そのなかで、彼女らは、赤ん坊に親密さを感じることが難しい母親の治療をおこなっている。その赤ん坊は、母親に対して回避型のアタッチメントを示していた。マレーとクーパーは、自分たちに向けられた転移よりもむしろ（子どもと同室時の）母子関係に対して注意を集中しているが、もっぱら、成人の心理療法にアタッチメント理論を応用するためのボウルビィの五原則（Bowlby, 1988）に則った手順を用いている。母親が、（二〇カ月になる自分の子どもも立ち会うなかで）自分自身の幼少期について話せるようになることを通して、そして、幼少期にまつわる感情を体験するなかで、母親のなかに変化が生じた。母親の変化が、子どものアタッチメント行動に変化をもたらした。子どもは以前よりずっと安全であるという感覚をもてるようになったのである。

このようなアタッチメント理論を用いた母子関係への介入は、無比のものとはいえない（Nezworski et al., 1988; Lieberman et al., 1991）。そして、ここでの基準点がウィニコットというよりもボウルビィにあることは明らかである。ウィニコットとボウルビィは、アタッチメントについてまったく同意見というわけではなく、ウィニコットは母子一対の成り立ちを強調し、ボウルビィはその断絶に重点を置いた。ウィニコットも、人間関係の研究に動物行動学を導入するという考えをまったく好まないというわけでもなかった（ジョン・デイヴィス 私信）。それにもかかわらず、この調査や臨床試験は、母子一対（あるいは、ウィニコットの表現では「養育のつがい」）と彼らのほとんど共生といってよい関係性のもつ基本的重要性へのウィニコットの認識に基礎を置いている。マレーが説明しているように、「近年、相互作用を調節するうえで情動が果たす役割を強調している動物行動学の影響が、詳細な記述研究と結びつき、［精神分析と発達心理学とのあいだにある］ギャップをある程度橋渡ししている」以上（Murray, 1989）、ボウルビィは格別重要である。『英国心理療法誌』に掲載された論文（Murray, 1989）のなかで、マレーは、人生最初の一年における発達を記述するために用いられる諸用語、一方は発達心理学者が用いる用語、もう一方はウィニコットとクラインが用いる用語、を並べて配置している。第4章でダニエル・スターンに言及しつつ述べたように、乳幼児を詳細に観察することで、たとえば、原初の無統合に関する理論のような、ウィニコットの考えのある部分を修正することが必要となっている。それにもかかわらず、新生児の行動を研究して得られたほかのエビデンスは、自己と外的世界が未分化であるとするウィニコットの概念や、対象関係論が強調する全体としての赤ん坊と母親との関係（すなわち、その全性質においてということであり、単に身体的欲動の満足という点だけではない）を一部支持しているように見える。最初の一年の母親と乳幼児についての観察により、一部の例で、原初の母性的没頭や母親のもつ鏡としての機能、そして生後三カ月頃の乳児の移り変わるニーズに外的世界を少量ずつ導入することによって母親が適応すること、をめぐるウィニコットの考えに対して説得力のある形で支持が与えられている。

ウィニコット・リサーチ・ユニットによる仕事が科学雑誌に論文として定期的に報告されている一方で、前述のようにウィニコットの名が、心理学雑誌の論文に登場することはほとんどない。おそらく、ウィニコット・リサーチ・ユニットによる入念な仕事や数少ないとはいえ他大学での研究を通して、ウィニコットの生涯にわたる臨床経験から得られた観察が、実証試験を用いて客観的に分析することが可能であり、それゆえにさらなる探究の価値があると判断されることになるだろう。

3 小児医学

英国の小児医学では、貧しい家庭の子どもたちに無償で医療サービスを提供するという伝統が長らくつづいている。ウィニコット以前にも、「子どもを母親から引き離したら、ただちにその子どものこころを壊すことになる」という認識があった（ジョン・デイヴィス 私信）。ウィニコットが入ることに決めたのはこのような専門科であり、ウィニコットの理論的立場を支える膨大なデータや多くの証拠もこのような設定から生じたものである。ウィニコットは、舌圧子ゲームにおいて、単に心理学的発達だけではなく、神経学的発達についても説明するアセスメント技法を発展させたが、ウィニコットは、無論のこと、自身の小児科クリニックでは、内科医である以上に精神科医であった。ウィニコットのかつての同僚である小児科医ジョン・デイヴィスによると、「赤ん坊に舌圧子を手渡せば、あなたが赤ん坊について知りたいと思っていることのすべてを、三〇秒で見つけることができるだろう」とのことである（私信）。

ジョン・デイヴィスやピーター・ティザード卿は、ハマースミス病院で自分たちとともに働く非常に優秀で高い関心をもった若い小児科医たちに、ウィニコットの自宅でのセミナーへの参加を勧めていたが、それにもかかわらず、ウィニコットは、小児医学が発展する方向から排除されるようになった。クレア・ウィニコットの所感では、セミナーのような活動によって、ウィニコットは排斥されているという気持ちから救われていた。とはいえ、次項で示すように、クレア自身によって、ウィニコットとその仕事はソーシャルワークの世界にもちこまれ、そこでは彼の考えの一部が実際に取り上げられている。他方、小児医学は、ウィニコットの方向にはまったく進んでおらず、現在の小児医学の実践では、ウィニコットが提供したものは、その大部分が失われてしまっている。ウィニコットの以前の同業者であるジョン・デイヴィス教授は、その事態を「ウィニコットが、最初から小児医学の専門家たちの中心にいなかったという悲劇」以外のなにものでもないと考えている（私信）。

英国心理学協会医療部門の議長講演のなかで、ウィニコットは小児医学と精神医学という二つの学問分野が協力し合う必要性を示そうと努めた。「この二つの専門分野では、一方の研究者は、もう一方の分野の研究者と出会うことで多くのものを得ることになる」（1975: 158）。しかしながら実際のところ、子どものセラピスト（情緒発達や関係性の問題を指向する者）と対等な関係で協力する小児科医（身体次元に目を向けがちな者）を見つけることは難しい。児童精神科医と小児科医の分断は、前者が小児医学ではなく精神医学を経て専門科に入ることが多いという状況によって悪化している。『児童心理学精神医学誌』（1963: 85-91; Winnicott, 1965b: 193-202 も参照）における児童精神科医のトレーニングに関する討論のなかで、ウィニコットは、一般精神医学が児童心理学を担当することは期待できないと思うと表明している。ウィニコットは、児童心理学がそれ自体ひとつの専門科であると考えており、小児医学から児童精神医学への道が拓かれることを望んでいる。ハーソフは、一九八六年までの三〇年間における児童精神医学の発展を概観し、次のように述べている。「今日になってもまだ、この問題については、土埃が立ったままである。そして、一般精神医学で必要とされるトレーニングは、優秀な児童精神科医を育てる可能性がある小児科医を脅して追い払うものと考えている人びともいまだに存在する」(Hersov, 1986: 790)。

ハーソフの論文によると(児童心理学に関するクラークとクラークによる一九八六年の論文とは異なり)、ウィニコットは児童精神医学に影響を与えつづけている。もっとも、「彼のスタイルはたびたび真似されるが、彼にはとうてい及ばない。彼の考えはほかの専門家よりもソーシャルワーカーに資するものが多いように思われる」(Hersov, 1986: 788)。米国では、精神分析的な方向づけをもつ児童発達研究者たちのあいだで、母子関係に関するウィニコットの諸概念にますます注目が集まってきている。たとえばスターンは、発達心理学と精神分析の双方の視点を用いており、乳幼児の発達に関する重要な著作のなかで、ウィニコットについて数回にわたって言及している。スターンは、ウィニコットの考えに対して特別に重きを置いている。その考えとは、「存在しつづけること」に対する乳幼児のニード、移行現象としての早期の言葉や音、偽りの自己の発達、そして、「一時的にまたは部分的に中核自己感の解体が起こるときはいつでも存在する」乳幼児の経験における原初的な苦悩のリストなどである(Stern, 1985: 123, 173-174, 199-200, 202, 210)。本当の自己と偽りの自己の代わりに、スターンは社会的自己、私的自己、否認的自己の三セットの用語を採用してはどうかと提案している(Stern, 1985: 229)。

公立病院や個人開業の設定において、ウィニコットには子どもの心理療法に関して数えきれないほどの経験があることを考えれば、彼が子どもの心理療法のトレーニングに影響力をもっていると考えたくもなる。ところが実際には、(タヴィストックの)クライン派のトレーニングと(ハムステッド・クリニックの)フロイト派のトレーニングが互いに張り合っているロンドンでは、ウィニコットの名前を耳にすることはほとんどない。英国心理療法家協会の児童療法コースでは、ウィニコットへの関心は周辺的なものに留まっている。ファーリは、クライン派が有力な状況で、ウィニコットは意図的にクライン派の用語法や理解の仕方にケチをつけていたという歴史的文脈に据えてウィニコットを眺める必要があると示唆している（私信）。こうした事態に影響を受け、最も正統的な設定において、ウィニコットの仕事はいまだにこのように評価されているのだろう。ローマスは、「おそらくウィニコットは、（そうするべきだったのに）クラインとの違いをそれほど強く表明していないことの代償を払わされているのだろう。私にとって、ウィニコットは、クラインよりも大きな偉業を成し遂げた人物であり、彼の考えはクラインとは根本的に異なっている」と記している（私信）。しかしながら、ロンドンの外に目を向ければ、たとえば、エディンバラにあるスコットランド人間関係研究所の児童心理療法のトレーニングや、ローマにある児童思春期精神分析的心理療法訓練校では、ウィニコットの仕事に敬意が払われており、それに関する講義もおこなわれている。

4　米国におけるウィニコットの影響

ニューヨークで「対象の使用」論文を口頭発表したとき、ウィニコットは相当の批判にさらされた（第1章参照）。とはいえ、米国やヨーロッパ、世界各地において、並々ならぬ関心がウィニコットの仕事に向けられている。ウィニコットは、何度か米国を訪れ、多くの州にあるさまざまな分析協会で論文を発表した。『ウィニコット書簡集』（Rodman, 1987）の編者ロッドマンは、ウィニコットの仕事の主たる支持者の一人である。ほかにも、ウィニコットを全面的に取り上げた最初期の研究のひとつを共同編集したグロールニック（Grolnick et al., 1978; Grolnick, 1990）、さらには、ウィニコットだけでなくビオンについての著作（Grotstein, 1981）もあるグロトシュタイン（1994）などが挙げられる。正統的な米国精神分析は、自我心理学、そして、クラインではなく（とりわけ）アナ・フロイトの仕事につねに方向づけられていた。しかし、チョドロウは、『フェミニズムと精神分析理論』の序文への註のなかで、次のように述べている。「米国精神分析の歴史でおそらく初めて、総合的で包括的な傾向が党派的で排他的な傾向よりも優勢になってきているようだ」（Chodorow, 1989: 222）。この事態を示す例として、チョドロウは、「学術誌では、ウィニコットが主流であるといってもよい」と記している。

第4章で引用した精神分析系の学術誌に掲載された多くの論文からも、ウィニコットのいくつかの考え、とりわけ、移行現象と移行対象、そして錯覚という概念に与えられた肯定的な含意、に対する生き生きとした関心を読み取れる（たとえば、Eigen, 1981; Bronstein, 1992）。さらに、対象関係論と児童発達に関しては、ウィニコットとマーガレット・マーラー（Mahler et al., 1975）、ルネ・スピッツ（Spitz, 1965）、ダニエル・スターン（Stern, 1985、本書一六四、一九八ページ参照）、およびほかの諸家とのあいだに一定の共通基盤が存在している。ハロルド・サールズは、錯覚や母子関係をめぐるウィニコットの考えが、自身の論文「統合失調症の心理療法における軽蔑、脱錯覚、そして崇拝」（Searles, 1965: 605-625）にとって計り知れない価値があることを明確に理解している。また、彼は、ウィニコットが、母親における憎しみとセラピストにおける憎しみとを同等のものとしていることに関しても、非常に好意的なコメントを寄せている（Searles, 1965: 527）。グリーンバーグとミッチェルは、自己の出現に関するウィニコットの理論が、「フロイト派やクライン派の先達とは根本的に異なる」（Greenberg and Mitchell, 1983: 188）発達論のための基礎を提供していると述べている。

文学や歴史といった分野における米国の著作家のなかには、精神分析の考えが発展していくなかで、ウィニコットに中心的地位を与える者も多い。ヒューズ（Hughes, 1989）は、「精神分析の領域をつくり変える」うえで有益であった三大人物の一人にウィニコットを挙げている（ほかの二人はフェアベアンとクライン）。ヒューズは、三人のなかでも、ウィニコットが、母親概念を記述し、分析環境を記述することに最も尽力したと考えている。フロイト以降の精神分析における主要人物をめぐるラッドニーツキーの研究（Rudnytsky, 1991）では、ランクとウィニコットが集中的に取り上げられている。ある章において、ラッドニーツキーは、ウィニコットとラカン、コフートを対比させ、自身の偏向を言明している。

フロイトと折り合いをつけていこうとすれば、いずれにせよ、フロイトを一人の人間として、そして、一人の思索家として評定することが必要となる。さらに、現時点で、フロイト以後の精神分析がどこに向かっているのかと問うならば、……ある点で、フロイトによって喚起されたのと同じくらい強烈で満足のいく転移を抱かせてくれるような人物を、私自身探していると公表するだろう。私は、ウィニコットのなかに、そのような人物を見出したのだった。

(Rudnytsky, 1991: 71)

こうした人たちは、自分たちが主観的な判断を下しているということに自覚的な学者である。しかし、ウィニコットとほかの主要人物とを比較対照するこのような研究を通して、米国の学問の世界における一定の専門分野で、ウィニコットへの関心が高まっていることが示されている。

5　ウィニコット、ラカン、そしてフランス

フランスとアメリカでは、精神分析の知的枠組みが根本的に異なっている。しかし、ウィニコットが、フランスにおいてもある方面に強い影響力をもっていることは明らかである。クランシエとカルマノヴィッチは、『ウィニコットとパラドックス』を、数名のフランス人精神分析家へのインタビューで締めくくっている(Clancier and Kalmanovitch, 1987: 105-150)。ウィニコットは、早くも一九四九年には、児童分析家として招かれパリを訪れた。その後も何回かフランスを訪れた。たとえば、一九五四年にはパリで開催されたロマン語精神分析学会で、「引きこもりと退行」(1975: 255-261)について講演している。一九五三年、ウィニコットは、(ラカンが所属していた)フラ

ンス精神分析協会の離脱に関して、国際精神分析協会の会員資格問題を検討する小規模委員会の委員であった。[34]また、ウィニコットの名は、ポンタリスが仏訳した『新精神分析評論』掲載の数篇の論文や著書『遊ぶことと現実』を通じて、知られている。さらには『人間の本性』やロッドマン編『ウィニコット書簡集』も仏訳されている。

ウィニコットとラカンとの関係性は興味深いものがある。この関係性から、いくつかの往復書簡が生まれた(一九六〇年にウィニコットはラカンをロンドンに招いているが、ラカンは招待に応じる余裕がなかった)。そして、後年のウィニコットにとって悩みの種ともなった。ラカン同様、ウィニコットは創造的な精神をもち合わせた非体制派であり、精神分析における「中間派」の一員であった(ライクロフトはウィニコットを中間派の非公式のリーダーと見なしていた)。もし、中間派が英国協会の主流派から分離しなかったならば、独立した感覚を失うこともなかっただろう。ウィニコットとラカンにはこのような類似点がある。いくつかの点で、両者のあいだには大きな違いがある。たとえば、著述のスタイル、さらには考え方、などである。それにもかかわらず、二人は互いの考えに関心を抱いていた。ウィニコットは六〇年代には英国精神分析協会会長の立場にあったこともあり、ラカン派の存在を是認する姿勢を見せるという危険を冒すことは困難であった。それで、ウィニコットは、訪問の要請を断ったのだ。その代わりにウィニコットは、一九六七年にパリで開催された児童精神病に関する会合で発表するための論文を寄稿した。同年、ウィニコットは母親の鏡役割に関する論文(1971a: 111-118)を書いた。ウィニコットはラカンに触発されつつも、結局のところ、両者は根本的に異なっていた(第2章参照)。

当時、仏訳されたウィニコットの著作は、フランスにあった三つの協会、すなわちフランス精神分析協会、パリ・フロイト派、正統派寄りのパリ精神分析協会に「相当の衝撃」を与えた(Roudinesco, 1990: 491)。ルディネスコによれば、一九七〇年代に第四世代のラカン派セラピストは、自分たちがかつて耳を傾けてこなかった考えが存在することを発見した。それはたとえば、「D・W・ウィニコットの仕事であり、……それは……全体として多元論に向かう道がフランス精神分析シーンを支配していたとき、教条的なラカン主義とバランスをとるものとして有用でありうる臨床実践感覚をもたらしてくれたのだった」(Roudinesco, 1990: 465)。かつてロンドンのフロイト記念教授を務めた、フランスの分析家アンドレ・グリーンは、ラカンの死後、その弟子の一部がウィニコットの方向性へ動いている、と示唆している。グリーン自身、ウィニコットの思索から多くのものを受け継いでいる。

クランシエのインタビューに応じたフランス人分析家の全員が、ウィニコットの仕事を称賛し、彼らがいくつかのウィニコットの概念に価値を置いていることについて熱心に語っている。とはいえ、ウィニコットの考え方や書き方が、精緻に構造化・組織化される傾向があるフランスの理論体系にすんなりと収まるわけではないことも明らかである。彼らのうち一人は、「最も印象的な決まり文句が、必ずしも最も厳密な認識論に基礎を置いているわけではない」と論評している(Clancier and Kalmanovitch, 1987: 118：この段落と次の二つの段落の出典はすべてこの書である)。J・-B・ポンタリスは、自身とおそらくほかの分析家の反応を要約して、次のように述べている。「フロイトの思想の変遷を明らかにすることはできます。メラニー・クラインの理論を詳細に説明することもできます。ラカンの学説をさらに体系化することもできるでしょう。けれども、ウィニコットに同じことをしようとしたら、その最も大事な部分を失うことになるのです」(1987: 143)。別の分析家は、フランスにおいて、ウィニコットは「相当に主知主義的な形式主義」の解毒剤なのであると論評している。

インタビューに応じた分析家の一人が「開かれた精神をもつ学派などほとんど存在しない」と述べているにしても(1987:118)、なにより、ウィニコットの開かれた精神と創造性にこそ価値があるのである。ここから、「ウィニ

＊34 フランス精神分析を代表していたジャック・ラカンとフランソワーズ・ドルトらは、教育分析の方針や「短時間セッション」などの独自な路線を理由に、国際精神分析協会から除名された。一九五三年、ハインツ・ハルトマンを議長とするロンドン会議の折である。第三者委員として、ウィニコット、フィリス・グリナッカー、ウィリー・ホッファー、ジャンヌ・ランプル＝デ・フロートの四名が選出された。ウィニコットはドルトに一定の好評を加えつつも、基準の順守を求めた。

コット派」について語ることが難しい別の理由が生み出される。「幸いなことに長いあいだ、ウィニコットは決してウィニコット派ではなかった」（1987: 118：この発言者は、結局自分自身がウィニコット派であるとほのめかしているのだろうか？）。ポンタリスは「その概念［移行対象］の背後にある直感」と比べて、ウィニコットの概念をそれほど高く評価していない。それは、彼の指摘どおり、「概念なら誰でも造り出せる」からである（1987: 139）。同様に別の分析家は、ウィニコット理論は「まったく説得力のない理論」であるが、この点において、ウィニコットの理論は「あらゆる精神分析理論と変わるところはない」と述べている（1987: 119）。そうはいっても、本当の自己や偽りの自己、錯覚、移行対象と移行空間に関するウィニコットの記述は、彼自身がやや大げさに述べたり、一部の弟子がそれらの重要性を誇張していたりしているにしても、フランス精神分析の思考のある部分では反響を呼んでいる。実際のところ、アンドレ・グリーンは、ウィニコットに精神分析史上の重要な位置を与えており、次のように論評している。フロイト以降の二名の著作家、つまりラカンとウィニコットは、「二つのまったく異なる視点に基づいて、各々の研究と一貫性をはるか先まで……ある地点に収束するまで……推し進めた」（1987: 121）。

　フランスの一流の分析家たちが特別に称賛しているのは、ウィニコットの次のような能力に関してである。ウィニコットは、会議やそのほかの会合において、深く内省したうえで、当意即妙のコメントをすることができるのだ。彼らのなかには、ウィニコットがスクイグル・ゲームや遊びを用いておこなう子どもとの治療相談に陪席し、明らかな感銘を受けた者も多い。治療相談の対象には、ウィニコットが知らない言語を話す子どもさえもいた。ウィニコットが自分自身を使用すること、彼が真正であること、彼が精神病患者のニードを直観的に理解すること、これらも同じく肯定的に受け止められている。しかし、ある人は、賢明にも次のように論評している。スクイグル・ゲームがはらむ問題は、「うまく生かすためには、ウィニコット並みの天賦の才と創造性が必要となることです。真似しようとしても、伝達された魔術、つまり単なる手品のトリックとなるのが関の山でしょう」（1987: 131）。また、ある人は、「ウィニコットは精神分析技法と実践に関してとても深い知識を有していました。その一方で、ウィニコットの仕事をある種の自発的革命を権威づけるものと解釈できるとする者が出てくる危険性もあるのです」と語っている(1987: 147)。

フランス以外のヨーロッパの分析家たちも同じく、ウィニコットの精神分析への貢献について肯定的に言及している。オランダのニコラス・トゥルーニート(Treurniet, 1993)はそのような著作家の一人である。また、私は、すでに第4章において、二人のイタリア人分析家、ウスエッリ(Usuelli, 1992)とマンチャ(Mancia, 1993)の仕事を参照している。ガディーニ夫妻(Gaddini and Gaddini, 1970)も言及に値する。とりわけ、さまざまな社会集団における移行対象の所有率に関する彼らの研究を挙げておく。マンチャは、現代精神分析が「多大な恩恵を受けている」(Mancia, 1993: 941)二人の人物の一人として、ウィニコットをクラインと結びつけている。ウィニコットの伝統は、マシュード・カーンやクレア・ウィニコット、マリオン・ミルナーからの働きかけもあり、一九七〇年代半ばからローマ大学小児精神神経科において、教授された。それは、一九九〇年代にはミラノに波及した。ウィニコットの業績のほとんどが、レナータ・ガディーニによって翻訳され、イタリアで出版されてきており、スクイグル財団とのつながりが形成されている(後述)。スクイグル財団を通じて、ウィニコットへの同様の関心が増大し、人気も上昇している。それは、フランス、イタリア、アメリカに留まらず、オーストラリア、ニュージーランド、イスラエル、スウェーデン、アイルランドや南米にまで広がっている。これらの国々のなかには、ウィニコットの仕事の研究を推進するために、スクイグル財団関連のセンターが設立された国もある。

6 英国におけるウィニコット

英国において、精神分析の理論や技法についての著書を刊行した主要な著作家のなかには、明らかにウィニコットの考えを受け継ぎ、しばしば彼からインスピレーションを得ている者が数多くいる。マシュード・カーンは、かつてウィニコットの分析を受けており、ウィニコット論文集の最初の編者であるとともに、彼自身、刺激的な著作家でもある（たとえば、1974; 1983を参照）。彼をどんなに称賛してもしすぎるということはないだろう。カーンは、ウィニコットの業績に関する才気あふれる簡潔な要約を次のフレーズで締めくくっている。ウィニコットは、「私にとって、今後二度とお目にかかることがなさそうな人であった」（Winnicott, 1975: xlviii）。『現実と空想のあいだ』（Grolnick et al., 1978: 257）のなかでカーンが執筆した章を紹介する際、編者の一人は、カーンの仕事を評して、「遊びの理解や、抱え、促進し、養育する環境を創造する際に、非侵入的な母親がとる役割への理解に由来する治療的スタンス」が用いられているとしている。クーパーによるカーンの研究は、その構成は本シリーズの編集企画と驚くほどよく似ているが、カーンの業績への有用な導入を提供しており、また、カーンとウィニコットとの関係をより十全に描き出している（Cooper, 1993）。

マリオン・ミルナーは、ウィニコットの抱える環境という概念から、いかに多くのものを自分が得ているかについて書いており（Grolnick et al., 1978: 39）、自著『生ける神の御手のうちに』（1969; Milner, 1957も参照）の表題にはその考えが織り込まれてもいる。ミルナーは、ウィニコットの講義を聴講した後、分析家になるための訓練を受けることを決意し、ウィニコットの研究グループに定期的に参加するようになった。ミルナーはスクイグル財団のセミナーにも毎週出席したが、そのことで、ウィニコット本人と面識があった世代と、ウィニコットの著述を通してのみ彼を知る講師やセラピストの新世代とのあいだに、連続しているという実感がもたらされた。マーガレット・リトル（Little, 1981; 1990）は、ウィニコットから分析を受けている最中に精神病的な破綻を起こしたが、その間ずっとウィニコットが自分を抱えてくれたそのあり様にとても感謝していると述べた。リトルは自分自身を、「たいていはウィニコットに賛成し同意するが、重要な点で彼と異なる」者の一人であると評した。彼女は次のようにつづけている。

おそらく、ここから生じる主要な結果として、ウィニコットは「全領域」に広範囲にわたる影響を及ぼすこととなった。その全領域では、ウィニコットが最初に提出した考えは、彼のオリジナルとされず、しばしばほかの人に由来しているとされ、ひそかに盗用され、受け入れられていった。（Little, 1990: 114-115）

リトルはほかの人びとと同じく、ウィニコットを、第一級の天才とまではいえないにしろ、天才と呼んでいる（1990: 118）。彼女がウィニコットについて採用したイメージは「イースト（酵母）」である。イーストは「とても長いあいだ、生存し、成長していくのである」（1990: 119）。

フランセス・タスティン（Spensley, 1994）もまた、ウィニコットの著述を中心に据える分析家・著作家であるが、彼女自身、スクイグル財団への関心や参加を通して、ウィニコットのアプローチを推進すべく大いに尽力した。子どものこころの自閉と精神病状態についての彼女の著述（たとえば、Tustin, 1986; 1990; 1992）は、「通常であれば見通せない闇に輝く光」を投げかけるものであると述べられている（Riley, 1993: 76）。タスティンは、早期発達についての考えを述べる前に、子どもを詳細に観察することが決定的に重要であることをあらためて強調している。彼女は、ウィニコットと結びつけて考えられるような探究領域を拡大させている。つまり、内的現実と外的現実の関係、遊び、象徴的活動と移行的活動、創造性、原初的な体験のもつ精神身体的な性質、人間の乳児の長引く依存、などである。ウィニコットと同じく、タスティンは、「精神分析用語に頼ることをしない。彼女は、美しくも明確に、そして人のこころを喚起する言葉で書きつづる。ときに自分の意図を伝えるために詩や絵画に頼るが、ときに統制のとれた厳格なやり方で自らの思考を系統立てる」（Riley, 1993: 83）。マーガレット・リトルとフランセス・タスティンは、本書の執筆中、数週間のあいだに相次いで亡くなった。各々、スクイグル財団に多くの財産を遺した。

ウィニコットの影響を受けている「中間派」の精神分析家のなかでも、チャールズ・ライクロフトは、おそらくウィニコットよりもフェアベアンにより多くのものを負っているだろう。ライクロフトは、自分が「ウィニコットの概念にとてもよく似た概念」を用いていることに同意しているが、「私はウィニコットよりも象徴性をよく理解しており、それほど感傷的ではないと思いたい」(Rycroft, 1985: 20) と述べている。とはいえ、すでに第4章で引用したが、ライクロフトはウィニコットの「移行的現実という概念」を、完全に独自性をもつとはいえないまでも、「おそらくここ三〇年間における、精神分析理論への最も重要な貢献［として］」評価している。移行現実とは、「夢のような私的世界と公的世界のあいだで、環境という共有された世界を仲介するものである」(Rycroft, 1985: 145)。ライクロフトが、いかにウィニコットとミルナーに負っているかは、自著『精神分析と彼岸』におけるフラーの序文 (Rycroft, 1985: 24, 36) を読めばわかる。さらにライクロフト自身が書いていることだが、彼は、英国精神分析協会で「きちんと話を聞いてもらうために、ウィニコットがどれほどの奮闘努力をしたのかを知って」慄然としたのだ (Rycroft, 1985: 206)。

かつて「中間派」の一人であったピーター・ローマスは、ウィニコットのフレーズをひとつ採用し、自著に『本当の経験と偽りの経験』[*35] (Lomas, 1973) という表題をつけている。そして彼は、随所で、セラピーそれ自体における「促進的環境」の創造や、「治療的破綻」の理解に対して、ウィニコットが「計り知れないほど貴重な」貢献を果たしたことを認めている。第4章で述べたように、臨床実践をめぐるウィニコットの考えについてはローマスはいくぶん批判的であり、ウィニコットの考えのなかにいくらか混乱があることを見出しているが、彼は「私自身も含めた多くのセラピストが、ウィニコットから恩恵を受けて［いる］」ことも認めている (Lomas, 1987a: 83)。さらに、その少し後で、「ウィニコットの想像力をかきたてる著述は、概して、よりリラックスした治療的スタンスを採用するように実践家をうながす際に、一定の役割を果たしてきた」と述べている (Lomas, 1987a: 93)。

そのほかにも、精神分析の観念についてのウィニコットの想像力に富んだ解釈の道を追従する英国人著作家たちがいるが、そこにはクリストファー・ボラスも含まれている (Bollas, 1987; 1992; 1995)。ボラスは、「移行対象」を翻案し、心的変化を助ける対象や象徴である「変形性対象」という概念を含めているが、これは彼が有するきわめて独創的な思考を示す一例である。ある論者は、ボラスの仕事を、「詩学……想像力……創造性……そして、精神分析の思考と実践の彫琢」の点から説明している（Grotstein, 1994: 56）。フォンタナ・マスターズのウィニコットの巻の著者であるアダム・フィリップスもまた同様に、その発展的な仕事で独自性を発揮している著作家の一人である。自著につけられたお茶目な表題（『キスすること、くすぐること、そして、退屈することをめぐって』Phillips, 1993、そして、『いちゃつくことをめぐって』Phillips, 1994）は、いくぶん、遊び心にあふれたウィニコットを思い起こさせたりもする。もちろん二人は、それぞれが独立した分析家である。それでも、彼ら二人ともが、適切にも、スクイグル財団の雑誌『ウィニコット研究』の編集委員に名を連ねてきたのだった。

7　ソーシャルワーク

ウィニコットは戦時中、オックスフォードシャー州における政府疎開計画の顧問精神科医をしていた。『愛情剥奪と非行』（Winnicott, 1984）の編者によると、そこでの経験が「彼の発達論が広がり、開花する……［ための］分水嶺」となった（1984: 9）。子どもたちは、それぞれの家庭を離れて疎開することで、もともとは安定して供給されていたものが滞るという感覚を抱き、「苦悩」していた。ウィニコットは特別な経験を積んだが、その経験は、普通の家庭に住むことができなくなったため、非行に走り、特別な対策が必要となった剥奪児童との仕事を通して得られたものだった。クレア・ブリトン（のちにウィニコットの後妻となる）は、精神科ソーシャルワーカー兼五つの少年感化院の管理者として、彼のチームに加わっていた。ウィニコットの考えや実践がまったく新しい次元を

＊35　邦題は『愛と真実：現象学的精神療法への道』（1980　法政大学出版局）。

獲得したとして、クレアは、「実際に、彼の考えが、感化院で進行していることや個々のスタッフメンバーの子どもたちの扱い方に影響を与えた」様子について説明している（Winnicott, 1984: 3）。

このことは、ウィニコットがソーシャルワークに対して、とりわけ児童養護に対して、及ぼした最初の影響であった（もっとも、おそらくこの文脈では、ウィニコット夫妻と言い直すべきであろうが）。ピエトロニとプパールは、「ウィニコット夫妻は、構造化された遊びの使用を通して、子どもたちが空想、願望、不安をコミュニケートできるようにしたのだが、そのような遊びの使用が、何世代にもわたり、ソーシャルワーカーやソーシャルワークの教師に影響を与えつづけている」様子について説明している（Pietroni and Poupard, 1991: 78）。彼らはヘンドリーの論文（Hendry, 1987）をとくに取り上げ言及しているが、そこには、ウィニコット夫妻が描くようになった子どもたちとの治療的コミュニケーションが、「困難な過渡期を経験して苦悩する子どもたちを援助するために、現代の社会サービスの文脈のなかでいかにして使用可能となるか」という問題が提示されている。

精神分析の外側の領域で、ウィニコットの仕事がほかの文献に有益な情報を与えている分野を探すならば、この児童養護という分野が最も見込みがありそうだ。在宅児童養護、里親制度と養子縁組、児童保護、家族との作業、非行、これらのいずれに関しても、英国人は依然としてウィニコットの多くの鍵概念に言及しつづけている。多数あるなかで最近のものとなると、ヴァルマ（Varma, 1992）の『脆弱な子どもたちの秘密の生活』が挙げられる。

クレア・ウィニコット自身が、教師でもあり、（夫ほど多作ではないが）著作家でもあったことを忘れてはいけない。彼女は、子どもたちとのコミュニケーションをとる際に特別に有用な手段を紹介した。彼女はそれを「間接的アプローチ」ないし「第三の対象」と呼んでいる。「それのおかげで、私たちと子どもたちのあいだで、なにかをもつことができるのである。つまり、第三のものが進行しているのだ。それは、いかなる瞬間でも、緊張を緩和する焦点となりうるのである」（Winnicott, C., 1968: 70-71）。この事態は、乗車中、散歩の際、絵を描いているとき、遊びのなか、あるいは、一緒にテレビを観ているときでも、生じうる。クレア・ウィニコットはのちに、ロンドン経済大学の応用社会学コースの講師となった。さらに、一九六三年には内務省児童部門での児童養護研究の責任者に任命された。そこでの彼女の責務は、施設スタッフや児童養護に携わる公務員に対する訓練コースの組織化と監督であった。彼女の諸論文は、『児童養護とソーシャルワーク』(Winnicott, C. 1964) に収録されている。

第二次世界大戦中、バークシアという隣接する州で、オックスフォードシャーのウィニコットとは別個に、バーバラ・ドッカー＝ドライスデイルが、あるプレイ・グループを開始した。そのプレイ・グループは、開催された家屋の庭に生えていた一本の樹にちなんで、「クワの茂み Mulberry Bush」[*36]と名付けられた。プレイ・グループは、彼女の自宅で開所していた保育園にも導入され展開していった。「当時、多くの母子が、戦時状況によって引き起こされた苦境に立っていた。それゆえ、私たちは即刻、何組かの母子を集め、私たち自身の家族も含め、私たちとともに暮らすことにした」(Dockar-Drysdale, 1968: xiii)。一連の状況は、精神障害を抱える子どものための寄宿学校「クワの茂み学校」の設立へとつながっていった。本校は文部省から財政支援を受けており、さらにさまざまな分野から集められた多数の児童養護のスペシャリストたちによる専門的な支援を受けていた。同時期、バーバラ・ドッカー＝ドライスデイルは心理療法家としてのトレーニングを受けていた。夫は、兵役から帰還し、学校の管理運営を引き継ぐこととなった。その一方で、彼女は学校における治療的な仕事を発展させることができた。その後、彼女は、同種のプロジェクトに顧問として携わる機会を多数もった。

一九五〇年代、英国科学協会において、ドッカー＝ドライスデイルが「凍結児」と呼んだ子どもたちのケアをめぐる答申がおこなわれた。その後、初めて、彼女はウィニコット夫妻と面識をもった。その後の彼女の著述には、夫妻（とりわけD・W・W）の影響が見て取れる。彼女らの道筋が集中してきていることからも、ウィニコットは多くの知見を得た。ウィニコットは「凍結児」という用語を好んだ。「愛情剥奪児」のような、より臨床的な記述

＊36　英国のマザーグースのひとつにも「クワの木の周りを回ろう」というものがある。

よりも「凍結児」のほうが好ましいと思ったのだ。凍結児は、「単一性が崩壊したことによる悲劇的な結果である。多数ある原因のひとつは、赤ん坊が母親から引き離されたことである」。「凍結した」子どもには、「霜が降りた後に雪解けが訪れる」という意味合いが含意されている（Dockar-Drysdale, 1968: 17）。彼女は「凍結児」について次のように述べている。紹介されて間もない頃に、子どもは食べ物を盗むかもしれないが、それはその瞬間に食べ物が必要だったからであり、そのほかに理由はない。同じ子どもが回復の兆しを見せ始める頃、再び食べ物を盗むかもしれない。その場合は、セラピストが不在であることが理由となる。盗みが象徴的なものとなっているのである。

ドッカー＝ドライスデイルは、統合へと向かう第一歩を歩み出した「列島児」についても言及しているが、「彼らは、融合して、大陸、つまり一人の全体的な人間、に至ったことがない自我－小島群 ego-islets であると説明することができる」（Dockar-Drysdale, 1968: 99-100）。彼らの象徴化能力は制限されている。象徴化能力がコミュニケーションを促進するのだ。とはいえ、ウィニコットは、ドッカー＝ドライスデイルの著書の序文のなかで、「六人の人物が一人の子どもに出会うと、六人の相異なる子どもたちを見出すようだ」（Dockar-Drysdale, 1968: ix）と述べている。彼女は、精神障害を抱える子どもの第三のカテゴリーとして、「偽りの自己」というウィニコットのフレーズを取り上げている（Dockar-Drysdale, 1968: 100-101）。ウィニコットの影響は、自著『原初的体験の供給：児童思春期におけるウィニコット派の仕事』（Dockar-Drysdale, 1990）につけられた表題のなかにも見て取れる。同書第一章の表題は「ウィニコットへの恩義」である。その内容は、一七年間にわたって毎月おこなわれていたウィニコットとの面談についての顛末記である。

ウィニコットとドッカー＝ドライスデイルの両者は、ブリストルにおける女性の精神保健プロジェクト「ウーマンカインド」の仕事に知見を提供したことでも知られている。バーバラ・ドッカー＝ドライスデイルは客員コンサルタントを務めていた。パメラ・トレビシックは、ファーガソンら（Ferguson et al. 1993）の著書のなかで、子ども時代に虐待の経験をもつ二人の女性との作業について記述している。彼女は、心的外傷を理解するうえで、フェミニストとしての視点のみならず、ウィニコットにも依拠している。彼女は「ウーマンカインド」のアプローチを次のように説明している。

私たちのグループワークや個人カウンセリングのセッションに、ウィニコットとドッカー＝ドライスデイルを組み込み、適合させる方法を探究している。……私たちのあらゆる仕事を貫く共通の糸は、回復と自己治癒を助けるものとして、移行現象を使用することに付与された重要性である。移行現象には、移行対象と移行現象が含まれている。それは回復と自己治癒とを目的としている。この点において、私たちは、「当てになることと首尾一貫していること」そして「ニーズに適応すること」の重要性を強調する。というのも、これらが相まって、自己治癒が生起するような促進的環境の一部を形成するからである。（Ferguson et al. 1993: 123）

8　スクイグル財団

一九七〇年代の半ば、ロンドンにあるカムデン地区の家族ケアワーカーであったアレキサンダー・ニューマンは、若年層家庭へ支援をおこなう人びとが、トレーニング、サポート、スーパーヴィジョンを受ける機会をもっていないことに、こころを痛めた。彼は、家族ケアワーカーにとって、ウィニコットの仕事が重要であることにいち早く気づき、一連の会合を始動させた。それらの会合は、単にワーカーがある理論的枠組みに依拠するのを助けるだけではなく、それ自体、促進し、包み込む構造を提供しようとするものでもあった。その時点でニューマンは、明確な精神分析のトレーニングを受けてはいなかった。とはいえ、その後つづけて、彼はユング派分析家のトレーニングを受けた。彼はウィニコットについて深い造詣をもっていた。しかし、ウィニコットと書簡のやりとりはしていたが、直接顔を合わせることは決してなかった。

数年も経たないうちに、ニューマンが始動させたこの課程は、多くのセラピストを惹きつけるようになった。現理事が見聞きしたところによると、そうした人びとは、すでにかなりの備えをもち合わせていた。「すでにある欲求を身につけた人たちと、欲望の内在化されたモデルという「低品質な」ものをもっている人たちとの応答のあいだには、つねに創造的な緊張が存在していた」（ファーリ、私信）。当初から、つねに、教師、医師、ソーシャルワーカーに参加してもらいたいという大きな願いがあった。会合では、ニューマンが、ウィニコットからテーマをひとつ選んで講義するという形式がとられていた。彼はメモだけとっていた（彼はとても創造的な人物だった）。講義後、ランチをはさんで、議論がおこなわれた。年に三六回開催される土曜セミナーがあり、通常、毎年異なる内容であった。当財団の現理事であるニナ・ファーリのように、そのときどきで特定のセミナーを受けもつように依頼される人もいた。また、年に六回開催される公開講座は「偉大な権威」が担当した。たとえば、マシュー・カーン、マリオン・ミルナー、フランセス・タスティン、ケネス・ランバート、ハナ・シーガル、など。講師リストは、ユング派やクライン派を含む、広範囲にわたる理論的アプローチが存在していたことを表している。それらのアプローチは、過去現在を通して、財団の領域内に導入されつづけている。当時、それらの講義を提供したいくぶん少人数のグループは、それ以降、隔月開催の公開講座のプログラム編成上、拡大の一途をたどり、公開講座は多数の聴衆を魅了しつづけている。題目はウィニコットの考えに限定されていない。とはいえ、ときに、講師はウィニコットを出発点として取り上げるのだが。アレキサンダー・ニューマンとジョン・フィールディングは、『ウィニコット研究』の初代編集者であった。『ウィニコット研究』は、スクイグル財団の雑誌であり、もともとは、そのほとんどが公開講義やセミナーの再録であった。のちに同誌は、ほかの論文やレヴューを掲載するようになった。もっとも、一九九五年に体裁が変更され、特定のテーマを特集する単巻の書籍となった。カルナック書店から発行されている。

ニナ・ファーリは、一九八九年に理事に就任した。その際、彼女は成長を含み込むことが可能となるように、よりフォーマルな構造を提供することに着手した。加えて、会則、会員数（執筆当時、会員数は約二五〇名）、管財人や給与つきのパートタイム書記長を定めた（ロンドンN13 4BH アンバーリー・ロード33）。新理事は、スクイグル財団の業務の基礎を強化するとともに安定させた。そして、家族ケアワーカーや心理療法のようなより狭い領域の外部で働いている人びとに、教育課程を提供するという本来の目的に立ち返った。現在の土曜セミナーには、以前と比べると相当高度に系統立てられたシラバスがあり、「D・W・ウィニコットの業績に見られる独自のテーマ」と名付けられている。第一学期では、主として健康をめぐる諸概念を取り上げている。第二学期では、本当の自己と偽りの自己や、精神《サイケ》－身体《ソーマ》といった健康と病理にまつわる諸問題について見ていくことになる。そして第三学期では、創造性や遊ぶことといったテーマが中心的に扱われる。これらのセミナーはテープに記録されており、豊富なテープライブラリのなかで聴取可能である。毎年約四〇人がセミナーコースへの入会を認められているが、境遇によっては奨学金による援助を受けることもできる。また、特別に優秀ではあるが、奨学金がないとコースを受講する余裕がないという学生には、毎年マデレーヌ・デイヴィス奨学金が給付されている。財団の本来の目的に忠実に従い、土曜セミナーのメンバーには、心理療法家や精神分析家だけではなく、若年層家族ケアワーカー、在宅ソーシャルワーカー、精神科看護師、助産師、心理学者、一般開業医、コミュニティワーカー、芸術・演劇・音楽療法士、音楽家、詩人、作家なども含まれている。土曜セミナーは心理療法のトレーニングコースではない。おそらくそれゆえに、土曜セミナーは、（アセスメントという重荷や、場合によっては特定の理論的立場への関与もあるとはいえ）、多くの通常のトレーニングと比べて、よりいっそう楽しくもあり、創造的でもあるのだろう。

それに加えて、スクイグル財団は研究を促進することを目的とした一連のセミナーも運営している。会員の定員は比較的少人数ではあるが、作業をおこなう設定がいかなるものであっても、児童や成人と関わりのある仕事をしている人であるならば、誰でも参加可能である。「研究促進」グループでは、ウィニコットのテクストがより詳細に検討され、臨床作業と関連づけられる。そして第三学期には、ウィニコットの影響を受けた人びとについて見ていくことになる。「臨床問題」グループは、定員が八名であり、スーパーヴィジョンを求める多数の要望から生まれた。実際には、スーパーヴィジョンをおこなうグループではなく、むしろ、ウィニコットの著作や彼に影響を受けた人びとを通して、精神分析の理論的基盤を検討するグループである。臨床実践に重大な関心が寄せられているのだ。ウィニコットの仕事に精通した人びとによるリソース・グループも存在するが、彼らはウィニコットの考えが有する妥当性について議論し、批判的な検討を加えるために参集している。本グループは六週間に一回開催されており、スクイグル財団自体の仕事を補強するとともに、その文化を豊かにし、そのうえ、セミナーを指導することの質や愉しみにたえず流れ込んできている。理事による特別なワークショップも開催されており、精神障害を抱える思春期患者と作業している在宅ソーシャルワーカーを対象としたものと、別の専門的な作業グループを対象としたものがある。

このようなさまざまな水準の活動のなかで、ウィニコットのテクストが徹頭徹尾、聖典として取り扱われているわけではない。ニナ・ファーリは、ウィニコットの仕事について基本的に次のような理解を示している。「いやしくも、なんらかの意味、価値、妥当性をもつためには、理論はその住人によって創造されるべきである。聖典があるとしても、いわば、それはすぐさま怪しげだがきわめて正当な死を迎えるだろう」（私信）。彼女は理事として、ウィニコット同様に、教義を憎む。彼女は、いかに人びとがウィニコットに心酔して惹きつけられるかということを理解しており、ウィニコットが実際よりも美化されて語られないほうがよいと思っている。そうではなくて、彼女は、ウィニコットの仕事を通して人びとのこころを惑わせるのではなく、人びとが自分自身のテクスト、理論、理解を創造することを援助したいと思っている。

ロンドンにある数多くの心理療法の訓練コースが、シラバスにあるウィニコットの項目については、スクイグル財団の講師を採用している。当財団が脚光を浴びているがゆえに、それらのシラバスにおいてウィニコットが採用されているといってもよいかもしれない。おそらく、当財団は、ロンドンの精神分析サークルにおいて、幅広い活動領域と魅力を有する独自の存在であるといってもよいだろう。スクイグル財団は、主に地方での一日ワークショップを通じて、ロンドンの外部でも活動している。一日ワークショップは、健康、病理の発展、創造性と遊びに関する論文数篇と、少人数のワーク・ディスカッション・グループで構成されている。一日ワークショップの講師が海外に招待される機会もますます増えている。

９　結論

本研究の冒頭で、次のような疑問を投げかけた。ウィニコットが、彼という人間において、そして精神分析的思考と実践についての彼特有の表現において、多くのカウンセラーやセラピストをかくも魅了してきたのはなぜなのか？　本章では、ケアやカウンセリングというより広い世界において、ウィニコットが多くの実践家のあいだで「人気者」になりやすいという当初の見解を、彼の影響力の広がりやその度合いの大きさを示すことによって展開させてきた。もっとも、彼は、生涯を通じて、多くの著名な精神分析の同業者から、批判的な評価を受けていたのだが。ウィニコットについてのこのような元々の疑問に、いまから本章と本書を要約するなかで、私は答えていくべきであろう。

ウィニコットの人気の理由は、彼が本質的に想像力豊かなセラピストにして著述家であることによる。彼は（感覚よりも直観を通して）セラピーにともなう諸経験に入りこむ方途を考えている。症例について記載するにしても、諸概念について記述するにしても、ウィニコットは、そのような想像力に富んだ議論がつねに生じるように、観察された事象、標準的な言葉遣い、逆説的で詩的な表現を組み合わせて用いるのである。かくして、ほかの証拠により別の理由が示唆される場合でも、ウィニコットの話は道理にかなっているように見えてしまう。それどころか、ときに誤りが示されるとしても（例を挙げると、一人の赤ん坊というものがいる）、ウィニコットのイメージにまつわる意義が失われることはない。ウィニコットの表現は、しばしば隠喩的であるが、単なる隠喩ではない。というのも、おそらく、彼は自身の用語を隠喩と考えていないだろうからである。ウィニコットの説得力のある確信と遊び心あふれた言葉が、読者の次のような欲望に応えてしまっているのだ。すなわち、ウィニコットの著述は、当初彼が意図したほどわかりやすいものではないかもしれないと知的には理解していても、実際にはそうであってほしいという欲望である。もちろん、より緻密に読めば、同じテクストでも、ほかのテクストでも、複雑な部分が立ち現れるようになり、異なる理解に到達する。そして今度は、パラドックスの有する力と矛盾にともなう弱さの両方を認識することとなる。ウィニコットの用語を用いるならば、ウィニコットを読むという行為は、ひとつの錯覚と脱錯覚のプロセスであるといってもよいであろう。ただし、ウィニコットがこの二つの用語にこめたポジティヴな含意をこころに留めておく必要がある。

ウィニコットの想像力豊かなスタイルが、相当多くの読者に共感を与えていることは明らかである。そして、おそらく、彼には精密さが欠けていることで、さまざまな人びとにそれぞれ異なった共感を与えることが可能となっているのだろう。とりわけ、個人が彼を通して、自分自身の位置を探し求める気持ちを奮い立たせている場合には（つねに到達できるわけではないとはいえ）、そのことが彼の強みにつながっているのだろう。ウィニコットを導師として偶像化するよりもこちらのほうがましである。多くの分析家たちと同様に、ときにウィニコットも一般化したくなるようだが、私たちの感覚では、彼はさまざまな人たちが独自に自分を理解してくれればそれで満足、と思ってもいるようだ。結局のところ、「まったく同じ乳児などいない」のである（1965b: 49）。ウィニコットは個人の経験に共鳴している。しかし、おそらく、個人の想像や空想にはよりいっそう共鳴している。というのも、彼は、言語化するには早すぎる経験や、知らされるよりも想像するべきことが主題となっている体験、について頻繁に記述しているからである。ウィニコットの著述は，必ずしも科学的に立証可能というわけではないが（あるいは，明らかに科学的根拠がない場合さえある），少なくとも読者が，彼の言説が有する特別な地位と限界をたえず意識しているかぎり，そのことは大した問題ではないだろう。直観的に正しかろうが，そうでなかろうが，そのような想像力豊かな表現のおかげで，私たちは，自分自身の経験に触れる，言い換えれば，自分自身の経験に触れていると思うことが，ますますできるようになるのである。そのうえ，ときには（もちろん，いつもというわけにはいかない），他者の経験に触れることもできるようになるのである。

したがって，ウィニコットに対して健全な反応をすれば，私たちは，自らの想像力をいっそう広げるとともに，自らの直観により重きを置くことができるようになる。そして，自発性を発揮する機会を享受することができるようになり，こころに浮かぶ考えで遊ぶことができるようになる。さらに，技法と理論が，あらゆるとき，あらゆる状況で適用可能なものとして，厳密かつ強力に多くのものを提供してくれるにしても，私たちが自分自身を信じて，理論や技法に頼らないでいることができるようになる。最初に惹きつけられるのは，ウィニコットの仕事の内容かもしれない。しかし，最終的に姿を現すのは，破壊的にも創造的にもなれる彼の卓越した能力である。

ウィニコットの移行対象という考えに，なぜこれほどまでの関心が寄せられてきたのか，そのことについてフルーはある提案をおこなっている。彼は，ある思想史家を引用し，次のように述べている。「『影響』とは単純なものではない。それどころか，非常に複雑な相互関係を意味している。私たちは，読んだり学んだりするすべての物事から影響を受けるわけではない。ある意味では，おそらく最も深いところで，私たちは，自分が身を委ねる影響を，自分自身で決定しているのだろう。自分の知性における祖先は所与のものではなく，私たちが自由意思で選択したものである」（Flew, 1978: 485-486）。ウィニコットの考えも同様に，刺激的で印象に残るものである。というのも，彼は私たちのなかの「先立つ関心や信念」について語っているからである。もっとも，彼が論文のなかでそれらを表現する形式という点については必ずしも正確というわけにはいかないが。翻って，ウィニコット自身は、青年期の自分に影響を及ぼす二人の主要な人物として、ダーウィンとフロイトを選んでいる。その理由は、必ずしも彼らの知的な議論に関心があったということだけではない。彼らがウィニコットのなかの先立つなにかに訴えかけてきたことも理由として挙げられる。

フルーの提案は有益である。ウィニコットは、私たち全員に対し、情緒的にも歴史的にも喚起する特別な力を及ぼす原初的な関係、すなわち母子関係、を集中的に扱っている。ときにより良い判断に逆らってまで、私たちがウィニコットに納得してしまうのは、彼が母子関係を扱う際の主題の所為だけではなく、その扱い方の賜物であり、その主題を説明する際の様式の結果でもある。概して、ウィニコットの記述は教条的ではなく、寛容であり、その信念は肯定的であり、物腰は思いやりのあるものである。そのような雰囲気のなかで、ウィニコットは、私たち全員がそういう母をもちたかったと望むような母親に見えるのだ。もちろん、ここには危険もある。私は、ウィニコットと彼に魅了される人びとの一部に対する批判として、理想化や美化を取り上げた。人間の条件についてのウィニコットのイメージを十分に描いているとはいえないが、彼のイメージが魅力的である理由については理解できるだろう。

また、フルーは次のような提案もおこなっている。ウィニコットの考えが必ずしも十分に推敲されたものとはいえないにしても、魅力的な人物が有する性格やスタイルにはなにがしか重要なものもあるのだろう（Flew, 1978: 486）。本書の読者や、私を含めいま現在ウィニコットについて書いている者のほとんどは、ウィニコットと面識があったわけではない。彼と一緒に働いた経験のある者や、彼の訓練を受けたことがある者も、当然のことながら、その数は次第に減ってきている。それでもなお、本書を執筆する際に調査をおこなうなかで、私のなかに次のような確信が芽生えた。ウィニコットは、愛される人であり、愛される必要がある人であった。その事態は、彼の幼年時代に始まっており、ある程度は、大人になってから生じたものでもあった。このため、ウィニコットは、自分の理論を提示する際に、同業者の好意を失うことを心配し（それゆえ、彼は、他者から得た知恵に、少々敬意を払いすぎるときがある）、原家族で過ごしていた際と同じくらい、際立って特別な存在でありたいとも願うのである。その結果、不幸にも、ある種の二重行動指針のような事態に陥ってしまっている。そのどちらの側面も、同一の承認欲求に起因している。それゆえ、ウィニコットは自分自身のなかで十分に確信して、自身の立場を徹底的に議論することもできず、疑義をとなえたいと思う伝統を納得のいくまで拒絶することもできないのである。

そのような思弁、そして、さらには、自分自身や他者についてのウィニコットの考え方や感じ方についてのより綿密な解釈は、ウィニコットのより十全な伝記を待たねばなるまい。ゆくゆくは、誰かがそのような伝記に着手することが期待される。ウィニコットは愛された人物であり、愛される必要がある人物だったという私自身の解釈も、もちろん例外ではなく、それどころか多くの人に当てはまるものであろう。しかし、それが、精神分析の考えをめぐる論争のなかで、当然のごとく日和見主義的な態度をとる多くのセラピストやカウンセラーには、ウィニコットの魅力の一部と映るのかもしれない。より教条的で、コチコチの知性的な同業者（ここではとくに、何人かの分析家や心理療法家が思い浮かぶ）とは異なり、彼らは、当初、自分たちを型にはめていた伝統に固執している状態に、その確からしさに対する疑義を結びつけようとしているのだ（Farhi, 1992 も参照）。彼らも職業上の地位を求めるために所属する必要があるが、同時に、彼らは疑義を差し挟みたいと思っており、場合によっては反抗したくも思っている。ウィニコットは、許容されつつも、型にはまらない人物の代表である。しかしながら、無論のこと、こうした理由でウィニコットに魅力を感じる人が増えれば増えるほど、心理療法やカウンセリングに次のような危険な事態が生じやすくなる。それは、この集合的用語が適切であるならば、非適合への適合である。

私が示唆している事柄は、自らの創造性や独自性を見出すための手段として、ウィニコットを参考にしている人びとには当てはまらない。スクイグル財団はその好例である。本章で名を挙げた多くの著作家やセラピストもまた同様。それでもなお、私の解釈は、幅広い信奉者のあいだでウィニコットが人気を博している事態の説明となる。彼らはウィニコットの仕事をかじり、彼のフレーズを借用し、そういったこと自体を「ウィニコット的」と呼ぶことさえあるのだ！

本書のような性格の本によって、英国で最も愛されている分析家というすでに確立している人物像がいっそう偶像化される危険性がある。ウィニコットには突出した引用価値がある。彼の考えは魅力的である。セラピーにおけるウィニコットの介入はときに驚くべきものである。前半の三つの章において、誤った印象を与えたかもしれない。後半の二つの章はそれらとバランスをとるうえで必要不可欠なものだった。正面きって価値があるものとするために、ウィニコットの考えがより詳細な検討とある種の批判の両方を受ける必要がある。ウィニコットは生前、その両方を受けていたのだが、ウィニコット没後の世代はそれを忘れ去りそうである。それにもかかわらず、次のようなセラピスト、教師、著作家がいることを知り、とても心強く思う。彼らは、ウィニコットよりもなおいっそう説得力のある形で、ウィニコット独自のいたずらっぽい因習打破の精神を拡大しつづけ、精神分析の言葉、方法、概念を実験するウィニコットの心意気に鼓舞されているのだ。自然、人間、治療課題に関する私たちの知識には、なお数多くの空隙がある。その空隙を批判的に突き止め、想像的に探究することに希望を与えるのはこの種のアプローチにほかならない。クラインやボウルビィといった同時代人や、ダーウィンやフロイトといった先達と同様に、ウィニコットは、そのような空隙に、創造的な移行空間が秘められている可能性があることを認めていたのだ。

読書案内

ウィニコットを最初に学ぼうとすれば、ウィニコットの最も著名な『子どもと家族とまわりの世界』[*37]（Penguin Books、初版は1964）という書物が間違いなく出発点となろう。この本の内容は、ほとんどがラジオ放送でのトーク原稿である。同書はウィニコットの仕事全体でもベストセラーであり、いまなお、精神分析とは縁遠い読者層を獲得するうえで最もわかりやすいものである。

同書には、一九五七年にタヴィストック出版社による二分冊『子どもと家族：最初の関係性』『子どもとまわりの世界：発達しつづける関係の研究』で刊行済みの章が多く収録されている。第二巻に収録されていた戦時中の子どもたちに関する第二部（「ストレス下の子どもたち」）は、『子どもと家族とまわりの世界』からは除外された。しかし、ほかに消えていた二章分とあわせて、現在では『愛情剝奪と非行』で読むことができる。なお、この『愛情剝奪と非行』には、一九六四年〈の合本再版時〉には再録されなかった「攻撃性」をめぐる章も入っている。この「攻撃性」という章は一九六四年には「攻撃性の起源」という章と入れ替えられ、『愛情剝奪と非行』では「攻撃性」と「攻撃性の起源」という二つの章があわせて収録されている。『子どもとまわりの世界』で除外されていた二章は、『社会と子どもの発達』[*39]に収録されている。一九五七年の原本セットにある二つの章「二人の養子」[*40]と「窃[*38]

*37　星和書店から『赤ちゃんはなぜなくの：ウィニコット博士の育児講義』（1985）と『子どもはなぜあそぶの：続・ウィニコット博士の育児講義』（1986）として分割訳出されている。

*38　「二人の養子」（1953）と「養子における落とし穴」（1954）のことだろう。なお後述の訳書では養子に関する部が割愛されているために、この二章も未邦訳。

盗衝動」だけ、どこにも収録されていない。
以下は、生前に刊行済みか、刊行準備中だったもの。

- Winnicott, D. W. (1931) *Clinical Notes on Disorders of Childhood*. London: Heinemann.
- Winnicott, D. W. (1958; second edn 1975) *Collected Papers: Through Paediatrics to Psycho-Analysis*. London: Hogarth Press.（北山修監訳 [2005] 小児医学から精神分析へ：ウィニコット臨床論文集　東京：岩崎学術出版社.）
- Winnicott, D. W. (1965a) *The Family and Individual Development*. London: Tavistock Publications.（牛島定信監訳 [1984] 子どもと家庭：その発達と病理　東京：誠信書房.）
- Winnicott, D. W. (1965b) *The Maturational Processes and the Facilitating Environment: Studies in the Theory of Emotional Development*. London: Hogarth Press.（牛島定信訳 [1977] 情緒発達の精神分析理論：自我の芽ばえと母なるもの　東京：岩崎学術出版社.）
- Winnicott, D. W. (1971a) *Playing and Reality*. London: Routledge.（橋本雅雄・大矢泰士訳 [2015] 改訳　遊ぶことと現実　東京：岩崎学術出版社.）
- Winnicott, D. W. (1971b) *Therapeutic Consultations in Child Psychiatry*. New York: Basic Books.（橋本雅雄・大矢泰士監訳 [2011] 新版 子どもの治療相談面接　東京：岩崎学術出版社.）

これらのうち、『遊ぶことと現実』は、大衆読者に最も深く関連しており、最も手ごろな価格の書である。「移行対象」と「青年期」の論考を収録しており、一際役に立っている。多くの魅力的な症例が収められているために残念なのだが、『子どもの治療相談面接』だけは現在ハードカバーでしか入手できない書籍である。その症例では、スクイグル・ゲームが多く用いられている。そこでは、さまざまな年齢の子どもたちとウィニコットの仕事に最も深い洞察が向けられている。ともにソフトカバーである『遊ぶことと現実』や『子どもと家庭』同様に、『小児医学から精神分析へ』と『情緒発達の精神分析理論』は別々の時期に発表されたり刊行されたりした論考を収めており、その多くが本書で言及されている。『幼児期の障害への臨床記録』は主として小児医学に関する書物である。この書籍で最も関連する二篇の論考は『小児医学から精神分析へ』のなかに収録されている。

ウィニコットの名前で残っている書籍は、ウィニコットの論考から選定され、クレア・ウィニコットやマデレーヌ・デイヴィス、レイ・シェパード、クリストファー・ボラス、イサック・ライミズ、マシュード・カーンといったさまざまな人の手によって編纂されている。

- Winnicott, D. W.（1980）*The Piggle: an Account of the Psychoanalytic Treatment of a Little Girl.* London: Penguin Books.（妙木浩之監訳［2015］ピグル：ある少女の精神分析的治療の記録　東京：金剛出版）
- Winnicott, D. W.（1984）*Deprivation and Delinquency.* London: Tavistock/ Routledge.（西村良二監訳［2005］愛情剥奪と非行　東京：岩崎学術出版社）
- Winnicott, D. W.（1986）*Home is Where We Start From: Essays by a Psychoanalyst.* London: Penguin Books.（井原和男・上別府圭子・斉藤和恵訳［1999］家庭から社会へ　東京：岩崎学術出版社）
- Winnicott, D. W.（1988a）*Babies and Their Mothers.* London: Free Association Books.（成田善弘・根本真弓

＊39　当初はこの書名であったようだが、"*Thinking about Children*"として出版されている。邦訳は『子どもを考える』（2008 岩崎学術出版社）である。

＊40　「養子について」（1955）の間違いであろう。「窃盗衝動」（1949）とともに未邦訳。

訳［1993］赤ん坊と母親　東京：岩崎学術出版社．）
• Winnicott, D. W. (1988b) *Human Nature.* London: Free Association Books.（牛島定信監訳［2004］人間の本性：ウィニコットの講義録　東京：誠信書房．）
• Winnicott, D. W. (1989a) *Holding and Interpretation: Fragment of an Analysis.* London: Karnac Books.（北山修監訳［1989］抱えることと解釈：精神分析治療の記録　東京：岩崎学術出版社．）
• Winnicott, D. W. (1989b) *Psycho-Analytic Explorations.* London: Karnac Books.（館直彦ほか訳［2001］精神分析的探究１：精神と身体／北山修監訳［1998］精神分析的探究２：狂気の心理学／牛島定信監訳［1998］精神分析的探究３：子どもと青年期の治療相談　東京：岩崎学術出版社．）

私自身の評価によれば、ウィニコットの生前に刊行された、最初の書籍リストのほうが、後半の文献よりも好みである。『子どもの治療相談面接』よりも『ピグル』のほうが、ウィニコットの子どもとの臨床作業を考えるうえであまり手間のかからない見方を提供している。『人間の本性』は、それ自体少し断片的ではあるが、ウィニコットの中心的な考えの多くを有益に要約していると言うことができる。『家庭から社会へ』と『赤ん坊と母親』は、最重要ではないのだが、さまざまな論文集であり、手ごろな価格である。『抱えることと解釈』は、ウィニコット自身の手になる長期にわたる成人との作業に関する唯一の例示ではあるのだが、概して、いくぶん読みづらい代物である。もちろん、ウィニコットを真剣に研究する者にとっては関心の的であるが、これら後半の書籍は、より専門家向きである。また、ウィニコットが自身の精神分析の考えを特殊なケアの設定やさまざまな専門家集団へ応用していることに倣いたいという望みにもかなっているのである。ウィニコットは自分の論文を発表するのが決して遅いというわけではないのだが、死後編集の書籍は、（なかには以前に刊行された書籍から一、二篇の論考が再録されているものの）ウィニコットが優先しなかった論文で大部分が構成されている。第１章ですでに述べたように、私はマデレーヌ・デイヴィスのコメントに同意できる。「未刊行の論文と雑誌や選集の論文を混ぜ合わせて」出版するというウィニコットの計画である（Davis and Wallbridge, 1981: 173）。しかし、当分のあいだとはいえ、こうした論考をしまっておこうというウィニコットの判断は正しかったのかもしれない。というのも、これら後半の仕事はウィニコットのエッセンスではないのだから。

〔訳者による追加〕

- Winnicott, D. W.（1996）*Thinking about Children.* London: Karnac Books.（牛島定信・藤山直樹・生地新監訳［2008］子どもを考える　東京：岩崎学術出版社）
- Winnicott, D. W.（2002）*Winnicott on the Child.* Cambridge, MA: Perseus Publishing.

前者は、ウィニコット・トラストのメンバーが編集した最後の論文集である。ウィニコットのキャリア全体から、子どもに関する論争を中心に選択されている。後者は、一九八七年と一九九三年（邦題『赤ん坊と母親』〈1993〉と『両親に語る』〈1994ともに岩崎学術出版社〉）の合本版である。

監訳者解題

1　はじめに

本書は、Michael Jacobs（1995）*D. W. Winnicott.* London: SAGE Publications. の全訳である。本邦でも多数の訳出がなされている Key Figures in Counselling and Psychotherapy シリーズの一冊である。心理臨床の発展に大きく貢献した人物を取り上げている同シリーズは、その生涯、理論と実践、その後の批判と展開で構成されており、それぞれの先達を立体的に捉えている好著群である。原題を直訳すると内容が十分に反映されないと判断したため、副題をつけて『ドナルド・ウィニコット：その理論と臨床から影響と発展まで』とした。

本書は、さまざまな風評や噂、断片的なエピソードで彩られるウィニコットの人生を、ひとつの物語として紡ぎ出している。また、従来あまり語られることのなかった批判や展開を解説している点で、守備範囲の広い解説書といえるだろう。

2　日本原産臨床におけるウィニコットの意義

先に述べたように、本書は、カウンセリングや心理療法に関するシリーズ物の一巻である。しかし、いまこうして解題に目を通しておられる読者のうち、一体どれほどの割合の方々が「構造化された」心理療法を業務としておられるのだろうか。あるいは、個々人の心理業務のうち、カウンセリングという営みがいかほどのパーセンテージを占めているのだろうか。それほど多くないのではないだろうか、と私は推察している。

週一回のリズムで営まれる静謐な個別心理療法。ましてや、週複数回のインテンシヴな心理療法。それを実施できる場を有する心理援助者は現在どれほどいるのだろうか。一回かぎりの相談面接、隔週三〇分の保険診療内カウンセリング、施設職員や学校教員との立ち話的なコンサルテーション、問題が勃発するたびに組まれる緊急マネージメント、膨大な量の心理実施と検査所見の作成。これらの一切がかけがえのない心理的支援であることは論を俟たないし、サイコセラピーのみが格別に重要なものというわけでもない。ともあれ、考え方は多様化し、これまで我が国の先達がこしらえてくれていた「当たり前」の構造は崩壊しつつあるのかもしれない。

こうなってくると、駆け出しの初学者は、あるいは日々の業務に追われる若手層は、または一定の見識を蓄えてこの事態に慣れてしまったベテランたちは、いまさら心理臨床家の解説書、ましてや精神分析の書物に手を出そうとは思えないかもしれない。昨今の「公認心理師」という国家資格の勃興により、ますます従来どおりの設定でカウンセリングや心理療法を実施する場面は減少していくかもしれない。一回の出会いの時間は短くなり、その間隔は広くなり、場を共有する感覚や感触を心理臨床家が保持していくことが難しくなるだろう。また、世界規模で求められる、エビデンスに基づく心理援助という考えと市場原理は加速化していくだろう。

しかし、それでも、東畑（2017）が論及したような「認知行動療法をトッピングした精神分析もどきのユンギアンフレイヴァー溢れるロジェリアン」が日本のありふれた心理療法ならば、上田（2018）が指摘したような低頻度設定で活きる精神分析的な知というものがあるのならば、こうした抜き差しならない現実を悲観せず、なおも直視せねばならない。このような日本での心理臨床の現状を鑑みるに、最もフィットする考えを提示しているのがドナルド・ウィニコットであると私には思えるのだ。

3 近年のウィニコット研究の動向

一九七一年にウィニコットは死んだ。死ぬまで生きることを欲した男が死んだ。膨大なケース記録や思索のメモなどは遺され、妻であるクレアに委ねられた。一九七四年にクレアはウィニコット出版委員会を設立し、マデレーヌ・デイヴィスやレイ・シェパード、デイヴィッド・ウォールブリッジが編纂作業の補佐として参加した。マデレーヌはもともと哲学者だったが、夫である小児科医ジョンの仲介でウィニコットと知り合った。シェパードとウォールブリッジは英国精神分析協会員であった。一九八四年のクレアの没後、出版委員会はウィニコット・トラストとして出発することになった。ウィニコットの遺稿集は、現在はロンドンのウェルカム図書館に保管されており、ポリー・ロスデイルとジャン・アブラム（エイブラムと表記されることも）によって「ウィニコット・アーカイヴ」として管理されている。

本書ではウィニコットの著作集や全集の刊行は見送られていると書かれているが、二〇一六年に、オックスフォード大学出版局より全一二巻からなる『ウィニコット全集 *The Collected Works of D. W. Winnicott*』が出版された。これにより、いままで明らかにされてこなかったウィニコットの全貌を垣間見ることが可能となっている。とはいえ、守秘義務や個人情報の観点から、全集にはウィニコットの書き著したものすべてが収録されているわけではないことは明記しておこう。この動向と軌を一にして、多くのウィニコットの研究書が刊行されている (Spelman and Thomson-Salo, 2014; Saragnano and Seulin, 2015)。ウィニコット研究は次なるステージへ移行している。

もちろん影の部分も存在している。クレアがいくぶん理想化して語ることで美化されてしまったウィニコットだが、その人生史を精査すると、決して聖人ではなかったことが明らかとなる。本書執筆時点では刊行されていなかったが、現在は数点の伝記が出版されており（Kahr, 1996; Rodman, 2003）、ウィニコットのパーソナルな側面を窺い知ることができる。アンドレ・グリーンやクリストファー・ボラス、ジェレミー・ホームズなどの錚々たる面々は、一様にウィニコットの傑作として『遊ぶことと現実』を挙げる。確かにこの書物が秘めたる可能性はいまも枯渇していない。けれども私は、『ピグル』と『子どもの治療相談面接』、『愛情剝奪と非行』こそが日本の臨床家に読まれるべき著書群であると指摘したい。これより、本書刊行以降のウィニコット研究の動向をいくつかのトピックに絞って素描してみたい。

◆ピグル――アフターストーリー

本書第3章でも取り上げられている『ピグル』（1977）は、クラインの『児童分析の記録』（Klein, 1961）にも匹敵する代物である。小児科医でもある児童分析家ウィニコットの子どもの優れたケース記録であり、秀逸な小説の趣きをもつ喚起的な書物である。そして、いまも研究するに値する古典的名著として数えられている（日本における研究の先駆的な仕事として北山〈1985〉）。この症例では、従来の週五日以上の頻度でおこなわれる毎日分析ではなく、被分析者のニーズや要求に応じてon demandセッションがもたれる「オンデマンド」方式が採択されている。また、保護者である両親とウィニコットのあいだの手紙や情報のやりとりが抜粋されて掲載されている点も際立っている。これは精神分析なのか？　あるいはそうではないのか？　当然疑問が生じる。この本には次のような記載がある。

〔これは〕家族療法ではない。ケースワークでも。**共有された**精神分析なのだ。（1977: 188、強調は原著による）

ひとたび読み進めていくと、これが精神分析なのかどうかなどどうでもよくなるほどに、その展開に引きずり込まれる。これは一人の少女の成長の軌跡なのである。私たち読者はそれを共有されるという恩恵に浴することになる。そして読了すると、ぼんやりと、「この後のピグルはどのように成長したのだろうか」と夢想してしまう。さて、「ピグルのその後」を知りたい読者に朗報である。成人したピグルのまさしくその後が、論文作成者ライプニッツとのインタビューつきで国際誌に掲載されたのである（Luepnitz, 2017）。

ピグル、本名エスター・ガブリエルは、精神力動的心理療法家として現在ロンドンで活躍していた。ガブリエルは、ライプニッツ同様にホームレス支援の仕事に従事していた。そして両者の邂逅は、二〇一五年にライプニッツがガブリエルの書いた論文を読んだことでもたらされた。両者は手紙でやりとりし、ガブリエルはライプニッツの論文（Luepnitz, 2009）のホロコースト犠牲者の記述を読んだらしい。そして、そこからガブリエルは「ピグルのテクストや自分の家族などについて考えていた事柄が結晶化したのです」（Luepnitz, 2017）。

ガブリエルは、心理療法家の訓練を受ける前はソーシャルワーカーとして働いていた。同世代の多くが精神分析の考え方に否定的であったが、彼女の興味や関心は強かった。彼女はウィニコットの思考を自身の臨床実践に活用しており、「オンデマンド」の手法も評価していた。

本論考には、ピグルの両親に関する情報も記載されている。ガブリエルの母親フリーデルは、チェコ出身で、凄惨なナチスの虐殺を生き延びた人物であった。フリーデルは自身の祖母マルケーテや叔母のゲルタ・エステルEstherをホロコーストで失った。「私の名前エスターは、家族のユダヤ人としての歴史と外傷を抱えています」というのはガブリエルの談である（Luepnitz, 2017）。フリーデルは、ロンドンのタヴィストック・クリニックで心理療法に従事していた。またメラニー・クラインのスーパーヴィジョンを受けていたようだ。英国精神分析協会の「大論争」の折には、特定の派閥へ所属することはしなかった。そして結婚を機に、オックスフォードへと移り、自身の娘であるガブリエルの困り事のためにウィニコットを頼った、というのが『ピグル』の前史である。

ウィニコットの死が訪れた一九七一年からほどなくして、ガブリエルの両親は別居し、最終的には離婚に至った。この『ピグル』のアフターストーリーとガブリエルからの情報に基づきライプニッツは分析する。フリーデルは、同胞葛藤の対象であった弟の友人である年下の夫に、どこか頼りなさを感じていたのではないだろうか。そしてウィニコットを専門家として、良き父親として体験していたのではないだろうか。ウィニコットの治療が奏功したのは、母親が分割排除してガブリエルに投影同一化していた不安（同胞葛藤や世代間外傷などをめぐる）が手紙の交換や治療経過の報告によって**共有された**ことが大きかったのではないか、とライプニッツは考えている。

　ライプニッツとガブリエルの対談が面白いのは、やはり当事者本人の肉声に触れることができるからだろう。私には『ピグル』を読んでいるといくつかの疑問が生じていた。たとえば、ウィニコットの繰り出すクライン派然とした解釈をこの少女は利用できるのか、というような問いである。ガブリエルは、自分にとって「セックス」という言葉は幅広い意味をもっていたし、そのことをウィニコットはわかっていたからこそ、そうした解釈はある種自然なことだった、と述懐している。対談は、父親側の家族歴、母親の身内、そしてなぜ「ガブリエル」という実名で『ピグル』は刊行されたのかに関する謎解きへと進んでいく。また、ライプニッツは、Winnicott という名前からガブリエルの転移と関連するシニフィエを指摘している。それは、事の発端であるガブリエルの妹スーザンの登場が関与している。新参者により赤ん坊の象徴である折り畳み式ベッド cot は失われた。母親はこの喪失をケアする存在をガブリエルに与えたのだ。子どもはゲームには勝ち負けがあることを知っている。ひょっとすると、ウィニコットという名のおかげで、ガブリエルは、自分のベッドを失ってからベッド－を－勝ち取る Win-a-cot ことができたのではないだろうか。その背景にはこうしたシニフィエの連鎖があったのではないか、とライプニッツは解釈している。そして当の本人は、「それいいわね！」と受け取っているのだ。

　一六回のセッションによって救われた感覚を抱いているのか、そのように尋ねられて、ガブリエルはこう答えている。「少し恩知らずに聞こえるけど、全然！」と。母親こそが治療によりガブリエルが救われたと感じているとのことだった。ウィニコットのコンサルテーションそのものではなく、母親との会話ややりとりによってガブリエルは助けられたという。

しかし、私はこの証言にこそ、ウィニコットの治療の真骨頂があると思えた。ガブリエルはウィニコットに「さよなら」を告げたことを覚えていなかった。彼女は、のし棒によってウィニコットを殺していたことは覚えていた。ウィニコットとの治療体験という移行対象は、ガブリエルの中でいつしか忘れられていき、リンボ界に葬り去られたのだと思える。彼女はいつまでもウィニコットというおもちゃで遊ぶことをしなかった。いつまでも勝ち取ったベッドで横たわることをしなかった。ある時期から「自立に向かって」立ち歩き、前進していったのだろう。彼女が心理療法家の道を志した背景には、母親への同一化だけではなく、無意識のなかで別れを告げたウィニコットを探したいという気持ちもあったのではないだろうか。

私には、ガブリエルが今回のインタビューを受けることに同意した動機づけに、ウィニコットのことを話し（放し）、彼にもう一度「さよなら」と言いたいニーズがあったのではないかと思えてならない。

◆攻撃性理論の改訂

米国での発表は酷評されたが、ウィニコット最後の理論的貢献は攻撃性をめぐる対象の使用という考え方にあった。本書の第1章でも記載されているが、この会合の後でウィニコットは深刻な病に伏した。しかし、その病床においても彼は、討論者の一人であるファインに対してレスポンスを書いていた。ここでは、現代ウィニコット派の重鎮であるアブラムによる理解を補助線にして、ウィニコットの攻撃性理論を指し示したい。

クライン派は、攻撃性を乳児が生得的に保有している死の欲動と関連づけて概念化している。たとえば、それは自身を滋養し栄養を与える乳房の良さを破壊しつくすという羨望という考えなどである。クライン派にとって攻撃性は一次的な概念なのである。ウィニコットは、初期にはクラインから影響を受けていたが、次第に攻撃性を二次的なものと見なしていった。彼によれば、まず乳児は思いやり以前の無慈悲な存在であり、自身の運動性をただ行使する。その運動性の現われ方や取り扱われ方は、周囲の環境によって異なっており、攻撃性として解釈される場合があるのだ（Abram, 2007）。

その一方で晩年のウィニコットは、死の欲動や破壊性を自身の構想に組み込もうと格闘していた。それが論文「対象の使用」（1969）なのである。

私の議論の核心は、最初の欲動はそれ自体ひとつのものだということであり、そのなにかを私は「破壊」と呼ぶのだが、それを組み合わさった愛－闘争欲動と呼ぶこともできただろう。この統一体は原初的なものである。……この欲動の統一体がたどる宿命は、環境について言及することなしには語れない。（1969: 37）

徹頭徹尾、環境論者であったウィニコットは、欲動論と自身の環境－発達論を接続させている。乳児は自身の空想のなかで主観的対象を破壊していく。これはある種自身の万能性が投影された母親の破壊であり、これにもかかわらず母親のほうは生き残ることで、母親が自身の世界とは別個の核たる主体であることが乳児に認識され、思いやりを抱けるような他者として母親を認めることができるのだ（Ogden, 1994）。ウィニコットは、右記の最初の欲動が破壊的であるかどうかの分水嶺に、対象の生き残りという概念を置いた。これは、対象たる母親が乳児に報復したり揺るがされることなく、存在しつづけることで達成される。ゆえにある意味では、攻撃および破壊は、乳児の発達において達成なのである（Winnicott, 1964b）。彼は母子の出会いをこう表現する。

ぼくはあなたを見つけるよ
あなたはぼくのじゃないってぼくには思えてきて、あなたはぼくがすることから生き残る
ぼくはあなたを使う

あなたを忘れる
けど、あなたはぼくを覚えているんだ
ぼくはあなたを忘れつづけてる
あなたを失くす
私は悲しい

（1968: 236）

こうした対象の使用という着想は、当然のごとく治療状況で転移−逆転移のマトリックスのなかで再現される。ウィニコットの未刊の注釈に刺激を受け、アブラムは、ここに心的に生き残る対象と生き残らない対象という概念を抽出している（Abram, 2012, 2015）。空想において破壊されながらも、なおも対象が生き残ることで、主体には生き残る対象 surviving object が内在化され、逆に対象が死に絶えると、主体には生き残らない対象 non-surviving object が内在化される、とアブラムは指し示す。ウィニコットはその著作のなかで、頑強で力強い父性の重要性を指摘しており（Reeves, 2012）、グリーンはウィニコットの母子関係の描写に隠され negative 不在の父親の存在を見てとっている（Green, 1991）。このような考えを総合して、アブラムは、心的に生き残る対象の内在化を可能にする因子として「父性統合」という概念を提示している（Abram, 2015）。そしてその心的生き残りの可否に、母親のこころのなかの父親の存在の有無を挙げているのだ。

こうした視点は示唆的である。本書でも述べられたように、フロイトとウィニコットのあいだにはある種の断絶がある。それは両者が理論構築の出発とした点に厳然たる相違が横たわっており、必然的なパラダイムの違いとして表現されていることに起因している（Loparic, 2010）。アブラムは、グリーンのアイデアを援用することでフロイトとウィニコットのあいだのミッシングリンクを見出そうとしているのだ。

◆反社会性と剥奪、そして施設臨床による抱える環境

ウィニコットは、最初の児童分析の対象として非行少年を選択しており、従来の古典的な実践の枠組みに収まらない事態に何度も遭遇していた。また、ボウルビィらと共同で戦時中の疎開事業に警鐘を鳴らしていた。さらに、ソーシャルワーカーで後妻となるクレア・ブリトンとの出会いによって、過酷な状況で生きる青少年へのケアの重要性が認識された。これらの伏線は、その晩年にかけて、反社会性や剥奪体験への心理療法的アプローチを案出させる形で回収されていった。

反社会的な傾向を示す子どもたちの臨床において、精神分析や心理療法単独では効果が乏しく、環境による世話がまず必要であることをウィニコットは認識していた。ウィニコット(1964a)は、子どもが暴力を振るうとき、そこにかつて自身の壁として機能してくれた環境を再び体験したいというニーズがあると見出している。ウィニコットは、非行臨床や反社会的な問題、早期剥奪に関する論考をいくつも遺している。しかし、そうした思索が実践面でどのように結晶化していくのかについては十分に推敲されることなくウィニコットの死を迎えることになった。

この流れでぜひ取り上げたい人物がいる。本書の第5章でも触れられたバーバラ・ドッカー＝ドライスデイル(1912~1999)である。彼女は、ウィニコットとボウルビィの薫陶を受けた子どもの心理療法家であり、児童福祉分野での心理療法の実際を語るには最適の人物である。

一九一二年一〇月一七日、バーバラは英国ダブリンに生まれた。父親トーマス・ゴードンはトリニティ・カレッジの教授で外科医だった。バーバラも父親の跡を継ごうとしたが、父の早すぎる死によって経済的困窮に陥り、医学校への進学を諦めるしかなかった。彼女は、フロイトへ関心を抱いていたので、ドイツ語を学び司書の道へ進んだ。一九三〇年代に彼女は、保育の仕事に関わるようになり、子どもと関わる才能を発揮していった。

第二次世界大戦の折に彼女は、特殊な資格もなかったが、周囲の後押しもあって、子どもの疎開事業に関わった。前後に彼女はスティーヴン・ドッカー＝ドライスデイルと結婚している。さまざまな地で混乱し剝奪を受けた子どもたちとの関わりを積み重ね、一九四八年、本書でも触れられているマルベリー・ブッシュ・スクールを運営し始めた。当スクールに関しては鵜飼（2012）に詳しいので参照されたい。そして、自分自身が受けた個人分析やアナ・フロイト、フリッツ・レドル、アウグスト・アイヒホルンといった先達から多くを学んでいった。

ウィニコットとは一九五五年に邂逅を果たすのだが、それ以前からドライスデイルは彼と似た見解をもっていた。そして両者の出会いは双方に影響を及ぼした。ウィニコットは、この接触の後に「反社会的傾向」についての論考（1958）を上梓するのだが、ここにはアイヒホルンの名前が引用されている。ドライスデイルとウィニコットを接続させるリーヴス（Reeves, 2001, 2002）によれば、ドライスデイルの物理面や人材面での環境整備の考えにウィニコットが大いに影響を受けたようだ。実際、彼の『愛情剝奪と非行』にはこうした可能性を示唆する記述が多い。また、ウィニコットはドライスデイルに子どものケースをリファーしていたようで、パニックを呈する子どもが多かったとのことだ（Dockar-Drysdale, 1990）。ウィニコットは、こうした子どもは「想像を絶する不安」を抱えていると述べていたらしい。

さて、ドライスデイルは自身の鍵概念である「原初体験」を軸に据え、施設臨床という現場のさまざまな問題を具体的に論じている。原初体験とは、生後一年間に体験される「最初の家庭体験」（Winnicott, 1947）のことである（Dockar-Drysdale, 1968）。この体験は、ほどよい母親によって供給される普通の家庭での体験であるが、施設入所に措置される子どもたちには乏しいものである。むしろ、大規模で重篤な外傷体験を被っていることが多い。心理療法士の提供する構造化された心理療法だけでその外傷を取り上げるのは不十分なのだ。ここでウィニコットを引用しよう。

無意識の欲動を通じて〔反社会的傾向を有する〕患者は、誰かにマネージメントをしないではいられないような気持ちにさせる。こうした患者の無意識的欲動に巻き込まれていくことが治療者の仕事なのであり、治療者の作業は、マネージメントすること、持ち堪えること、理解することの観点でおこなわれる。

（1958［1956］: 152）

ドライスデイル（Dockar-Drysdale, 1990）によれば、施設職員のみならずセラピストも子どもの情緒的混乱に巻き込まれることなくして治療は始まらない。そして、施設全体で子どもたちを抱えることが治療の要と指摘している。これは「施設管理者や職員が終始一貫して子どもを支え遂げるなら、彼らは分析作業に匹敵する治療をおこなったことになる」（Winnicott, 1958［1956］: 157）という言葉につながるだろう。その作業は非常に骨が折れるもので、資質や感受性が豊かな施設管理者や職員でさえも、子どもたちに巻き込まれると希望を失いがちになる（Winnicott, 1947）。セラピスト・モデルに関してリーヴスは、ウィニコットの提示した「原初の母性的没頭」は一人親としての母親像であり、ドライスデイルの示した臨床モデルは家族環境を重視するという違いもあると示唆している（Reeves, 2002）。こうした子どもたちの繰り出す死に物狂いの壁の希求に対して全体的に対応していくことが肝要なのである。

ここでドライスデイルの子どもの疾患分類を提示しておこう。ウィニコットは「偽りの自己」と「世話役の自己」という概念をつくりだしたが（Winnicott, 1960）、ドライスデイルはより原始的な統合以前の状態を「凍結 frozen」と「列島 archipelago」という用語で記述した（Dockar-Drysdale, 1968）。凍結児とは、原初体験の供給が妨げられた子どもで、母子の分化が分離ではなく破裂によって始動した子どもたちである。彼らは自我境界が脆弱であり、環境との融合状態を呈し、リアルな対象関係を築く能力が乏しい。列島児とは、凍結児よりは統合へ進んでいる段階の子どもであるが、それぞれの自我小島がつながりかけている状態である。それは小島群や列島と称され、さまざまな自己部分の内容として表現される。あるときには落ち着き緩やかな甘えを示したかと思えば、次の瞬間には半狂乱で怒り狂った行動を示すような子どものことである。

こうした子どもたちに必要なのが「原初体験」の供給なのである。卑近な例だが、身体的な痛みに苦しむ子どもに対して「痛いの痛いの飛んでけ」と言葉をかけることは立派な原初体験である。しかし、精神分析の原理に基づけば、こうした発言は魔術的な性質をもった安心づけとして理解されるだろう。また、こうした介入がそのまま素直に受け取られるとも限らない。原初体験の供給が奏効するためには、訓練されたセラピストの提供するセラピーセッションも重要な役割を果たすことになろう。そして、施設管理者には、日常場面やセラピーセッションでの子どもの局所退行 localized regression の一つひとつをマネージメントし、ひとつながりの全体退行 total regression として保持していく視点が求められる。昨今、心理臨床の業界と同様に、児童福祉の現場は大きな変化を求められている。児童養護施設は小規模化し、家庭での養育が推進されている。こうした過渡期にあって私たちに求められるのは、原理原則の墨守ではない。ニーズに応じた支援姿勢なのである。

4　ウィニコットという可能性空間

真に創造的な人物とは誰であろうか。精神分析にかぎらず、ひとつのディシプリンにおいて、それまでの伝統を破壊せずにオリジナルなことを述べるのは容易なことではない。その点、ウィニコットの独創性は群を抜いている。本書でも述べられているように、彼は、絶妙なバランスで因習打破を成し遂げた人物である。凡庸な人間は自身の考えに信を置くことが難しい。だからこそ、先達の知見を取り入れて形を変えて繰り返す。しかしそうすることで自身の創造性を摩耗させて枯渇させてしまう。ウィニコットのような人物は、先人の業績を自分のもの me possession としてしまう。そしてその概念で遊ぶのだ。彼の筆致が跳躍し、その論理がときに飛躍し、読者を置き去りにしてしまうのは、彼にクレバーな遊び心があるからである。

本小論では、精神分析プロパー向けのトピックよりは日常の臨床現場で活かせるウィニコットの思考を取り上げた。それは『ピグル』や『子どもの治療相談面接』などに代表される彼の著作に表現されている。あるいは、我が国でも一定数の臨床家たちが関与している児童福祉の分野に応用できる可能性を提示してきた。

ウィニコットは『ピグル』の導入部で、週五回の毎日分析と自身のオンデマンド法を対比させ、「週一回の治療はほとんど妥協案として受け入れられている」(1977: 194) と述べている。この記述は、週一回の精神分析的心理療法が人口に膾炙する日本においては、とりわけ重要なものである。そして、今後週一回という頻度設定すら難しくなるのならば、ますますオンデマンドという視点に学ぶことが多いと思われる。子どものニーズや要求が最大限のモーメントで出会うというのは、短期療法界隈ではメジャーな発想である。また、家族との相談や情報共有そのものが治療的であるのは、家族療法が長らく提示しつづけてきた事柄だ。子どもを取り囲み抱える環境や容器を設えることもまた、それ自体が治癒的である。この発想に立って、たとえばドライスデイルを経由すれば、ウィニコットの児童福祉や剥奪児への言及が、にわかに実践レベルへと落とし込めることだろう。

しかし、こうした思索はあくまでウィニコットのものである。私たちは、これらをそのまま輸入する愚をおかしてはならない。自分のものでないもの not-me possession は自身の実践では異物に過ぎない。ウィニコットを読み、対話し、自分のものへと変形させ、それで遊べるようになるならば、ウィニコットにとっても喜びであろうし、私たちにとっても楽しいことのように思える。ウィニコットという可能性空間、遊び場への入場券として本書が機能してくれるならば幸いである。

5　おわりに

今回の訳業にも多くの方々からさまざまな示唆を頂戴しました。北山修先生や館直彦先生、妙木浩之先生、工藤晋平先生からは多様なウィニコット理解を拝聴しました。とりわけ、必ずしも意見の一致を示さない私に臨床の機会を与えてくださる館先生に感謝したいと思います。先生の抱える環境があるからこそ、私は自分なりの臨床姿勢を模索できております。

ウィニコットの言に従えば、父親は母子を抱えねばなりません。にもかかわらず、翻訳業を抱える父親としての私をいつも寛容に見守り、一人で遊ぶことを許してくれた妻と子どもに感謝します。

二〇一九年七月　ビートルズの『レディ・マドンナ』を聴きながら

筒井亮太

【文献】

Abram, J.（2007）*The Language of Winnicott: a Dictionary of Winnicott's Use of Words*（2nd edition）. London: Karnac.
Abram, J.（2012）'D.W.W.'s Notes for the Vienna Congress 1971: a Consideration of Winnicott's Theory of Aggression and an Interpretation of the Clinical Implications', in J. Abram（ed.）, *Donald Winnicott Today*. London: Routledge. 302-330.
Abram, J.（2015）'L' «intégré paternel» et son rôle dans la situation analytique', *Journal de la Psychanalyse de L'enfant*, **2**（**5**）, 49-68.
Dockar-Drysdale, B.（1968）*Therapy in Child Care*. London: Longman.
Dockar-Drysdale, B.（1990）*Provision of the Primary Experience: Winnicottian Work with Children and Adolescents*. London: Free Association Books.
Green, A.（1991）'On Thirdness', in J. Abram（ed.）, *André Green at the Squiggle Foundation*（revised edition）. London:

Karnac, 39-68.

Kahr, B.（1996）*D. W. Winnicott: a Biographical Portrait*. London: Karnac.

北山修（1985）錯覚と脱錯覚：ウィニコットの臨床感覚　東京：岩崎学術出版社.

Klein, M.（1961）*Narrative of a Child Analysis: the Conduct of the Psycho-Analysis of Children as Seen in the Treatment of a Ten Year Old Boy*. Oxford: Basic Books.（山上千鶴子訳［1987/1988］児童分析の記録　1/2　東京：誠信書房.）

Loparic, Z.（2010）'From Freud to Winnicott: Aspects of a Paradigm Change', in J. Abram（ed.）, *Donald Winnicott Today*. London: Routledge, 113-156.

Luepnitz, D. A.（2009）'Thinking in the Space between Winnicott and Lacan', *International Journal of Psychoanalysis*, **90**, 957-981.

Luepnitz, D. A.（2017）'The Name of the Piggle: Reconsidering Winnicott's Classic Case in Light of Some Conversations with the Adult 'Gabrielle'', *International Journal of Psychoanalysis*, **98**, 343-370.

Ogden, T.（1994）*Subjects of Analysis*. New York: Jason Aronson.（和田秀樹訳［1996］「あいだ」の空間：精神分析の第三主体　東京：新評論.）

Reeves, C.（2001）'Minding the Child: The Legacy of Dockar Drysdale', *Emotional and Behavioural Difficulties*, **6**, 213-235.

Reeves, C.（2002）'A Necessary Conjunction: Dockar-Drysdale and Winnicott', *Journal of Child Psychotherapy*, **28**, 3-27.

Reeves, C.（2012）'On the Margins: the Role of the Father in Winnicott's Writings', in J. Abram（ed.）, *Donald Winnicott Today*. London: Routledge, 358-385.

Rodman, F. R.（2003）*Winnicott: Life and Work*. Cambridge, MA: Perseus.

Saragnano, G. and Seulin, C.（eds.）（2015）*Playing and Reality Revisited: a New Look at Winnicott's Classic Work*. London: Karnac.

Spelman, M. B. and Thomson-Salo, F.（eds.）（2014）*The Winnicott Tradition: Lines of Development-Evolution of Theory and Practice over the Decades*. London: Routledge.

東畑開人（2017）日本のありふれた心理療法：ローカルな日常臨床のための心理学と医療人類学　東京：誠信書房.

上田勝久（2018）心的交流の起こる場所：心理療法における行き詰まりと治療機序をめぐって　東京：金剛出版.

鵜飼奈津子（2012）子どもの精神分析的心理療法の応用　東京：誠信書房.

Winnicott, D. W.（1947）'Residential Management as Treatment for Difficult Children: the Evolution of a Wartime Hostels Scheme（with C. Britton）, *CW: 3*. Oxford: Oxford University Press.

Winnicott, D. W. (1958[1956]) 'The Antisocial Tendency', *CW: 5*. Oxford: Oxford University Press.
Winnicott, D. W. (1960) 'Ego Distortion in Terms of True and False Self', *CW: 6*. Oxford: Oxford University Press.
Winnicott, D. W. (1964a) 'Youth will not Sleep', *CW: 7*. Oxford: Oxford University Press.
Winnicott, D. W. (1964b) 'Roots of Aggression', *CW: 7*. Oxford: Oxford University Press.
Winnicott, D. W. (1968) 'Communication between Infant and Mother, and Mother and Infant, Compared and Contrasted', *CW: 8*. Oxford: Oxford University Press.
Winnicott, D. W. (1969) 'The Use of an Object in the Context of Moses and Monotheism', *CW: 9*. Oxford: Oxford University Press.
Winnicott, D. W. (1977) 'The Piggle: an Account of the Psychoanalytic Treatment of a Little Girl', *CW: 11*. Oxford: Oxford University Press.

監訳者あとがき

本書は、私と筒井君が協力し監訳作業をおこなった二冊目の翻訳書です。私と筒井君はずいぶん年は離れていますが、精神分析の世界のなかでも逸脱した人、精神分析の本流から眺めると異端の人、を好むという共通点があります。私たち二人の性格が天邪鬼ということもあるでしょうが、自分の頭で考えることしかできない人間は、どうしたって主流派には適応できず、さりとて傍流という学派をつくることもできず、辺縁に孤独にたたずむ個人として生きるしかないという事情も関与しています。そのような性向をもつ私と筒井君は、精神分析の世界にかぎらず、異端の人に惹かれる傾向があります。

前回、筒井君とともに監訳作業をしたのは『バリント入門』（金剛出版）でした。その企画は、私が長年温めていたものですが、なかなか日の目を見ることはありませんでした。そのような状況で、筒井君の協力を得て、刊行にこぎつけたものでした。本翻訳書は、もともと筒井君の発案でした。当初の予定では、私の関与する余地はなかったのですが、さまざまな経緯もあり、私と筒井君の共同監訳作業で出版することになりました。本書の翻訳に関わることができたのは、まったくのところ筒井君のおかげです。この場を借りて感謝したいと思います。翻訳チームは、私と筒井君の個人的な知り合いで構成されています。さまざまな経緯から比較的タイトなスケジュールとなったのですが、それぞれが時間に余裕がないなか最大限の力を発揮してくれました。

私と筒井君は逸脱者、異端の人が好きだと言いました。バリントは確かに精神分析の世界で異端といってよいでしょう。そこには歴史的・政治的背景があるのですが、紙幅の関係上、ここで詳しく述べることはできません。ただ、バリントがフェレンツィの弟子であったことが大きな影響を与えているということのみ指摘しておきます。

そして，日本においてバリントの主著はあらかた翻訳されているにもかかわらず，日本の精神分析サークルのなかでは，バリントは今なおほぼ全面的に無視されています。

しかし，ウィニコットはどうでしょう？　表面上，ウィニコットは，精神分析サークルのなかで一定の影響力を保持しています。精神分析に関しては，世界の中心といっても過言ではない英国で，英国精神分析協会の会長を二度務めていることからも明らかでしょう。しかし，ウィニコットの思考や臨床は精神分析の枠に留まらないものがあります。ウィニコットには，精神分析サークルのなかで評価されている部分と，精神分析サークルのなかでは評判はよくありませんが，そうであるがゆえに，むしろ精神分析の外側では有用な部分があります。

本書の原著者は，精神分析の内側でも外側でもない中立的な立場からウィニコットの思考と臨床を捉えようとしています。そのため，精神分析サークルの内部にいる臨床家にも，精神分析の外側にいる臨床家にも有益な内容となっています。

まだウィニコットの著作に触れていない臨床家のみなさんも，あるいは，すでに十分に慣れ親しんでいる臨床家のみなさんも，本書を読んだ後，ウィニコットの原典を読んでほしいと思います。そして，自分なりのウィニコット理解を深めてください。そのうえで，ほかの臨床家とウィニコットについて語り合ってください。本書が，読者のみなさんをそのような運動に誘うことができたなら，監訳者としてとても幸せです。ウィニコットを理解することではなく，ウィニコットを体験することが大切です。本書はウィニコットを体験するための手引きなのです。

最後に，本書の刊行にご尽力いただいた誠信書房の曽我翔太氏に深謝します。曽我氏は三人目の監訳者といってよいほど，本書の翻訳のレベルを上げる作業を手伝っていただきました。

昨年の『バリント入門』につづいて，私が最も好きな精神分析家の一人であるウィニコットをテーマとした本書の翻訳に関わることができて，とても嬉しく思っています。これらは，すべての人とのつながりによって実現した事々です。私一人の力では何もできないでしょう。この歳になって、あらためて人との縁の大切さをしみじみと味わっています。

二〇一九年六月　からみつく昼顔を眺めつつ

細澤　仁

索　　引

ア行

アイゲン，ミカエル（Michael Eigen）*156, 159, 200*
アイゼンク，ハンス（Hans Eysenck）*150*
遊ぶこと　*11, 41, 48, 49, 65–67, 95, 96, 114, 118, 151, 171, 174, 194, 202, 215, 219, 224, 225, 232*
ある　*75, 174*
アルフレッド　*105–109, 119, 172*
アンジュー，ディディエ（Didier Anzieu）*55*
生き残る　*12, 63, 70, 83, 85, 86, 95, 120, 124, 127, 142, 156, 236, 237*
移行対象　*2, 35, 38, 43, 62, 82–84, 95, 104, 117, 152, 161–163, 167, 179, 180, 200, 204, 205, 208, 213, 219, 224, 235*
依存　*14, 56, 59–61, 66, 71, 75, 77, 92, 123, 125, 137, 169, 183, 207*
ウィニコット，クレア（旧姓ブリトン）（Clare Winnicott 〈née Britton〉）*3, 4, 6–11, 13–18, 20, 27, 29, 35–41, 190, 197, 205, 209, 210, 225, 231, 238*
ウォールブリッジ，デイヴィッド（David Wallbridge）*iv, 52, 64, 76, 187, 231*
エリクソン，エリク（Erik Erikson）*71, 73*
思いやり　*11, 40, 41, 63–65, 156, 220, 235, 236*

カ行

解釈　*21, 22, 24, 27, 35, 48, 64, 65, 94, 104, 116–118, 122, 129, 132, 133, 135, 136, 138–140, 142–146, 148, 156, 158, 178, 182, 205, 208, 221, 222, 234, 236*
外傷　*94, 97, 122, 143–145, 213, 233, 234, 239*
抱えること　*18, 57, 76, 98, 111, 119, 123, 128, 136, 137, 172, 178, 182, 226, 240*
可能性空間　*66, 68, 84, 95, 241, 242*
ガントリップ，ハリー（Harry Guntrip）*iii, 50, 51, 98, 140, 142–146, 252*
カーン，マシュード（Masud Khan）*4, 14, 15, 19, 27, 29, 35, 50, 99, 100, 132, 137, 139, 141, 205, 206, 214, 225*
逆転移　*2, 98, 131–133, 135, 136, 161, 173, 237*
空想　*24, 45, 46, 50, 62, 66, 70, 71, 88, 95, 107, 113, 115, 117, 118, 152, 167, 218, 236, 237*
クライン，メラニー（Melanie Klein）*2, 12, 23, 25, 27, 28, 45, 46, 48–51, 59, 64, 68, 69, 76, 109, 118, 152, 155, 156, 169, 170, 177, 178, 188, 191, 195, 199, 200, 203, 205, 222, 232–235*
グリーン，アンドレ（André Green）*177, 203, 204, 232, 237*
グリーンバーグ，ジェイ（Jay Greenberg）*48, 49, 51, 153, 155, 177, 178, 200*
原初の母性的没頭　*60, 74, 75, 84, 94, 129, 142, 157, 191, 196, 240*
幻想　*46, 47, 49, 170*
攻撃性　*53, 58, 64, 70, 86, 93, 124, 157, 167, 223, 235, 236*
行動化　*123, 126, 127, 133, 135, 167*
コフート，ハインツ（Heinz Kohut）*200*
コミュニケーション　*14, 33, 41, 62, 65, 67, 72–74, 85, 102, 110, 111, 116, 138,*

190, 210, 212

サ行

サールズ，ハロルド（Harold Searles） *69, 158, 200*
精神－身体 *63, 215*
錯覚 *42, 43, 61, 62, 80-82, 84, 92, 95, 157-161, 178, 179, 181, 182, 200, 204, 218*
サミュエルズ，アンドリュー（Andrew Samuels） *171-173, 175, 176*
自我 *55, 56, 65, 68, 69, 72, 73, 76, 79, 92, 106, 121, 136, 143, 156, 199, 212, 224, 240*
シーガル，ジュリア（Julia Segal） *156, 166, 170-173, 175, 176*
シーガル，ハナ（Hanna Segal） *30, 214*
自己 *2, 6, 15, 46-48, 56, 58-60, 62, 63, 66, 72-74, 78-81, 91, 92, 95, 104, 109, 119, 121, 123, 125, 130, 135, 137, 143, 144, 148, 152, 156, 163, 164, 168, 183, 187, 196, 198, 200, 204, 212, 213, 215, 240, 241*
ジョーンズ，アーネスト（Ernest Jones） *22-24, 29*
スクイグル *43, 102, 105-107, 109-111, 137, 147, 204, 225*
スターン，ダニエル（Daniel Stern） *163-165, 195, 198, 200*
ストレイチー，ジェームズ（James Strachey） *19, 21, 25*
スピッツ，ルネ（René Spitz） *200*
舌圧子ゲーム *43, 48, 102, 104, 105, 152, 196*
創造性 *61, 62, 65-67, 69, 90, 94, 111, 147, 152-154, 156, 162, 174, 203, 204, 207, 209, 215, 217, 221, 241*
促進的環境 *vi, 2, 12, 52, 53, 60, 73, 76, 77, 93, 136, 208, 213*
存在する *54, 64, 79*

タ行

退行 *21, 77, 92-94, 97, 98, 113, 117, 118, 120, 121, 123, 125, 126, 130, 137, 138, 143, 162, 163, 170, 182, 183, 201, 241*
ダーウィン，チャールズ（Charles Darwin） *vii, 12, 13, 47, 53, 70, 184, 220, 222*
タスティン，フランセス（Frances Tustin） *207, 214*
父親 *48, 74, 75, 79, 86-89, 100, 101, 104-109, 111, 114, 115, 117, 129, 132, 144, 161, 167, 169-173, 175, 234, 237*
チョドロウ，ナンシー（Nancy Chodorow） *166-169, 173, 175, 199, 200*
デイヴィス，ジョン（John Davis） *v, 99, 100, 153, 154, 173, 189, 190, 195-197*
デイヴィス，マデレーヌ（Madeleine Davis） *iv, 27, 32, 34, 41, 52, 64, 72, 76, 187, 188, 227, 231*
ディナースタイン，ドロシー（Dorothy Dinnerstein） *176*
テイラー，アリス（Alice Taylor） *19, 20*
転移 *94, 100, 101, 122, 129, 131, 136, 138, 142, 143, 160, 181, 195, 201, 234, 237*
ドッカー＝ドライスデイル，バーバラ（Barbara Dockar-Drysdale） *211-213, 238-240, 242*

ナ行

憎しみ *2, 64, 70, 76, 98, 120, 124, 131-136, 166, 167, 173, 200*

ハ行

剥奪　*92, 93, 144, 209, 211, 238, 239, 242*
破綻　*92, 119, 126, 182, 191, 206, 208*
母親　*v, 2, 35, 47, 48, 54, 56, 59-64, 66, 68-70, 72-84, 87-89, 92, 94, 95, 97, 100-111, 113-116, 125, 129, 131, 134, 135, 141-145, 156, 159, 161-174, 176-178, 180, 182, 191-196, 200, 202, 206, 212, 220, 225-227, 233-237, 239, 240*
バリント，マイケル（Michael Balint）*26, 50, 246, 247*
反社会的傾向　*93, 94, 238-240*
ビオン，ウィルフレッド（Wilfred Bion）*159, 199*
ピグル（ガブリエル）　*13, 18, 97, 98, 101, 109, 112-117, 132, 142, 225, 226, 232-235, 242*
ビック，エスター（Esther Bick）　*55*
一人でいる能力　*68, 69*
フィリップス，アダム（Adam Phillips）*iv, 4, 6, 19, 47, 49, 51, 52, 73, 209*
フェアベアン，ロナルド（William Ronald Dodds Fairbairn）　*26, 50, 51, 98, 142, 144, 146, 200, 208*
フルー，アントニー（Antony Flew）*157, 158, 161, 179-181, 219, 220*
ブロイエル，ヨーゼフ（Josef Breuer）*138*
フロイト，アナ（Anna Freud）　*23, 25, 45, 50, 199, 239*
フロイト，ジークムント（Sigmund Freud）*iii, iv, 2, 12, 14, 16, 17, 21-23, 25, 35, 43, 45-49, 55, 59, 62, 65, 68, 73, 80, 129, 138, 141, 146, 150, 152, 155-160, 170, 173-175, 177, 178, 181, 184, 186, 188, 189, 198, 200, 201, 203, 204, 220, 222, 237, 238*
ボウルビィ，ジョン（John Bowlby）　*27, 50, 152, 169, 170, 177, 195, 222, 238*
ボラス，クリストファー（Christopher Bollas）　*208, 225, 227*
ポンタリス，ジャン（Jean-Bertrand Pontalis）*202-204*

マ行

マネージメント　*76, 93, 109, 120, 121, 129, 230, 240, 241*
マーラー，マーガレット（Margaret Mahler）　*164, 200*
ミッチェル，スティーヴン（Stephen Mitchell）　*48, 51, 153, 155, 177, 200*
ミルナー，マリオン（Marion Milner）*4, 20, 21, 26, 29, 205, 206, 208, 214*

ヤ行

ユング，カール（Carl Jung）　*73, 152, 171, 188*
養育のつがい　*46, 164, 177, 195*

ラ行

ライクロフト，チャールズ（Charles Rycroft）　*27, 50, 151, 158, 171, 174, 202, 207, 208*
ラカン，ジャック（Jacques-Marie-Émile Lacan）　*79-81, 159, 171, 178, 200-204*
ラパポート，デイヴィッド（David Rapaport）*44*
ランク，オットー（Otto Rank）　*200*
リヴィエール，ジョーン（Joan Riviere）*23, 28*
リトル，マーガレット（Margaret Little）*21, 38, 98, 126-130, 132, 136, 138, 139, 146, 148, 206, 207*

ルディネスコ，エリザベト（Elisabeth Roudinesco） *202*
ロジャーズ，カール（Carl Rogers） *2, 77*
ロッドマン，ロバート（Robert Rodman） *3, 24, 25, 34, 52, 199, 202*
ローマス，ピーター（Peter Lomas） *v, 27, 30, 31, 181-183, 199, 208*

ワ行

私/私ではない *57, 58, 116, 193*

文　献

Anzieu, D. (ed.) (1990) *Psychic Envelopes*. London: Karnac Books.

Bick, E. (1968) 'The Experience of Skin in Early Object Relations', *International Journal of Psycho-Analysis*, **49**, 484.（木部則雄訳［2011］早期対象関係における皮膚の体験　In　木部則雄監訳　母子臨床の精神力動：精神分析・発達心理学から子育て支援へ　東京：岩崎学術出版社，Pp. 83-87.）

Bion, W. R. (1977) *The Seven Servants*. New York: Jason Aronson.（福本修訳［1999］精神分析の方法 I ／福本修・平井正三訳［2002］精神分析の方法 II　東京：法政大学出版局.）

Bollas, C. (1987) *Shadow of the Object: Psychoanalysis of the Unthought Known*. London: Free Association Books.（館直彦監訳［2009］対象の影：対象関係論の最前線　東京：岩崎学術出版社.）

Bollas, C. (1992) *Being a Character: Psychoanalysis and Self Experience*. London: Routledge.

Bollas, C. (1995) *Cracking Up: Unconscious Work in Self Experience*. London: Routledge.

Bowlby, J. (1988) *A Secure Base: Clinical Applications of Attachment Theory*. London: Routledge.（二木武監訳［1993］母と子のアタッチメント：心の安全基地　東京：医歯薬出版株式会社.）

Brody, S. (1980) 'Transitional Objects: Idealization of a Phenomenon', *Psychoanalytic Quarterly*, **49**, 561-605.

Bronstein, A. A. (1992) 'The Fetish, Transitional Objects, and Illusion', *Psychoanalytic Review*, **79**, 2, 239-260.

Chodorow, N. (1978) *The Reproduction of Mothering and the Sociology of Gender*. Berkeley, CA: University of California Press.（大塚光子・大内菅子訳［1981］母親業の再生産：性差別の心理・社会的基盤　東京：新曜社.）

Chodorow, N. (1989) *Feminism and Psychoanalytic Theory*. New Haven and London: Yale University Press.

Clancier, A. and Kalmanovich, J. (1987) *Winnicott and Paradox: from Birth to Creation*. London: Tavistock Publications.

Clarke, A. M. and Clarke, A. D. B. (1986) 'Thirty Years of Child Psychology: a Selective Review', *Journal of Child Psychology and Psychiatry*, **27**, 6, 719-759.

Cooper, J. (1993) *Speak of Me as I Am: the Life and Work of Masud Khan*. London: Karnac Books.

Davis, J. (1993) 'Winnicott as Physician', *Winnicott Studies: The Journal of the Squiggle Foundation*, **7**, 95-97.

Davis, M. (1993) 'Winnicott and the Spatula Game', *Winnicott Studies: The Journal of

the Squiggle Foundation, **7**, 57-67.

Davis, M. and Wallbridge, D. (1981) *Boundary and Space: an Introduction to the Work of D. W. Winnicott.* London: Karnac Books.（猪股丈二監訳［1984］情緒発達の境界と空間：ウィニコット理論入門　東京：星和書店.）

Dinnerstein, D. (1987) *The Rocking of the Cradle and the Ruling of the World.* London: The Women's Press.

Dockar-Drysdale, B. (1969) *Therapy in Child Care.* London: Longmans.

Dockar-Drysdale, B. (1990) *Provision of the Primary Experience: Winnicottian Work with Children and Adolescents.* London: Free Association Books.

Eigen, M. (1981) 'The Area of Faith in Winnicott, Lacan and Bion', *International Journal of Psycho-Analysis*, **62**, 413-433.

Erikson, E. (1958) *Young Man Luther.* London: Faber.（西平直訳［2002／2003］青年ルター１／２　東京：みすず書房.）

Erikson, E. (1965) *Childhood and Society* (revised edition). London: Penguin Books.（仁科弥生訳［1977／1980］幼児期と社会１／２　東京：みすず書房.）

Farhi, N. (1992) 'D. W. Winnicott and a Personal Tradition', in L. Spurting (ed.), *From the Words of My Mouth: Tradition in Psychotherapy*, London: Routledge, 78-105.

Ferguson, H., Gilligan, R. and Torode, R. (eds) (1993) *Surviving Childhood Adversity – Issues for Policy and Practice.* Trinity College, Dublin: Social Studies Press.

Ferguson, S. (1973) *A Guard Within.* London: Penguin Books.

Flarsheim, A. (1978) 'Discussion of Antony Flew', in S. Grolnick, L. Barkin, and W. Muensterberger (eds), *Between Reality and Fantasy: Transitional Objects and Phenomena.* London and New York: Jascn Aronson, 505-510.

Flew, A. (1978) 'Transitional Objects and Transitional Phenomena: Comments and Interpretations', in S. Grolnick, L. Barkin, and W. Muensterberger (eds), *Between Reality and Fantasy: Transitional Objects and Phenomena.* London and New York: Jason Aronson, 483-501.

Freud, S. (1914) *Remembering, Repeating and Working Through (Further Recommendations on the Technique of Psycho-Analysis II)* (Standard edition, volume 12.) London: Hogarth Press, 147-156.（鈴木菜実子訳［2014］想起すること，反復すること，ワークスルーすること（精神分析技法に関するさらなる勧め II）　In　藤山直樹監訳　フロイト技法論集　東京：岩崎学術出版社，Pp. 63-74.）

Freud, S. (1927) *The Future of an Illusion.* (Penguin Freud Library: Volume 12.)London: Penguin Books, 183-241.（高田珠樹訳［2011］ある錯覚の未来　In　高田珠樹・嶺秀樹訳　フロイト全集 20　東京：岩波書店，Pp. 1-64.）

Freud, S. (1933) *New Introductory Lectures on Psychoanalysts.* (Penguin Freud Library: Volume 2.) London: Penguin Books.（道籏泰三訳［2011］続・精神分析入門講義　In　道籏泰三・福田覚・渡邉俊之訳　フロイト全集 21　東京：岩波書店，Pp. 1-240.）

Freud, S. and Breuer, J. (1895) *Studies on Hysteria.* (Penguin Freud Library: Volume 3.)

London: Penguin Books.（芝伸太郎訳［2008］フロイト全集2　ヒステリー研究　東京：岩波書店.）

Fuller, P. (1988) *Art and Psychoanalysis*. London: Hogarth Press.

Gaddini, R. and Gaddini, E. (1970) 'Transitional Objects and the Process of Individuation: a Study in Three Different Social Groups', *Journal of the American Academy of Child Psychiatry*, **9**, 347-365.

Greenberg, J. R. and Mitchell, S. A. (1983) *Object Relations in Psychoanalytic Theory*. London: Harvard University Press.（横井公一監訳［2001］精神分析理論の展開：〈欲動〉から〈関係〉へ　京都：ミネルヴァ書房.）

Grolnick, S. (1990) *The Work and Play of Winnicott*. New York: Jason Aronson.（野中猛・渡辺智英夫訳［1998］ウィニコット入門　東京：岩崎学術出版社.）

Grolnick, S., Barkin, L. and Muensterberger, W. (eds) (1978) *Between Reality and Fantasy: Transitional Objects and Phenomena*. London and New York: Jason Aronson.

Grotstein, J. S. (ed.) (1981) *Do I Dare Disturb the Universe? A Memorial to Wilfred R. Bion*. Beverly Hills: Caesura Press.

Grotstein, J. S. (1994) 'The Poetics of Intimacy', *Winnicott Studies: the Journal of the Squiggle Foundation*, **9**, 48-57.

Guntrip, H. (1975) 'My Experience of Analysis with Fairbairn and Winnicott', *International Review of Psycho-Analysis*, **2**, 145-156.

Hendry, E (1987) 'A Case Study of Play-based Work with Very Young Children', *Journal of Social Work Practice*, **3**, 2, 1-8.

Hersov, L. (1986) 'Child Psychiatry in Britain – the Last 30 Years', *Journal of Child Psychology and Psychiatry*, **27**, 6, 781-801.

Hobson, R. F. (1985) *Forms of Feeling: the Heart of Psychotherapy*. London: Tavistock.

Hopkins, J. (1990) 'The Observed Infant of Attachment Theory', *British Journal of Psychotherapy*, **6**, 4.

Hughes, J. M. (1989) *Reshaping the Psychoanalytic Domain: the Work of Melanie Klein, W. R. D. Fairbairn and D. W. Winnicott*. Los Angeles: University of California Press.

Issroff, J. (1993) 'Kitchen Therapy', *Winnicott Studies: The Journal of the Squiggle Foundation*, **7**, 42-51.

Khan, M. (1974) *The Privacy of the Self: Papers on Psychoanalytic Theory and Technique*. London: Hogarth Press.

Khan, M. (1983) *Hidden Selves: Between Theory and Practice m Psychoanalysis*. London: Hogarth Press.

King, L. (1994) 'There Is No Such Thing as a Mother', *Winnicott Studies: the Journal of the Squiggle Foundation*, **9**, 18-23.

King, P. and Steiner, R. (eds) (1991) *The Freud-Klein Controversies 1941-45*. London: Routledge.

Klein, M. (1975) *Envy and Gratitude and Other Works: 1946-63.* London: Hogarth Press.（小此木啓吾・岩崎徹也編訳［1996］羨望と感謝　東京：誠信書房.）

Lacan, J. (1949) 'Le Stade du Miroir comme formateur de la fonction du je, telle qu'elle nous est révélée, dans l'expérience psychanalytique', in *Écrits* (1966). Paris: Éditions du Seuil.（宮本忠雄訳［1972］〈わたし〉の機能を形成するものとしての鏡像段階　In 宮本忠雄・竹内廸也・高橋徹・佐々木孝次訳　エクリ　東京：弘文堂, Pp. 123-134.）

Lieberman, A. R, Weston, D. R. and Pawl, J. R. (1991) 'Preventive Intervention and Outcome with Anxiously Attached Dyads', *Child Development*, **62**, 199-209.

Little, M. I. (1981) *Transference Neurosis and Transference Psychosis.* New York: Jason Aronson.（神田橋條治・溝口純二訳［1998］原初なる一を求めて：転移神経症と転移精神病　東京：岩崎学術出版社.）

Little, M. I. (1985) 'Winnicott Working in Areas Where Psychotic Anxieties Predominate: a Personal Record', *Free Associations*, **3**, 9-42.

Little, M. I. (1990) *Psychotic Anxieties and Containment: a Personal Record of an Analysis with Winnicott.* New York: Jason Aronson.（神田橋條治訳［1992］精神病水準の不安と庇護：ウィニコットとの精神分析の記録　東京：岩崎学術出版社.）

Lomas, P. (1973) *True and False Experience.* London: Allen Lane.（鈴木二郎訳［1980］愛と真実：現象学的神精療法への道　東京：法政大学出版局.）

Lomas, P. (1987a) *The Limits of Interpretation.* London: Penguin Books.

Lomas, P. (1987b) 'Arrogant Insights' – a Review of 'The Spontaneous Gesture', *Times Literary Supplement*, 24 July, p. 798.

Mahler, M. S., Pine, F. and Bergman, A. (1975) *The Psychological Birth of the Human Infant.* New York: Basic Books.（高橋雅士・織田正美・浜畑紀訳［1981］乳幼児の心理的誕生：母子共生と個体化　愛知：黎明書房.）

Mancia, M. (1993) 'The Absent Father: His Role in Sexual Deviations and in Transference', *International Journal of Psycho-Analysis*, **74**, 941-950.

Meisel, P. and Kendrick, W. (1985) *Bloomsbury/Freud: the Letters of James and Alix Strachey, 1924-1925.* New York: Basic Books.

Milner, M. (1957) *On Not Being Able to Paint* (2nd edition). London: Heinemann.

Milner, M. (1969) *In the Hands of the Living God: an Account of a Psycho-Analytic Treatment.* London: Hogarth Press.

Murray, L. (1989) 'Winnicott and die Developmental Psychology of Infancy', *British Journal of Psychotherapy*, **5**, 3, 333-348.

Murray, L. (1992) 'The Impact of Postnatal Depression on Infant Development', *Journal of Child Psychology and Psychiatry*, **33**, 3, 543-561.

Murray, L. and Cooper, P. (1993) 'Clinical Applications of Attachment Theory and Research: Change in Infant Attachment with Brief Psychotherapy', in J. Richter (ed.), *The Clinical Application of Ethology and Attachment Theory.* Occasional Papers No. 9. London: Association for Child Psychology and Psychiatry, 15-24.

Murray, L., Fiori-Cowley, A., Hooper, R. and Cooper, P. J. (1994a) 'The Impact of Postnatal Depression and Associated Adversity on Early Mother-Infant Interactions and Later Infant Outcome' (submitted for publication).

Murray, L., Stanley, C, Hooper, R., King, F., and Fiori-Cowley, A. (1994b) 'The Role of Infant Factors in Postnatal Depression and Mother-Infant Interactions' (submitted for publication).

Nezworski, T., Tolan, W. J. and Belsky, J. (1988) 'Intervention in Insecure Attachment', in J. Belsky and T. Nezworski (eds), *Clinical Implications of Attachment.* Hillside, NJ: Lawrence Erlbaum.

Parker, R. (1994) 'Maternal Ambivalence', *Winnicott Studies: the Journal of the Squiggle Foundation*, **9**, 3-17.

Paskauskas, R. A. (ed.) (1993) *The Complete Correspondence of Sigmund Freud and Ernest Jones 1908-1939.* Cambridge, MA.: Belknap Press.

Phillips, A. (1988) *Winnicott.* London: Fontana.

Phillips, A. (1993) *On Kissing, Tickling and Being Bored.* London: Faber.

Phillips, A. (1994) *On Flirtation.* London: Faber.

Pietroni, M. and Poupard, S. (1991) 'Direct work with Children, Their Families and Other Caretakers – the Primary Focus', in M. Pietroni (ed.), *Right or Privilege: Post Qualifying Training with Special Reference to Child Care.* London: CCETSW, 71-84.

Rayner, E. (1990) *The Independent Mind in British Psychoanalysis.* London: Free Association Books.

Riley, C. (1993) 'Review of Frances Tustin's 'Autistic States in Children'', *Winnicott Studies: the Journal of the Squiggle Foundation*, **8**, 76-83.

Rodman, F. R. (1987) *The Spontaneous Gesture: Selected Letters of D. W. Winnicott.* London: Harvard University Press.（北山修・妙木浩之監訳［2002］ウィニコット書簡集　東京：岩崎学術出版社.）

Roudinesco, E. (1990) *Jacques Lacan & Co.: a History of Psychoanalysis in France, 1925-1985.* London: Free Association Books.

Rudnytsky, P. L. (1989) 'Winnicott and Freud', *Psychoanalytic Study of the Child*, **44**, 331-350.

Rudnytsky, P. L. (1991) *The Psychoanalytic Vocation: Rank, Winnicott and the Legacy of Freud.* London: Yale University Press.

Rycroft, C. (1968) *Imagination and Reality: Psycho-Analytical Essays 1951-61.* London: Hogarth Press.（神田橋條治・石川元訳［1979］想像と現実　東京：岩崎学術出版社.）

Rycroft, C. (1985) *Psychoanalysis and Beyond.* London: Chatto and Windus.

Samuels, A. (1993) *The Political Psyche.* London: Routledge.

Searles, H. (1960) *The Nonhuman Environment.* New York: International University Press.（殿村忠彦・笠原嘉訳［1988］ノンヒューマン環境論：分裂病者の場合　東京：みすず書房.）

Searles, H. (1965) *Collected Papers on Schizophrenia and Related Subjects*. London: Hogarth Press.

Seeley, S., Cooper, P. J. and Murray, L. (1995) 'Health Visitor Intervention in Postnatal Depression, an Evaluation of the Outcome for Mothers and Babies', *Health Visitors Association* (in press).

Segal, J. (1992) *Key Figures in Counselling and Psychotherapy: Melanie Klein*. London: Sage Publications.（祖父江典人訳［2007］メラニー・クライン：その生涯と精神分析臨床　東京：誠信書房.）〔邦訳書の底本は第二版〕

Spensley, S. (1994) *Frances Tustin*. London: Routledge.（井原成男ほか訳［2003］タスティン入門：自閉症の精神分析的探究　東京：岩崎学術出版社.）

Spitz, R. S. (1965) *The First Year of Life*. New York: International Universities Press.

Stern, D. N. (1985) *The Interpersonal World of the Infant: a View from Psychoanalysis and Developmental Psychology*. New York: Basic Books.（小此木啓吾・丸田俊彦監訳［1989／1991］乳児の対人世界　理論編／臨床編　東京：岩崎学術出版社.）

Izard, J. P. M. (1971) 'Obituary: Donald Winnicott', *International Journal of Psycho-Analysis*, **52**, 3.

Treurniet, N. (1993) 'What Is Psychoanalysts Now?', *International Journal of Psycho-Analysis*, **74**, 873-891.

Tustin, F. (1986) *Autistic Barriers in Neurotic Patients*. London: Karnac Books.

Tustin, F. (1990) *The Protective Shell in Children and Adults*. London: Karnac Books.

Tustin, F. (1992) *Autistic States in Children* (revised edition). London: Routledge.

Usuelli, A. K. (1992) 'The Significance of Illusion in the Work of Freud and Winnicott: a Controversial Issue', *International Review of Psycho-Analysis*, **19**, 179-187.

Varma, V. P. (1992) *The Secret Life of Vulnerable Children*. London: Routledge.

Winnicott, C. (1964) *Child Care and Social Work*. Welwyn, Herts: Codicote Press.

Winnicott, C. (1968) 'Communicating with Children', in R. J. N. Tod (ed.), *Disturbed Children*. London: Longmans, 65-80.

Winnicott, D. W. (1931) *Clinical Notes on Disorders of Childhood*. London: Heinemann.

Winnicott, D. W. (1957) *The Child and the Outside World: Studies in Developing Relationships*. London: Tavistock Publications.

Winnicott, D. W. (1960) 'String', *Journal of Child Psychology and Psychiatry*, **1**, 49-52.

Winnicott, D. W. (1963) 'Training for Child Psychiatry', *Journal of Child Psychology and Psychiatry*, **4**, 85-91.

Winnicott, D. W. (1964) *The Child, the Family and the Outside World*. London: Penguin Books.（猪股丈二訳［1985／1986］赤ちゃんはなぜなくの：ウィニコット博士の育児講義／子どもはなぜあそぶの：続・ウィニコット博士の育児講義　東京：星和書店.）

Winnicott, D. W. (1965a) *The Family and Individual Development*. London: Tavistock Publications.（牛島定信監訳［1984］子どもと家庭：その発達と病理　東京：誠信書房.）

Winnicott, D. W. (1965b) *The Maturational Processes and the Facilitating Environment:*

Studies in the Theory of Emotional Development. London: Hogarth Press.（牛島定信訳［1977］情緒発達の精神分析理論：自我の芽ばえと母なるもの　東京：岩崎学術出版社.）

Winnicott, D. W. (1969) 'James Strachey: Obituary', *International Journal of Psycho-Analysis*, **50**, 129-131.（倉ひろ子訳［1998］ジェイムズ・ストレイチー追悼文　In　牛島定信監訳　精神分析的探究 3：子どもと青年期の治療相談　東京：岩崎学術出版社, Pp. 205-211.）

Winnicott, D. W. (1971a) *Playing and Reality*. London: Routledge.（橋本雅雄・大矢泰士訳［2015］改訳　遊ぶことと現実　東京：岩崎学術出版社.）

Winnicott, D. W. (1971b) *Therapeutic Consultations in Child Psychiatry*. New York: Basic Books.（橋本雅雄・大矢泰士監訳［2011］新版 子どもの治療相談面接　東京：岩崎学術出版社.）

Winnicott, D. W. (1975) *Collected Papers: Through Paediatrics to Psycho-Analysis* (2nd edn). London: Tavistock Publications. First published 1958.（北山修監訳［2005］小児医学から精神分析へ：ウィニコット臨床論文集　東京：岩崎学術出版社.）

Winnicott, D. W. (1980) *The Piggle: an Account of the Psychoanalytic Treatment of a Little Girl*. London: Penguin Books.（妙木浩之監訳［2015］ピグル：ある少女の精神分析的治療の記録　東京：金剛出版.）

Winnicott, D. W. (1984) *Deprivation and Delinquency*. London: Tavistock/ Routledge.（西村良二監訳［2005］愛情剝奪と非行　東京：岩崎学術出版社.）

Winnicott, D. W. (1986) *Home is Where We Start From: Essays by a Psychoanalyst*. London: Penguin Books.（井原和男・上別府圭子・斉藤和恵訳［1999］家庭から社会へ　東京：岩崎学術出版社.）

Winnicott, D. W. (1988a) *Babies and the Mothers*. London: Free Association Books.（成田善弘・根本真弓訳［1993］赤ん坊と母親　東京：岩崎学術出版社.）

Winnicott, D. W. (1988b) *Human Nature*. London: Free Association Books.（牛島定信監訳［2004］人間の本性：ウィニコットの講義録　東京：誠信書房.）

Winnicott, D. W. (1989a) *Holding and Interpretation: Fragment of an Analysis*. London: Karnac Books.（北山修監訳［1989］抱えることと解釈：精神分析治療の記録　東京：岩崎学術出版社.）

Winnicott, D. W. (1989b) *Psycho-Analytic Explorations*. London: Karnac Books.（館直彦ほか訳［2001］精神分析的探究 1：精神と身体／北山修監訳［1998］精神分析的探究 2：狂気の心理学／牛島定信監訳［1998］精神分析的探究 3：子どもと青年期の治療相談　東京：岩崎学術出版社.）

【著者紹介】

マイケル・ジェイコブス（Michael Jacobs）

1941 年生まれ。当初は神学を専攻し，英国国教会の牧師としてキャリアをスタートさせた。しかし，教会のリアルと自身が描いていた理想のギャップに苦しんだ。そんな折，心理学やカウンセリングに触れる機会を得て，教会というサークルから離れた。とくに精神分析に傾倒していき，総本山であるタヴィストック・クリニックの訓練コースにも在籍した。教会や宗教という世界に代わって心理療法の世界にどっぷりと浸かっていった。

けれど，教会の教条主義に反発していた著者は，精神分析にも同じものが潜むことを無視できなくなっていった。訓練を終えた彼は，より中枢にコミットメントするのではなく，精神分析の考えを活かす「心理臨床家」であることを選んだ。また，実存主義的心理療法家であるピーター・ローマスとの出会いも，彼に開かれたこころの重要性を示した。

英レスター大学の成人教育部門のカウンセリングコースおよび心理療法コースの局長を，長年にわたり務めた。両コースを発展させるなかで，著者はいくつもの重要な教科書を執筆し，それらは他の訓練コースでも活用されている。*The Presenting Past*（Open University Press, 2012, 4th edition） と *Psychodynamic Counselling in Action*（Sage, 2017, 5th edition）の 2 冊がとりわけ有名である。これらの教科書のほかにも，本書や，同じシリーズの *Sigmund Freud*（Sage, 2003, 2nd edition）など，精力的な執筆活動を行っている。さらに著者は，Open University Press の Core Concepts in Therapy シリーズなど，3 つの叢書で編者を務めた。近年は，*Shakespeare on the Couch* そして *Our Desire of Unrest* の 2 冊を UKCP/Karnac から刊行している。

2000 年に現役を引退した彼は，スーパーヴィジョンや教育，執筆活動に専念しているようだ。著者の専門は精神力動的カウンセリングと統合的心理療法である。

著者紹介にあたって以下の文献を参照した。

Davies, J.（2009） *The Making of Psychotherapists: an Anthropological Analysis.* London: Karnac.（東畑開人監訳［2018］心理療法家の人類学：こころの専門家はいかにして作られるか　東京：誠信書房.）

Jacobs, M.（2001） Reflections (Psychodynamic Psychotherapy). In E. Spinelli & S. Marshall (Eds.), *Embodied Theories.* London: Continuum, 11-27.

【監訳者紹介】

細澤 仁（ほそざわ　じん）
神戸大学医学部卒業
現在　フェルマータ・メンタルクリニック，アイリス心理相談室 精神科医，臨床心理士
著訳書　『バリント入門』金剛出版 2018 年（共監訳），『日常臨床に活かす精神分析』誠信書房 2017 年（共編），『実践 学生相談の臨床マネージメント』岩崎学術出版社 2015 年，『実践入門 思春期の心理療法』岩崎学術出版社 2013 年，『出生外傷』みすず書房 2013 年（共訳），『心的外傷の治療技法』みすず書房 2010 年，『解離性障害の治療技法』みすず書房 2008 年，他

筒井亮太（つつい　りょうた）
関西大学大学院心理学研究科心理臨床学専攻専門職修士課程修了
現在　たちメンタルクリニック 社会福祉法人海の子学園 臨床心理士，大阪府スクールカウンセラー，公立南丹看護専門学校非常勤講師
訳書　『バリント入門』金剛出版 2018 年（共監訳）

【訳者紹介】

筒井亮太（つつい　りょうた）〔第 1，4 章〕
監訳者紹介参照

関 真粧美（せき　まさみ）〔第 2 章〕
早稲田大学人間科学研究科人間健康科学専攻博士課程中退
現在　南青山心理相談室 臨床心理士，日本精神分析学会認定心理療法士
訳書　『精神療法家として生き残ること』岩崎学術出版社 2007 年（共訳），他

西坂恵理子（にしざか　えりこ）〔第 3 章〕
兵庫教育大学大学院学校教育研究科修士課程修了
現在　臨床心理士，公認心理師
訳書　『精神分析と美』みすず書房 2010 年（共訳）

浪花佑典（なにわ　ゆうすけ）〔第 5 章〕
天理大学大学院臨床人間学研究科臨床心理学専攻修士課程修了
現在　たちメンタルクリニック 臨床心理士，公認心理師

マイケル・ジェイコブス著

ドナルド・ウィニコット

——その理論《りろん》と臨床《りんしょう》から影響《えいきょう》と発展《はってん》まで

2019年9月30日　第1刷発行

監訳者　細澤　仁
筒井亮太

発行者　柴田敏樹

印刷者　日岐浩和

発行所　株式会社　誠信書房

〒112-0012 東京都文京区大塚3-20-6
電話 03（3946）5666
http://www.seishinshobo.co.jp/

印刷／中央印刷　製本／協栄製本

ISBN978-4-414-41475-2 C3011